中小微企业
热点问题研究

● 何　勤／主编

ZHONGXIAOWEI QIYE

REDIAN WENTI

YANJIU

首都经济贸易大学出版社

Capital University of Economics and Business Press

·北京·

图书在版编目（CIP）数据

中小微企业热点问题研究/何勤主编. —北京：首都经济贸易大学出版社，2017.3

ISBN 978 - 7 - 5638 - 2628 - 5

Ⅰ. ①中… Ⅱ. ①何… Ⅲ. ①中小企业—企业管理—研究—中国 Ⅳ. ①F279.243

中国版本图书馆 CIP 数据核字（2017）第 044365 号

中小微企业热点问题研究
主编　何勤

责任编辑　陈　蕾
封面设计　小　尘
出版发行　首都经济贸易大学出版社
地　　址　北京市朝阳区红庙（邮编 100026）
电　　话　（010）65976483　65065761　65071505（传真）
网　　址　http：//www. sjmcb. com
E - mail　publish@cueb. edu. cn
经　　销　全国新华书店
照　　排　首都经济贸易大学出版社激光照排服务部
印　　刷　人民日报印刷厂
开　　本　710 毫米 × 1000 毫米　1/16
字　　数　348 千字
印　　张　19.75
版　　次　2017 年 3 月第 1 版　2017 年 3 月第 1 次印刷
书　　号　ISBN 978 - 7 - 5638 - 2628 - 5/F · 1461
定　　价　50.00 元

前　　言

　　中小微企业作为中国数量最大、最具创新活力的企业群体，一直走在互联网＋的路上。中小微企业是实体经济的"压舱石"，为我国贡献了过半的税收、超60%的国内生产总值及80%以上的城镇就业岗位。报告显示，中国的中小微企业发展仍存在"不平衡、不协调、不可持续"等各种问题，从而限制了企业的发展。互联网带来市场拓展和企业升级的机遇，令众多中小微企业跃跃欲试。然而在实践中，多数中小微企业对互联网升级持"内热外冷"的态度，虽然拥有强烈的升级意愿，却难以选择有效的升级支点。在互联网＋时代，中小微企业要在激烈的市场竞争中获得一席之地，必须改革现有的管理体制，创建新型的企业管理模式，不断调整自我，才能把握住机遇，在互联网＋时代的转型升级中寻找到有力支点，更好地应对市场挑战，促进企业的长期稳健发展。为此，业界与学者们不断探索新的管理模式和手段，提升管理水平。因此，探讨和研究中小微企业热点问题具有重要的社会意义和经济价值。

　　本书收录了从事中小微企业研究的学者们2015至2016年关于中小微企业热点问题的科研成果，内容涉及企业管理、企业金融与财务、企业电子商务等各个方面，体现了学者们在中小微企业各方面的深入思考与探索，同时又具有鲜明的时代特色。

　　本书是学者们对中小微企业热点问题进行的理论思考与对策研究，是他们为企业出谋划策的智慧凝结，也是他们学术风采与学术水平的展示。

目　　录

第一部分　企业管理

基于策略选择的合作型劳动关系构建的内涵解析和实现途径
……………………………………… 何　勤　杜　辉　朱晓波/3
驻非中国企业属地员工管理的研究述评 ………… 王大伟　何　勤　杜　辉/9
韩国的产业灾害研究——从过度劳动的研究视角 ……… 金明圭　何　勤/14
企业家：能力、人力资本及其定价问题研究 ……………………… 白云伟/23
俄罗斯女性领导力研究的文献综述 ……………………………… 热妮娅/33
劳动力市场视角：城镇化条件下我国流动人口城市化对策研究
……………………………………………… 吴勤学　周志鹏/40
服务企业顾客忠诚及其培育 ……………………………………… 叶　敏/48
印尼中小企业视角下企业员工忠诚度研究的分析与评价 ………… 蒋　香/53
中小企业集聚发展的现状及意义 ………………………………… 任旭刚/66
京津冀协同发展背景下北京产业结构的选择 …………………… 李锡玲/70
低碳经济视角下京津冀产业协同发展路径探讨 ………………… 郝卫峰/75
北京市低碳农业发展路径研究 …………………………… 罗　丹　张　波/82
京津冀人才一体化实施现状分析 ………………………………… 边婷婷/90
移动互联网时代的影视产业创新 ………………………………… 金　韶/95
基于需求的移动信息业服务模型构建及管理 …………………… 温　强/101
创业企业如何创新发展 …………………………………………… 李英爽/107
利益相关者视角的平衡计分卡研究 ……………………………… 王献东/111
知识产权商用化问题研究 ………………………………………… 尹夏楠/117
通州区中小微企业政策研究 ……………………………………… 寇颖娇/122
庞各庄镇与北京新航城协同融合发展研究 ……………………… 张荣齐/129
汽车产品质量管理与创新探讨 …………………………………… 于丽娟/137
福建霞浦上水畲族村旅游开发问题研究 ………………………… 兰昌贤/142
关于我国低碳港口发展思路的思考 ………… 孙德红　郑海霞　杨艳芳/148

欧盟发展低碳经济的历程分析 ……………………………… 陈俊荣/153

第二部分　企业金融与财务

私募股权投资促进中小企业发展的作用研究 ……………… 房　燕/167
影子银行对中小企业融资的影响研究 ……………………… 耿建芳/172
中小企业互助担保融资探析 ………………………………… 邢秀芹/179
农村资金互助社发展问题探究 ……………………………… 李雅宁/184
浅析人民币国际化之挑战 …………………………………… 曹　敏/191
上市公司真实活动盈余管理的动因及手段研究 …………… 王永萍/197
规范我国上市公司关联方交易定价政策披露的策略 ……… 李秀芹/202
P2P网络借贷平台的发展现状及监管探析 ………………… 孙尧斌/208
保险消费者权益保护的法律问题浅议 ……………………… 苏艳芝/214
国有事业单位管理体制及会计核算制度改革探讨 ………… 曲喜和/219
贸易型企业黄金、白银租赁业务会计处理问题探析 ……… 韩瑞宾/224
合同能源管理会计核算探析 ………………………………… 李俊林/231
外币计价建造合同收入确认及相关问题探讨 ……………… 邵俊波/237
营业税改增值税对电信业的影响及对策 …………………… 贾丽智/242
同一控制下企业合并相关问题探析 ………………… 肖　宁　郭明曦/248

第三部分　企业电子商务

基于生态视角的居家服务O2O平台研究 ………… 张荣齐　李英爽　钟礼松/255
社交媒体对人们生活的影响 ………………………………… 叶卡娜/261
基于WEB的企业进销存系统的设计与实现 ……………… 王艳娥　王沈悦/269
物联网（IoT）时代的来临与未来展望 …………………… 梁日杰/275
我国电子商务物流发展现状、问题与趋势分析 …………… 李立威/283
网上销售系统的信息系统分析研究 ………………………… 赵森茂/292
面向网络化应用的案例知识表示技术研究 ………… 任成梅　黄　艳/298
新常态下我国冷链物流存在的问题及完善对策 …………… 张　革/304

第一部分　企业管理

基于策略选择的合作型劳动关系构建的
内涵解析和实现途径①

何　勤　杜　辉　朱晓波

摘　要：劳动关系问题的解决，并不是孤立的事件，需要政府、企业和工会、劳动者共同参与。在建设和谐社会的背景下，只有在劳动关系问题的处理和争议解决中，正视存在的矛盾和问题，运用必要的手段进行规范，同时建立有效的机制，及时地调解，保护劳动关系双方的合法权利和利益，才能促进劳动关系的公平与和谐。本文从劳动关系主体的策略选择出发，致力于探讨构建合作型的劳动关系，通过分析政府、企业、工会和劳动者合作型劳动关系构建的基础、内容、举措，探讨了合作型劳动关系构建的实现途径。

关键词：和谐　劳动关系　合作

劳动关系问题虽然是直接的和主要的表现在劳动力的使用过程中，但因为它涉及劳动者的劳动报酬、劳动条件、福利及公民权利，而这些权利又与社会经济、政治直接相关并互相影响，因此，劳动关系问题的解决，并不是孤立的事件，需要从更广泛的层面予以研究和审视。一个基本的思路，即是在劳动关系问题的处理和争议解决中，正视存在的矛盾和问题，运用必要的手段进行规范，同时建立有效的机制，及时地调解，保护劳动关系双方的合法权利和利益，从而促进劳动关系的公平与和谐。为了达到上述的目标，劳动关系管理应该以合作为主导，建立和实行合作型的劳动关系协调制度，确立由政府、企业和工会、劳动者之间就劳动关系问题共同研究和制定解决方法的机制。

一、国内劳动关系的发展演变

在传统的计划体制下，劳动者与用人单位的劳动关系，往往表现为劳动者与国家的行政隶属关系。劳动关系双方的利益主要是政府来代表的，劳动关系带有明显的行政化特点。因此，与政治体制相适应，当时的劳动关系运行机制也有行

① 本文得到北京市教委项目"中小企业劳动关系和谐指数构建与应用研究"（项目编号：CIT & TCD 201304087）的支持，是该项目的阶段性研究成果。

政化的特色,劳动关系双方处理劳动关系的权利也基本上由政府掌握,同时,更重要的是当时劳动关系的双方利益冲突少,内在矛盾简单,很少受到关注。由于劳动关系存在的矛盾比较简单,利益冲突不明显,因此,劳动关系表现出超稳定性。

向市场经济过渡后,适应市场化劳动关系的调节机制和制度基本上还没有建立起来,劳动关系的状况却发生了变化。主要表现为:首先,公有制经济的劳动关系一统天下的局面被打破,非公有制经济的劳动关系纷纷出现并迅速发展;其次,劳动关系的类型多元化,并且由于劳动双方在利益和价值目标上的差异,劳动关系的状况、劳动关系中的矛盾和问题也复杂化、多样化;最后,劳动者和用人单位双方力量严重失衡,劳动者的基本权益得不到保障,劳动安全事故频频发生,劳动者甚至连最基本的人身安全都无法保证。劳资矛盾加剧,已成为影响社会稳定、制约社会和谐的重要原因。因此,构建和谐劳动关系是当前我国面临的重要而紧迫的任务。

尤其是,近年来,随着劳动关系领域争议的案件数量逐年增加,劳动关系日益趋向动态和不稳定,越来越成为社会关注的焦点。而由于劳动关系双方力量的悬殊,由政府介入建立调解劳动关系的法规政策,使复杂、不和谐的劳动关系能够健康、和谐、有序地发展已成为共识。

二、构建政府、企业、工会、劳动者合作型劳动关系的基础

西蒙说,管理就是决策。决策理论学派也认为,管理是一个动态的过程,它总是处于不断决策之中,管理者要根据环境条件等的不同不断地进行分析、判断与决策。1984年,美国麻省理工学院教授托马斯·A.寇肯首次将策略选择引入劳动关系,并用策略选择模型分析了管理方的决策行为,强调劳动关系行为主体的作用,对劳动关系的动态性也很有说服力。本文将引入该理论中的劳动关系架构,说明劳动关系主体合作策略的重要性。

首先,从政府角度来看,自20世纪30年代以后,随着凯恩斯主义的兴起及其政策主张的不断实践,政府干预的思想逐渐占据了上风,政府的职能也相应发生了重大转变,逐步转向更加侧重于经济管理职能。尽管以后的理论和实践中都有就这一转变存在的持续不断的争论,但不可否认的是,政府对社会经济运行的宏观调控作用还是不容忽视的。正是政府职能的这一转变,促进了政府在劳动关系中的角色与作用的转变。政府是主要依靠法律的、经济的手段来规范劳动关系双方行为的调控者。政府制定各项宏观制度,如产权制度、劳动用工制度、社会保险制度等,颁布与劳动有关的法律制度,制定劳动标准,保障劳动者的权利。这些均有利于政府保护劳动者的合法权益,比如劳动报酬的实现、劳工保险的缴

纳、劳动标准的贯彻、劳动条件的改善等；也有利于政府有效监督有关劳动法律法规在企业中的落实与实施情况，促进劳动关系双方进行平等的谈判以实现各自的利益均衡，为员工积极参与企业管理和分享利润提供必要的保障；更有利于政府作为独立的、公正的、公平的第三方参与劳动争议的处置与协调，缓解劳动关系双方的冲突和矛盾，积极推进双方的合作，为企业的员工培训、员工就业和人力资源的规划提供必要的支持与服务。

其次，从企业的角度来看，其主要负责制定各种策略，包括企业策略、投资策略、人力资源策略。这些策略的实施效果决定了企业的赢利状况、劳动关系的基本状况和劳动关系调整的难易程度。就目前而言，国有企业在劳动关系方面的差别十分明显，总的来说，经营效益较好的国有企业，劳动关系相对较为和谐。究其原因，主要是因为企业经营者的威望高，在企业中的号召力较强；同时，企业有能力保证劳动者各项利益的获得。由此，劳动者和管理者能在相互理解和相互尊重中处理好彼此之间的各种劳动问题。相反，经营效益不好的企业，劳动关系相对较差，甚至会经常发生各种劳动争议或冲突。这其中的原因在于，经营者在企业之中的威望不高，得不到员工的普遍信任；同时，员工的各种经济利益因为企业经营状况不好而很难获得保障，企业管理者和员工之间的劳动关系问题很难在相互理解和相互尊重的氛围中加以解决。当然，随着劳动者对自身利益的重视，企业也会越来越重视与其进行协商以解决劳动关系问题，并在工作中改变一贯的管理风格，增加员工的参与，共同进行工作设计。

最后，劳动者很难成为独立的主体，使自己的利益得到切实的维护。因此，劳动关系作为一种社会的利益关系，更重要的是表现为群体与群体的关系。在很多企业中，劳动者在某种程度上还是企业或国家的一种附属物，这种情况可能会产生两种后果：一是企业效益较好时，劳动者的利益和保障一般不成问题，企业有能力保证劳动者经济利益和社会保障的获得；二是在企业经济效益较差时，利益受侵害的往往是劳动者一方，劳动者很难通过自己的努力，保证自身的利益不受侵害。因此，在劳动关系活动中，作为劳动关系一方的劳动者来说，群体的作用就更为重要和突出。劳动者要由工会作为其代表，按照劳动者的决定来行动，与经营者谈判、协商，完成工会的目标。

三、政府、企业、工会、劳动者合作型劳动关系的内容

（一）企业和劳动者之间合作型劳动关系的建立

企业和劳动者之间合作型劳动关系的建立要考虑的首要因素是工资的水平及其

公平程度，这是影响二者是否能进行合作并建立合作型劳动关系的关键（见图1）。除此之外，还有劳动合同的签订、社会保险的缴纳情况、就业培训状况、劳动职业安全和劳动时间等。一般情况下，劳动者普遍对收入的敏感度是最大的，它可以最直接、最强烈地影响到劳动者工作的延续性、积极性和创造性，从各个方面反映劳动者的劳动报酬水平及企业执行工资支付的力度和重视程度；劳动合同的签订情况是否合法、是否能够保证合同条款落实到实际工作中，会影响劳动力使用者和劳动者之间劳动关系的确立和双方信用经营、信用就业的意愿；就业培训状况能反映劳动者在企业就业的稳定性以及接受培训的状况；劳动安全设施和劳动时间的保障会体现劳动力使用者在保障劳动者人身安全方面所做的工作和努力，体现对劳动者的人文关怀。

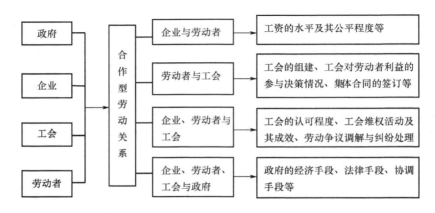

图1　策略选择视角下合作型劳动关系的构建

（二）劳动者和工会之间合作型劳动关系的建立

劳动者和工会之间合作型劳动关系的建立要考虑的因素有工会的组建、工会对劳动者利益的参与决策情况、集体劳动合同的签订等。劳动者依法组建工会、职工代表大会，并通过工会依法签订集体劳动合同，通过职工代表大会协商解决一些重大的问题。这样不仅维护了劳动者的权益，还尊重了劳动者的发展意愿。

（三）企业、劳动者和工会之间合作型劳动关系的建立

企业、劳动者和工会之间合作型劳动关系的建立需要考虑的因素有工会的认可程度、工会维权活动及其成效、劳动争议调解与纠纷处理等。工会在企业中的地位如何，被员工的认可程度以及工会在员工与企业发生劳动争议与纠纷时所做

的调解工作到不到位、有没有成效，这些都是工会组织在新时期所面临的重大问题和考验。Freeman 和 Medoff（1984）通过对美国工会的研究表明，如果工会的领导由工人选举产生，并且可以由工人集体罢免，那么工人对工会的信任度最高，工会也更加关注工人的福利状况，更积极地代表工人的利益与企业谈判。而工会在与企业的多次谈判中也逐渐寻找到双方都能接受的条件，因此企业与工会之间也会逐渐建立起一种信任感。最终由工会扮演的中间人将为企业和劳动者之间的利益冲突和各种争端的解决发挥重要的作用。

（四）政府、企业、劳动者和工会之间合作型劳动关系的建立

政府、企业、劳动者和工会之间合作型劳动关系的建立，主要是政府借助经济手段、法律手段、协调手段调节劳动关系的能力；政府所建立的市场机制、协调机制在劳动关系运行和调整中所起的作用；政府为劳动关系运行所提供的物质基础，包括宏观经济能力、宏观劳动力供求状况等。

四、构建政府、企业、工会、劳动者合作型劳动关系的有效措施

首先，政府方面，要不断完善劳动关系和社会保障体系立法，加快配套的法律体系的建设。1994 年《中华人民共和国劳动法》的颁布对劳动者的工资、劳动条件、劳动保护、劳动争议等方面做了全面的规定，《劳动争议调解仲裁》《社会保障法》等配套的劳动法规也日益健全。但是目前劳动争议的增加，争议的内容和形式日益复杂，还需要进一步加强法律体系建设。此外，要加强对现有法律法规的执行监督和宣传。我国已经颁布的法规在具体的实施中还存在很多漏洞。由于地方政府的 GDP 情结，担心严格执法会影响企业的效益，对企业中违反劳动法律法规的现象漠视和容忍，以致难以贯彻执行，许多法规都还停留在政策层面。因此要强化对劳动执法的监督，增加企业违法成本，同时加大宣传力度，促使企业增强社会责任，提高劳动者维护自身合法权益的意识。还要定期地对企业进行劳动合同、安全生产等方面的检查，将劳动关系争议可能出现的问题抑制在萌芽状态。

其次，企业方面，要切实关注员工的切身利益，即要在绩效考核的基础上提供公平的薪酬，通过奖励、利润分成等使员工分享企业发展的成果，满足员工对工资水平的正常期望值，与员工签订劳动合同，提供多样化的社会保障，改善劳动条件，提供安全的劳动环境；此外，关注员工的发展前途，主要包括就业培训、体面就业以及带薪休假、建立员工的个人职业生涯规划，尽可能地提升员工满意度；允许员工自由民主地行使自己的权利，成立职工代表大会。企业如果有

条件的话，要提供专项的经费供员工定期地进行自组织活动。要保持工会的独立地位，对于重要的决定，要尽量通过职工代表大会商议与讨论，增进劳动关系双方的合作和信任。

再次，工会方面，一方面要发挥好"桥梁纽带"的作用，协调企业和劳动者之间的争议，承担好谈判职责，充分发出劳动者的诉求，确实担负起维护劳动者合法权益的责任，为劳动者提供法律上的帮助，同时要促进企业履行自己的职责，监督企业在劳动合同执行过程中的违法行为，促其改正。另一方面，要关心员工的工作、生活和思想动态，及时发现问题，分析并解决问题，对有困难的员工要进行帮扶救助。此外，还要丰富劳动者的业余生活，让劳动者在工作之余放松身心，感受组织的温暖，增强对企业和社会的认同感和对组织的归属感。

最后，员工方面，一是要努力学习科学文化知识和新技能，提高自身素质，增强自己的工作能力；二是增强对企业文化的认同感，遵守企业的规章制度，敬业爱岗，提升职业道德，践行诚信原则，干好本职工作；三是增强法律意识，维护自身的合法权益。当自己的合法权益受到损害时，要积极通过法律渠道，依靠工会的力量，降低个人维权的成本，增加集体维权的成效。

参考文献：

[1]许晚晴,赵连荣.乡镇煤矿劳动关系博弈的政府策略选择[J].中国劳动关系学院学报,2013(3).

[2]吴清军,刘宇.劳动关系市场化与劳工权益保护——中国劳动关系政策的发展路径与策略[J].中国人民大学学报,2013(1).

[3]李贵卿,陈维政.合作型劳动关系的理论演进及其对我的启示[J].当代财经,2008(6).

[4]李贵卿,陈维政.我国企业合作型劳动关系的实现途径和现实意义探析[J].中国劳动关系学院学报,2008(5).

驻非中国企业属地员工管理的研究述评①

王大伟　何　勤　杜　辉

摘　要：随着投资环境的不断优化与经济的快速发展，非洲已经成为全球投资的热点和中心，也成为中国企业投资的热土。目前中国企业实施的"走进非洲"战略还处于逐步探索的阶段，在面临良好机遇的同时，还需要面对文化差异巨大、基础设施落后、市场竞争激烈等多重挑战和问题。本文对国内外相关文献进行了研究并指出了未来的研究趋势。

关键词：属地管理　驻非中国企业　影响因素

在经济全球化的国际大背景下，中国的改革开放政策已经由单纯的"引进来"，即大量吸引外资和外资企业进入国内，转变为"引进来"和"走出去"相结合，在吸引外资和外资企业、提高中国制造产品的品质和竞争力的同时，鼓励和支持中国企业"走出去"。中国中央政府自 2000 年开始实施"走出去"战略以来，非洲市场成为中国实施"走出去"战略的重点地区之一。2013 年 3 月，习近平主席把非洲作为其就任国家主席后首次出访的目的地之一，2014 年 5 月，李克强总理对埃塞俄比亚和非盟总部、尼日利亚、安哥拉、肯尼亚进行访问，这是中国新一届政府总理首次访非，无疑体现了中国政府对中非关系的高度重视。中国正在实施"走出去"战略迎接经济全球化，未来将有更多中国企业走向非洲。对此国内外学者对中国驻非企业的属地管理问题进行了深入的研究。

一、国外的研究现状

国外学者从非洲企业组织层面和非洲企业员工管理两个方面对该问题进行了研究。

（一）非洲企业组织层面的研究

对于非洲企业组织层面的研究，国外学者一致认为必须对相关研究假设进行

---

① 本论文是北京大学研究基地科研项目（BJXJD－KT2014－YB02）的阶段性成果之一。

清楚地界定。Jackson（2004）提出了一个"非洲式管理"观点，他认为非洲管理是一种"后殖民管理"模式（'post‐colonial'‐management），体现的是低效（inefficient）和独裁（authoritarian）的特点。Ayittey（1991）通过对非洲本地组织的研究，肯定了"后殖民管理"模式的本地化。然而，这种"后殖民管理"模式，被世界银行、国际货币基金组织等超政府组织和西方跨国企业等组织摒弃，他们直接采用成熟的西方管理模式如现代人力资源管理制度来开展在非洲的业务，同时这也被认为是跨国企业在非洲管理的一条捷径（Kamoche，2011）。如此在20世纪90年代末围绕这个假设，即现代化西方管理模式逐渐取代低效独裁的非洲本地管理模式，整个研究陆续展开。在21世纪初，国外学者主要阐述了西方管理理论是如何调整并适用于非洲组织中的（Ugwuegbu，2001），这也反映出西方现代化管理成为非洲组织管理的必然取向。然而这种非洲本地管理模式彰显西方现代管理模式的管理取向仅仅反映了两个多世纪以来西方殖民主义的发展动态。非洲国家虽已实现民族独立，但殖民主义的持续影响不容忽视。尤其是英国、法国和葡萄牙，他们打破了传统的管理系统，导致非洲当前管理模式既非非洲本地也非西方模式，而是一种"混合畸形"（hybrid monstrosity）的管理模式（Abudu，1986），同时非洲大陆地理、历史、经济和政治环境的多样性也表明简单地采用西方管理模式是行不通的（Jackson，2004）。

（二）非洲企业员工管理问题的研究

关于非洲的大部分文献聚焦于从文化视角如共享观念、遵从等级和人际观念等非洲本地价值观来研究西方管理理论在非洲的适用情况。例如，Jackson（2008）在对非洲的一个中小型创业企业研究中发现，企业成功的原因是管理系统、模式和实践与当地文化环境相一致。虽然非洲本地管理模式逐渐被摒弃，但其中具有人文主义思潮的"乌班图"文化在非洲当下的研究中仍具有实质的研究意义。Maruyama（1984）提到应该考虑投资国管理理念与非洲本土的"乌班图"理念的共同点。"乌班图"价值观是非洲人力资源管理方法的核心，也是一个组织获取竞争优势的潜在影响因素。

其次，随着西方跨国企业在非洲大量出现，西方管理理论和实践在非洲市场中的相关性、适用性和有效性也得到西方学者的广泛关注。Wood等人（2011）在调查的基础上发现，在商业系统理论下莫桑比克的人力资源管理与西方管理模式具有同质化和路径依赖的关系，同时尽管有西方的先进管理理念，但莫桑比克的组织在具体的人力资源管理实践中仍面临严峻挑战。研究认为在对非洲国家的历史缺乏充分了解的情况下，西方的"最佳实践"并不一定适用于非洲。

二、国内研究现状

国内学者近年来对该问题的研究在逐渐增多。尤其是随着在非洲投资运营的中国企业的增多，越来越多的学者开始从不同角度关注驻非中国企业的员工管理问题。

（一）从人力资源管理角度进行的研究

国内的研究主要还是集中在中非关系这一宏观领域，尽管中非经贸研究的深度与广度在不断扩大，但是在微观层面对于中国企业在非洲的人力资源管理问题却鲜有研究，目前仅有一篇硕士论文《对我国国有跨国企业在非洲人力资源管理问题的研究》（史映雪，2013）。该研究通过案例分析法和访谈调研法，调研对象为在非洲的国有企业的管理者或员工，对中国企业本地管理实践的合理之处和不足之处进行了评价，指出其合理之处在于设立规范统一的招聘、培训、薪酬、绩效等管理制度，针对本地员工的"家族式"管理理念，尊重本地员工生活习惯等；不足之处在于对非洲各国法规、风俗文化、市场等经营环境不甚了解，"人治模式"大于法制模式，缺乏跨文化管理知识等。在此基础上提出了在非中国企业人力资源管理的对策建议。崔杰（2014）认为属地化员工的培训是属地化管理成败的关键，强调了培训在属地化管理中的重要作用，提出培训的实施包括培训工作制度的贯彻执行、跨文化培训、建立和培训相关的机制和实行多样化的激励措施。

（二）中国企业属地化管理研究

黄晓光（2000）认为属地化既是体现海外企业经营管理规范化的一种程度和性质，又是企业进行再造和改革以达到这种规范化的一个过程。属地化管理是一种国际通行的做法，与公司总部的全球化战略在原则上是根本一致的，是更好地实现跨国经营战略的手段。他从经营属地化、管理属地化、人员属地化、待遇属地化等角度，论证了中国企业在跨国经营初期，为了使其内部管理和外部经营规范化、巩固和提高在当地市场的竞争力、保证长远和健康的发展，按照国际规范和当地法规制度对海外企业进行改造的过程。

（三）跨国企业管理方面的研究

目前，国内的研究比较多地集中在跨国企业管理方面，如李佳（2003）研究了文化协同、文化分歧对跨国企业的影响；樊增强（2005）从企业技术水平、产品战略、海外投资的固定成本、母国与东道国的文化差异、东道国的管制与工业化程度等方面分析了中国国际化的因素和战略选择；邹小荣（2001）基于文化、人力资本、法律制度、经济制度等方面论述了经济全球化对人力资源管理的影响因素；柯珊珊（2011）研究了非洲国家劳工标准及不同的文化、历史、法律、制度等对在非洲的中国企业的影响。崔杰（2014）认为目前中国企业走出国门，在国际工程承包领域扮演的角色越来越重要，为了提高中国企业国际化经营的能力，国际工程承包商必须要进行属地化管理。他进一步解释了属地化管理的范畴，将其定义为企业管理范畴，主要又可以分为经营属地化、管理属地化、人员属地化和待遇属地化。然后他提出了属地化管理的基本原则、开展属地化员工培训的重要性及属地化管理的发展方向。

三、对国内外研究的述评

国外学者关于非洲的研究大多聚焦于经济全球化背景下的非洲经济和对外贸易。随着科学技术的发展，经济全球化给非洲的市场资源，尤其是其中的人力资源带来挑战，比如企业管理者如何管理员工、促进知识流动和人力资源系统开发成为一个难题，这些问题开始得到学术界的关注（Debrah 和 Budhwar，2004）。但是纵观非洲研究的成果，发现在人力资源管理领域的研究依旧相对缺乏。国内一些研究主要集中在企业管理方面，包括人力资源管理、跨国企业经营、国际化战略等，一般是基于国家对于中非合作的鼓励和支持这一宏观背景出发，探讨驻非企业的重要作用；同时从微观方面，比较多地关注企业管理属地化、员工属地化等问题的研究，在研究中充分考虑了文化因素对企业属地化管理的影响作用，如属地化员工的文化敏感性、文化冲突等。这些研究成果为其他进入非洲市场的中国企业的属地人力资源管理提供了有效借鉴。但是，由于没有充分考虑非洲国情的复杂性和差异性，因此在研究适用性和深度上还存在可提升之处。

未来这一问题的研究还有很多值得深入的地方，主要体现在属地化员工的劳动关系管理，如公开招聘、合同签订、教育培训、劳动定额、薪酬待遇等问题的研究；属地化员工的职业生涯规划，如结合员工的工作经历、上岗时间、工作表现对员工的职业发展进行规划，提高员工的工作积极性和忠诚度。

参考文献：

[1]樊增强.中国企业国际化的影响因素及其战略选择[J].国际经贸探索,2005(6):66-69.

[2]高照军,武常岐.制度理论视角下的企业创新行为研究——基于国家高新区企业的实证[J].科学研究,2014,32(10).

［3］柯姗姗.中国企业在非洲的劳资纠纷问题研究［J］.浙江师范大学学报:社会科学版，2011,36(4).

［4］柯姗姗.非洲国家劳工标准及对在非中国企业的影响研究［D］.浙江师范大学,2011.

［5］李新烽.非洲文化的人文价值观［J］.半月谈,2014.

［6］李安山.中国与非洲的文化相似性——兼论中国应该向非洲学习什么［J］.西亚非洲，2014(1).

［7］李安山.论中非合作的原则与面临的困境［J］.上海师范大学学报(哲学社会科学版)，2011(6).

［8］李安山.中非关系研究三十年概论［J］.西亚非洲,2009(4).

［9］邹小荣.论经济全球化对人力资源管理影响的因素［J］.武汉市经济管理干部学院学报，2001(4).

［10］崔杰."走出去"企业的属地化管理［N］.光明日报,2014 - 10 - 9.

［11］Ayittey G B N. Indigenous African Institutions ［M］. New York：Transnational Publishers,1991.

［12］Geoffrey Wood, Pauline Dibben, Chris Stride, Edward Webster. HRM in Mozambique：Homogenization,Path Dependence or Segmented Business System? ［J］. Journal of World Business, 2011(46):31 - 41.

韩国的产业灾害研究——从过度劳动的研究视角

金明圭　何　勤

摘　要：研究过度劳动问题，与工作相关的疾病的基准和条件的认定是基础。本文通过对相关文献的梳理，探讨韩国有关部门和机构认定由过度劳动引发的心脑血管疾病的基准和条件，回顾了韩国有关法律的历史变迁，并分析了韩国产业灾害的现状、原因及未来趋势，旨在介绍和借鉴韩国有关产业灾害及因过度劳动引发的心脑血管疾病等相关问题的认定和法律的保护措施。研究表明：韩国从 2006 年至 2014 年灾害率、总灾害人数、总死亡人数、工作事故万人死亡率逐渐减少，而与工作有关的患病人数却呈现小幅度增加的态势。自 2008 年实施产业灾害认定标准后，心脑血管疾病的不认定率出现大幅度的增加，由 2007 年的 59.8% 增加到 2010 年 85.6%。韩国关于过劳和心脑血管疾病没有在《勤劳基准法》上具体规定，但在《产灾保险法》上规定了与工作有关的疾病的具体认定标准。未来韩国应从医学和社会公平的双重视角来修改和完善相关法律对与工作相关的疾病的认定基准，同时要积极开展对产业灾害的预防性工作，减少与工作相关的疾病发生率。

关键词：产业灾害　认定标准　过度劳动

韩国劳动者在劳动过程中发生的危险与心脑血管疾病所占比重相当大。在产业灾害问题的研究上，经历了较长时间的积累。产业灾害是指在劳动过程中，由于工作中业务上的原因，劳动者在身体、精神上的受害，简称产灾，又称劳动灾害。该词汇在韩国政府机构和学术界得到普遍使用。

一、韩国对产业灾害的认定方式

准确判定与工作有关的疾病（work - related disease，WRD）有一定困难，对此各国都有不同的认定方式和认定标准。按照证明责任和认定范围的弹性这两项指标分为三种方式，即普通定义方式、制定举列方式和混合方式。

（一）普通定义方式

普通定义方式又叫概括主义。相关法令对与职业相关的疾病只限定概括性、普遍性和抽象性的定义，在具体案件发生时再进行确认，决定是否是与工作有关的疾病。普通定义方式的优势在于在社会发展、新生产工艺出现时，可以灵活地应对新型疾病的出现。劣势在于一些案件较为模糊，员工一方有证明责任，需要证明自己的疾病与工作之间的关联性，一些员工由于提供的证据较为模糊，因此很难清晰界定。通常美国各州政府、菲律宾和新西兰选择该种认定方式。

（二）制定举列方式

制定举列方式又称限制举列主义。在法令或附表上制定每类职业的疾病以及发生这种疾病时的补偿方式。该种方式的优势在于法令对与职业有关的疾病及补偿方式的规定较为明确和详细，员工容易提供证明，因此可确保较为稳定的认定基准。劣势在于当新的职业疾病发生时应对没有灵活性和弹性。英国、法国采用这种认定方式。

（三）混合方式

混合方式又叫示例主义，该方式结合了普通定义方式和制定举列方式的优势，弥补了上述两种方式的劣势。若是法令或附表上列举的疾病，员工不需要证明工作的起因性；若不是法令或附表上举列的疾病，只要证明工作的起因性就能认定与工作有关的疾病。该种方式可减轻员工的证明负担，也可快速应对新的职业病。若不是法令或附表上列举的疾病，则选择的是相当因果关系说，认定基准是可能性大的疾病。德国、巴西、墨西哥、韩国和日本采用这种认定方式。

二、韩国有关法律的历史变迁

从 1948 年到 1953 年，韩国还未制定《勤劳基准法》，产业灾害补偿问题由工会来应对，各企业需要自己制定补偿方案。

1948 年 7 月 17 日公布宪法时，在宪法上阐明了有关勤劳者基本权的条例。劳动法理念被树立。

1953 年韩国公布了《工会法》《劳动争议调整法》《劳动委员会法》《勤劳基准法》。在《勤劳基准法》中明示了有关劳动、工资、劳动时间、预防灾害以及关于女性与未成年人的特殊保护等产业灾害补偿问题。

1963 年开始实施《产灾保险法》，但没有对心脑血管疾病的相关补偿。1982年按照韩国劳动部的规则，认定脑出血为与工作有关的灾害。关于心血管疾病的业务灾害认定基准，1982 年韩国劳动部出台了《劳动部例规》第 71 号，自颁布起经过多次修改，但仍不够完善；而且社会普遍缺乏对该法律的认同，在《劳动部》中对"过劳"与"压力"均没有客观的判断标准。总的来看，在《产灾保险法》中对与工作相关的灾害认定基准较为模糊，因此有可能出现随意解释法律规定的现象，所以需要持续的研究、补充和完善《产灾保险法》。

心脑血管疾病与遗传因素、生活习惯密切相关，一般称为中风、脑卒中，是发病率较高的疾病，以前没有认识到该疾病与职业有密切关系。以往只在工作空间里发病时才理解为"产灾"，在业务时间以外发病时，法律上没有承认该疾病与业务有关。当前法院已认定在工作过程中发生的心脑血管疾病为工作中的灾害。关于对心脑血管疾病的认识，社会的认识在逐渐发生变化，当前无论在医学界、法学界还是普通老百姓都普遍认为非工作时间发生的心脑血管疾病与过劳和压力有必然联系，因此韩国自于 20 世纪 90 年代开始，关于脑出血的产业灾害诉讼逐渐增加。在这样的趋势下，1994 年韩国制定了有关心脑血管疾病的认定基准，将心肌梗死、冠心病、心绞痛纳入产业灾害，1997 年将大动脉瘤脱离纳入产业灾害。

三、韩国产业灾害的现状、原因及未来趋势分析

（一）产业灾害现状分析

相关数据显示，韩国产业灾害率从 1998 年以后总体上增加，但从 2004 年开始处于减少趋势，到 2014 年产业灾害率是 0.53%，比上一年减少 0.06 个百分点，比 2006 年减少 0.24 个百分点，产业灾害率有逐渐减少的趋势。

从表 1 可看出，300 人以下的工作单位灾害率增减有所波动，从 2004 年开始减少，到 2014 年，灾害率是 0.61%，比上一年减少 0.08 个百分点。工作事故万人死亡率总体上减少，2011 年增加，2012 年再减少，到 2014 年工作事故万人死亡率为 0.58，比上一年减少 0.13 个百分点。2014 年总死亡人数是 1 850 人，比上一年减少 79 人，减少 4.1%。与业务有关的患病人数 2006 年以后增加，2008 年再减少，截至 2014 年 12 月，共 7 678 人，比上一年增加 51 人，增加了 0.7%。

表 1　韩国产业灾害现状

年份	2006	2007	2008	2009	2010	2011	2012	2013	2014
总灾害率（%）	0.77	0.72	0.71	0.7	0.69	0.65	0.59	0.59	0.53
比上一年变化率（%）	0	−6.5	−1.4	−1.4	−1.4	−5.8	−9.2	0	−10.2
300 人以下单位灾害率（%）	0.91	0.85	0.84	0.84	0.83	0.78	0.7	0.69	0.61
比上一年变化率（%）	−2.2	−6.6	−1.2	0	−1.2	−6	−10.3	−1.4	−11.6

续表

年份	2006	2007	2008	2009	2010	2011	2012	2013	2014
事故万人死亡率（%）	0.96	0.91	0.87	0.82	0.78	0.79	0.73	0.71	0.58
比上一年变化率（%）	-10.3	-5.2	-4.4	-5.7	-4.9	1.3	-7.6	-2.7	-18.3
死亡人数（人）	2 238	2 159	2 146	1 916	1 931	1 860	1 864	1 929	1 850
比上一年变化率（%）	-1.9	-3.5	-0.6	-10.7	0.8	-3.7	0.2	3.5	-4.1
与业务有关的患病人数（人）	10 235	11 472	9 734	8 721	7 803	7 247	7 472	7 627	7 678
比上一年变化率（%）	36.6	12.1	-15.1	-10.4	-10.5	-7.1	3.1	2.1	0.7

资料来源：http：//www. moel. go. kr 下载每年产业灾害发生现状。(고용노동부，Ministry of Employment and Labor 网站).

从上述分析可以看出，灾害率、总灾害人数、总死亡人数、工作事故万人死亡率 2014 年比上一年有所减少，而与工作有关的患病人数却呈现小幅度的增加。

（二）原因分析

表 1 的所有指标整体上自 1998 年开始到 2004 年都有所增加。究其原因如下：一是韩国外汇危机以后经济逐渐恢复，制造业生产效率不断提高，订单数量有所增加；二是安全保健限制缓解；三是工作单位内安全保健管理组织弱化；四是自 2003 年开始，《产业安全保健法》对 5 人以下的工作单位实行了扩大应用；五是产业灾害脆弱阶层增加，例如非正式员工、外国人、老人员工等。

而上述指标的数量在 2004 年以后逐渐减少的原因为：一是 2001 年开始进行财政和技术支持事业，比如对少于 50 人的制造企业实行清新事业；二是 2004 年韩国开始实施死亡灾害预防对策，起到了较好的效果。

2004 年，随着与工作有关的疾病数量认定范围的扩大以及第三产业比重的增加，以工作的业务作为起因的患病人数，尤其是肌骨系统疾病、工作压力导致的各种疾病等与工作有关的疾病不断增加。政府在对与工作有关的疾病加强预防措施后，从 2005 年开始，与工作有关的疾病开始明显减少。

（三）未来的政策方向

据韩国劳动部预测，韩国的产业灾害将呈增加的趋势，产业灾害的诱因也会不断增加。随着产业结构、劳动市场环境的变化，外国人、老人、女性等产业灾害脆弱阶层的员工会不断增加，大企业向小企业转包的现象也会不断增加，这些新的产业灾害诱因则会持续增加。因此政府要集中力量制定行之有效的预防性政策和措施，保护产业灾害脆弱阶层，如集中管理产业灾害多发的企业或阶层。其目标是先调整预防工作机构的角色和功能，使预防事业起到使灾害减少到最小的作用；预测劳动环境和产业变化所引起的将要出现的灾害诱因，改善预防性法律制度，开发预防性技术。

四、韩国的产业灾害与心脑血管疾病

（一）心脑血管疾病与工作

脑血管疾病和心脏疾病合称为心脑血管疾病，两者都可分为缺血型与出血型。缺血型心脏疾病主要是由冠状动脉缺血而发生的缺血性疾病。缺血型脑血管疾病是由供血不足时发生的神经疾病，又称为脑卒中或中风。其代表性的心脑血管疾病是脑梗死、冠心病、心绞痛、心肌梗死等，基本上伴随有动脉硬化发生。出血型主要在脑器官周围发生，多数以高血压为诱因。

与工作相关因素是重要的心脑血管疾病的发病因素。员工发生心脑血管疾病的因素分为个人因素和工作有关因素。个人因素包括遗传因素、健康状态、生活习惯、精神和身体因素；工作因素包括工作中所涉及的化学性、物理性、社会心理性及工作管理。

（二）过度劳动

韩国工作时间在 OECD 国家中是最长的，年平均工作时间在 2000 年为 2 637 小时，2005 年为 2 390 小时，虽然呈现减少的趋势，但在 OECD 国家中韩国是唯一超过 2 000 小时的国家。员工月平均劳动时间是 188.8 小时，其中劳动时间最短的领域是教育领域，月工作时间为 153 小时；最长的是房地产业，月平均工作时间为 228.9 小时。从业者中的 52.5% 月工作时间为 176 小时。而韩国《勤劳基准法》中规定的最高限是每周 52 小时，相应月工作时间是 209 小时，但是超过 209 小时的员工达到 22.1%。

韩国对过劳工作时间的认定标准是每周 60 小时。实际上超过每周工作 60 小时的员工为 10.5%；每周最高工作时间为 64 小时，超过 64 小时的占 6.9%。通过上述分析，可以近似地认为与工作有关的心脑血管疾病，最多占到 22.1%，最小占 6.9%。

根据表 2 的数据分析，产业灾害保险认定率由 2000 年的 79% 减少到 2007 年的 40%，其中脑出血的认定率没有大幅度变化，但是心肌梗死和脑梗死大幅度减少。上述变化不是由认定标准的变化引起的，而是由产业灾害保险的需要引起的。

表2　2000—2007 年韩国心脑血管疾病索赔申请数与认定数　单位：件

年份	索赔申请数	不认定	认定	认定率（%）
2000	1 242	258	984	79.2
2001	1 995	496	1 499	75.1
2002	2 608	820	1 788	68.6
2003	3 015	1 096	1 919	63.6
2004	3 254	1 255	1 999	61.4
2005	3 384	1 585	1 799	53.2
2006	3 201	1 771	1 430	44.7
2007	3 236	1 934	1 302	40.2

资料来源：연세대학교.뇌심혈관계질환 과로 기준에 관한연구-노동부연구정책과제보고서, 2008，5.

虽然是与工作有关的疾病，申请产业灾害保险之后，不认定率却由 2007 年的 54.6% 增加到 2010 年的 63.9%，心脑血管疾病的不认定率由 2007 年的 59.8% 增加到 2010 年 85.6%。事实上患心脑血管疾病的员工在不断增加，而产业灾害的认定比率却在大幅度减少。

产业灾害保险 2010 年审核案件总数为 107 954 件，其中事故占 87.8%（94 786件），疾病占 12.2%（13 168 件）。不认定率各为 5.4% 和 55.8%。事故的不认定率变化不大，但是疾病的不认定率在逐年增加：2007 年为 39%，2008 年为 41%，2009 年为 47.9%，2010 年达到 55.8%。见表3。

表3　2008—2010 年事故和疾病认定状况　单位：件,%

	2008 年			2009 年			2010 年		
	总数	事故	疾病	总数	事故	疾病	总数	事故	疾病
审核案件数	103 024	88 803	14 221	106 351	91 332	15 019	107 954	94 786	13 168
不认定数量	9 928	4 100	5 828	114 479	4 288	7 191	12 443	5 099	7 344
不认定率	9.6	4.6	41.0	10.8	4.7	47.9	11.5	5.4	55.8

资料来源：근로복지공단, 2008—2010。

有些与工作有关的疾病目前虽然还没有纳入目录，现行法律中却排除了将其纳入的可能性，因此需要修改现行法律。心绞痛、高血压、脑病过去是认定与工作有关的疾病，但现在却被法律删除了。作者建议将劳动时间、工作负荷、过劳和压力程度都纳入到与工作有关疾病的认定基准中。

随着韩国产业结构的变化，劳动者的劳动形态出现了从体力劳动到智力劳动的变化，所以，过去的主要产业灾害形态是与工作有关的事故，而 2000 年以后劳动者的过劳程度和压力感明显增加，与工作有关的疾病大量出现。在 2008 年 7 月开始实行产业灾害认定标准后，脑血管疾病的不认定率变得过高，在认定标准中删除了"工作实行中脑出血"。此外，还新设了判定委员会，判定委员会所做出的不认定率不断增加，由 2007 年的 54.6% 增加到 2010 年的 63.9%，其中心脑血管疾病的不认定率出现大幅度的增加，由 2007 年的 59.8% 增加到 2010 年的 85.6%。

（三）韩国心脑血管疾病的产业灾害认定基准

1. 立法情况

韩国按混合方式立法，在《勤劳基准法》实行令第 44 条第 1 项下面，列举了从第 1 号到第 38 号。关于过劳和压力，在《勤劳基准法》上没有规定，没有阐述有关过劳和压力的相关疾病，因此从法律角度的认定有困难。

《产灾保险法》在 2008 年有大幅度调整，分开规定了"与工作有关的事故"和与"工作有关的疾病"两种类型。与工作有关的事故是指事故发生时与工作有关与否，规定了个别类型的认定标准。与工作有关疾病是以旧法的实行规则规定，区分规定认定标准，有三个分类，即业务疾病、因业务伤害疾病和尘肺性疾病。

关于过劳和心脑血管疾病，没有在《勤劳基准法》上做具体规定，但在《产灾保险法》上规定了与工作有关的疾病的具体认定标准。

2. 认定原则

由于对工作业务内在危险因素的接触是疾病发病原因，因此症状出现使其危险具体化。与工作有关的疾病和与工作有关的事故不同，其危险因素的接触时间不太明确，不容易证明工作与疾病之间的因果关系。判断是否为与工作有关的疾病，还需要医学上的见解，其认定不能与医学见解发生冲突，但其因果关系不一定要求医学、自然科学高度精确的证明。其目标不是医学的判断，而是法律上的判断。实际上决定疾病与工作有关与否是从社会视角、法律视角出发的法律上的判断，所以，在判断与工作有关疾病时，应考虑就业者当时的健康状态、起病情况、疾病内容、治疗过程与结果等，如可以推断有相当的因果关系，就可以作为证据。最后的判断基准是"业务实行性"与"业务起因性"。

业务实行性是指员工以工作契约为起因，在雇主控制和管理之下实行业务。业务包括两种，即工作契约上的工作以及伴随它的一些活动（例如，生理活动、工作开始之前准备、工作以后的整理行为）。工作有关疾病是员工因暴露在工作环境中所受的各种有害因素而导致的，所以这种暴露在有害因素的状态可以看作是业务实行性。其重点是只是在雇主的控制、管理之下却与工作理由无关的话，疾病与工作之间的相当因果关系不成立。但是不在雇主的控制之下，但在业务实行过程中接触有害因素的话，疾病与工作之间的因果关系成立。

业务起因性是指双重因果关系，一是工作与出现症状的因果关系；二是其症状的原因与作为其结果的疾病之间的因果关系。认定条件是工作为导致疾病发生的主要原因，或者显著地影响了疾病的形成。这种因果关系不是从医学、自然科学上证明的，而是要考虑一些情况，如当时的健康、工作环境的原因性物质等，由此可以推断疾病与工作有相当的因果关系。韩国劳动部调查发表的《产业灾害原因调查》显示，2007 年因工作患病的人数为 11 472 人，其中与心脑血管疾病有关的是 1 456 人，占 12.7%。这是由于心脑血管疾病的基础疾病、危险因素和触发因素都一直在发生所导致。

心脑血管疾病不像事故性灾害，其发生原因不是非常明确。心脑血管疾病发生的有关因素很多，其机制也复杂，而过劳与压力是其发生的重要诱因，但在证明其与业务是否有因果关系时有很多困难。韩国在业务上灾害的认定基准较为模糊，因而韩国劳动部和法院因在判断灾害是否与工作有关时没有坚持一贯的原则而饱受批评。

五、结论与展望

关于过劳与心脑血管疾病之间的关系，韩国研究机构或立法机构参照发达国家和日本的研究与发展情况找出了基点并以法律规定形式予以确立。韩国把与工作有关的心脑血管疾病置于职业疾病范畴中加以讨论、处理。心脑血管疾病可以只因过度劳动而发生，或在一定的个人身体条件，如高血压、动脉硬化和糖尿病发生的情况下，由过度劳动加重而发生，尤其在长时间劳动而疲劳累计时出现。在考虑认定范畴时，首先应确定是从社会公平还是从医学观点的角度来进行认定。若从社会公平视角讨论，应设定劳动时间的最低标准，而从医学角度要证明其发生的因果关系则非常困难。韩国当前是从医学认定的有效性和社会公平的要求两个视角，维持其认定的范畴。但随着社会和环境的变化，其认定范畴应反映医学的有效性和目前社会的要求和环境。因此，要考虑工作量、时间、强度和个人条件。但工作量和强度因人而异无法定量化，因此可以通过定量研究工作时间来区分，即急性过度压力事件、短期限时过劳和慢性过劳。韩国关于产业灾害索赔问题的研究已处于成熟期，索赔要均等分配到体力、脑力劳动者；同时要积极开展对产业灾害的预防性工作，以减少与工作有关的疾病发生。

较之韩国，其他国家在过度劳动方面的研究趋势如下：欧美主要以劳动时间作为研究过度劳动问题的起点，以职业卫生、职业疾病的观点来讨论，将过度劳动的因、果两方面分开进行讨论，即过度劳动的时间和强度为一方面，疲劳为另外一方面。韩国关于过劳死和过劳性职业疾病的法律等实用性研究较为多见。日本在过度劳动、过劳死和过劳自杀方面研究成果较为丰富，最近对过劳自杀问题研究比较多见。西方国家研究框架比较具体、细致，对过度劳动采取的研究入手点具体而多样，其理由具有文化方面的因素。过度劳动的极点是过劳死，但对过劳死的认定亚洲和西方国家采取了不同观点。欧美国家不认定过劳死，目前认定过劳死的地区是韩国、日本、中国台湾，其背后是集体主义文化的影响。西方文化层面属于个体主义，不属于集体主义，对过劳死的看法跟亚洲不同。以文化差异为背景，欧美国家在此领域里研究的词汇也呈现出多样而细致的面貌。欧美国家非常流行使用定量的研究方法，各个职业群的定量型研究成果较多见，其中工作要求—资源模型（Job Demands – Resources Model）的研究非常广泛。其模型不是固定模式，而是可以扩展加减应用的模式，已由原来说明压力、倦怠等方面扩展到更广阔的领域，尤其是可以扩展到健康领域的模式也已经出现。

参考文献：

[1] J Park, Y Kim, Y Cheng, et al. A Comparison of the Recognition of Overwork Related Cardiovascular Disease in Japan, Korea, and Taiwan[J]. Industrial Health, 2012(50):17 – 23.

[2]刘贝妮,杨河清.我国高校部分教师过度劳动的经济学分析[J].中国人力资源开发, 2014(3):36 – 41.

[3]王丹.知识工作者过度劳动的形成机理探析[J].技术经济与管理研究,2012(7): 63 – 67.

[4]孟续铎,杨河清.工作时间的演变模型及当代特征[J].经济与管理研究,2012(12): 85 – 90.

[5]이경곤. 업무상 재해에 대한 고찰—과로성 재해를 중심으로[D]. 건국대학교,2014.

[6]현일섭. 뇌심혈관질환에 대한 업무상재해 인정기준 연구[D]. 서울시립대학교,2009.

[7]연세대학교. 뇌심혈관계질환 과로 기준에 관한연구-노동부연구정책과제보고서[R], 2008.

[8]원종국,한국환,등. 뇌심혈관계 질환의 업무상 재해 인정 여부에 영향을 미치는 요인 [J]. 산업의 학회지,2003,15(1):52 – 60.

[9]박정선. 업무상 병으로 서의 뇌심혈관 질환[J]. 산업의학,2001,40(2):63 – 75.

企业家：能力、人力资本及其定价问题研究

白云伟

摘　要：企业家是推动经济发展最可宝贵的稀缺资源，他们充满丰富的想象和创造活力，勇于发现市场机会，敢于承担风险，具有"神召"性质的敬业精神。作为一种特殊类型的人力资本，企业家不仅具有人力资本的共同特征，而且具有不可交易的特殊性，因而企业家人力资本最适宜的定价方法就是间接定价方法，即由企业家创立企业所获得的"剩余"价值作为企业家人力资本的市值。

关键词：企业家能力　企业家人力资本　企业家人力资本定价

近年来，随着人力资源管理专业的发展，有关企业家人力资本定价问题的研究正在逐步升温。然而一个不容忽视的现象是，一些人力资源管理专业的学者在描述企业家人力资本定价模型时往往不注意区分企业家与经营管理者之间的特点，而是把二者混同起来。结果是对于谁应该获得剩余价值的问题得不到恰当的说明。鉴于此，本文按照企业家及其能力、企业家人力资本特质和企业家人力资本定价的层次逐层展开分析。

一、主流经济学中关于企业家的理论概述

作为社会经济的细胞形式，企业一直以来都是经济学研究的一个重要范畴。作为企业组织灵魂的企业家，也因而备受经济学家的关注。然而，自经济学问世以来，由于历代经济学家所处的时代以及研究的重点各不相同，他们对企业家的认识也存在着概念表述和内涵理解上的广泛不一致性。

据称，企业家一词最早出现在 1755 年法国经济学家康替龙所著的《商业概况》一书中，该书中企业家被定义为"某项事业的实施者"。在康替龙看来，企业家与远见和风险承担意愿的企业家精神是分不开的，但又"不必然与生产过程中的劳动雇佣有关联"。这实际上是把企业家和资本家区分开了。那些能够洞察到市场供求非均衡获利机会并通过"贱买贵卖"套利活动赚取差价的"中间商"就是企业家。由于市场获利机会（以某一确定价格买进后，又以不确定价格卖出）存在不确定性，因而商人企业家成为这种不确定性的承担者。19 世纪初，

法国经济学家萨伊继承了康替龙关于企业家不必是资本家的观点，并最早赋予企业家以"生产的协调指挥者"的角色。他认为企业家是在生产过程中承担人、财、物和产、供、销协调和组织职能的人。萨伊认为，企业家作为生产过程的组织协调者，按照市场价格支付各种投入要素的报酬（包括付给资本家利息），企业家自己则获得企业剩余（以此承担企业风险）。

与上述法国传统的古典经济学相比而言，英国古典经济学家显然没有给企业家地位以应有的重视，就连古典经济学的杰出代表亚当·斯密在其《国富论》中甚至都没有使用过"企业家"这个概念。由于斯密所处的时代是手工工场（实际是企业的初级形态）占主流的时代，因此当他把研究焦点放在劳动分工以及由此带来的报酬递增效应上时，由谁决定分工的问题就变得不那么重要了。把资本家直接等同于企业家，在斯密看来也是再顺理成章不过的事了，因为是资本家投资兴建了生产组织，并促进了劳动分工和提高了劳动生产力。

19世纪末期，随着微分学被引入效用分析而引起的"边际革命"，新古典主义经济学应运而生。经济学家们以充分信息和"经济人"理性为先验假设，用生产函数的分析替代了企业的分析。自此企业连同企业家理论在经济学研究中销声匿迹了。直到19世纪90年代，经马歇尔综合并集各家研究之大成，企业家这个"弃儿"才被重新找回来。在《经济学原理》中，马歇尔系统论述了作为商人或中间人、生产组织的领导协调者和创新者、不确定性风险的承担者以及企业利润的获得者等多重的企业家职能和角色，成为后人展开企业家理论研究的思想源泉。

20世纪初，马克斯·韦伯作为现代文化比较研究的先驱人物，阐述了西方宗教改革后兴起的新教伦理及其对资本主义发展的促进作用。他把企业家视为具有"资本主义精神"的人，这种精神是由"加尔文新教"渗入并支配的"一种非凡的资本主义商业精神"。

20世纪20年代，奈特在其博士论文《风险、不确定性和利润》中，通过严格区分不确定性和风险，[①] 把企业家定义为不确定性的决策者和承担者。在他看来，在不确定性的世界中，除了"自信或勇于冒险"的企业家之外，其他人难以做出"干什么，以及如何去干"的决策。当然，作为不确定性决策后果的承担者，企业家只能在保证"犹豫不决者或怯懦者"能得到既定收入的前提下，自己获得企业的剩余（包括纯利润或亏损）。奈特之后，尽管他的著作一直饱受各种争议，但他所强调的企业家分担风险和承担不确定性的理论，以及将企业家

---

① 按照奈特的看法，风险是在已知发生概率条件下的随机事件，因而通过概率统计可以得到风险的数学期望值。因此他认为风险问题可以保险方式得以有效化解；而不确定性是指发生概率难以估算条件下的随机事件。由于概率完全未知，因而不能保险。

指挥工人的权威视为前者对后者提供保障的一种补偿的看法，却对后来的经济学家产生了非常重大的影响。

20 世纪 30 年代，熊彼特赋予企业家一种创新职能，即执行一种新的生产函数或新的组合，包括引进新产品、采用新的生产方法、开辟新市场、控制原材料新来源和创立新的工业组织等。① 作为实现创新的报偿，企业家获得剩余。从逻辑上讲，由于熊彼特把企业剩余归因于企业家的创新，因而需要找到一个企业风险的承担者。他认为，作为投资人的资本家实际上承担着企业的财产风险。这样，在熊彼特的企业组织中，资本家与企业家被分开了，并形成一种前者雇用后者的雇佣关系。基于这种雇佣关系，资本家提供资本并得到利息，企业家经营企业获取创新利润，两者各取所得。

1937 年科斯在其经典论文《企业的性质》中以"交易"为基本分析单位，将新古典主义的投入—产出转换过程（即企业）看作是与市场交易相似的资源配置过程，进而又区分了两种资源配置方式。在企业组织中，资源配置的方式是由"权威"（即企业家）进行指挥协调的；而在市场组织中，资源配置由价格机制自发调节。由此他得出结论认为，企业是市场机制的替代物。科斯理论也因此而开了现代企业理论的先河。

作为 20 世纪西方最重要的自由主义学术团体——"朝圣山学社"的领军人物和 1974 年诺贝尔经济学奖得主，冯·哈耶克创立了自由秩序理论，为理解企业家旨在推动"人类合作的扩展秩序"的职能提供了理论参照。他认为，给定知识随分散的个人呈分散状态，因而特定当事人只能面对特定环境进行决策。但个人并不会因为自己知识的有限性或"无知"而失去决策能力或犯决策错误。他认为，只要每个人都遵循一定的规则，就可以通过这些规则了解其他人的知识，从而能够有效地协调自己与其他人的行动。正是这种规则指导下的当事人互动产生了以人类合作为基础的扩展秩序。②

在 20 世纪 70 年代末和 80 年代初，柯兹纳、卡森等人分别从不同角度对企业家进行了研究。柯兹纳把企业家视为具有敏锐洞察力并能发现和捕捉市场获利机会而获利的"经纪人"。也就是说，是否具有发现、捕捉市场机会并创造利润的"悟性"和特殊的"知识"，是企业家区别于非企业家的特质。或许是柯兹纳过多地赋予企业家以一种天赋才能，因此他否认资本是一个人成为企业家的必需

---

① 需要说明的是，熊彼特虽然认为企业家的职能是创新，但他并没有把企业家等同于发明家。企业家只是为了更好地利用发明家的发明而进行资源配置或组合创新的。

② 给定个人有限理性的约束及知识分散化条件，由于个体的异质性和知识分布的差异性，导致个体发现和获取获利机会的不同，其中一些人获得成功，并被其他人效仿，由此演化出一些一般性的规则。作为共同知识以节约后继者的创新成本，并稳定当事人对他人的预期。

条件。在他看来，资本的缺乏并不会阻碍企业家的行动，这是因为只要具备企业家的才能，他们总能找到获取资源控制权的方法。卡森强调企业家是"市场的制造者"角色，把企业家定义为"擅长于对稀缺资源的协调利用做出明智决断的人"。像奈特一样，柯兹纳、卡森都同意企业家的报酬是一种剩余权益而非合约收入。①

此外，继科斯开辟现代企业理论先河以来，以"交易"或"契约"为基本分析单位，形成了现代企业理论体系，包括替代市场机制的企业论、资产专用性的企业论、团队生产的企业论、不完全合约的企业论等。这些理论为进一步理解企业家提供了多个崭新的视角。比如，继科斯以后，张五常也强调企业家的"权威"职能及其降低交易费用的作用。但与科斯不同的是，由于张五常着眼于交易的契约性，把企业看作是要素合约对产品合约的替代。他认为，在企业合约中，"要素所有者必须遵守某些外来的指挥，而不再靠频频计较他也参与其间的多种活动的市场价格来决定自己的行为"。

以阿尔钦和德姆塞茨为代表将企业看作是一种生产"团队"。由于在团队生产中集体努力的可观察的产出结果中，不可能精确分解和观察其成员的个人贡献，也难以按个人的真实贡献支付报酬。这样就给予每个成员以偷懒的激励。为了减少团队成员偷懒，就需要指派专人负责监督，即监工。问题是监工者也有偷懒的动机，因此必须有监督监工的最后监督者。这个最后的监督者实际上就是企业家。他们认为，只有给予企业家剩余索取权，他们才有监督监工的积极性。詹森和麦克林的代理理论，从企业所有权结构出发也得出同样的看法，即让企业家成为企业剩余权益的拥有者。

另外，企业的契约论还把企业家视为中心签约人，负责发起企业各要素的所有人进行集体签约，以降低分散签约的成本。该理论认为由于契约本身的不完全性，使得作为中心签约人的企业家获得剩余控制权。

我国学者关于企业家理论的研究虽然起步较晚，但也不乏一些真知灼见。比如，张维迎教授在其《企业的企业家——契约理论》一书中利用信息经济学的原理，对个人财富在企业家形成过程中的作用做了系统的论述。他认为，要成为企业家，除了应具备经营能力之外，还须拥有个人财产。这是因为，在信息不对称的条件下，给定经营能力为私人信息，个人财富为公共信息，则个人财富可作为经营能力的一种信号显示：财富越多的人越有经营能力。这样，张维迎教授得出结论认为，企业家必须是资本家，即让资本家作为企业家经营自己的资本，会避免由于信息不对称而带来的逆选择和道德风险问题。这一结论既与当前我国民

---

① 考虑到人力资本投资的增值目的，需要在折现成本总和基础上按平均收益率加成。成本加成的公式为：人力资本价值＝折现成本的总和×（1＋现期社会平均收益率）。

营企业家兼资本家的双重性质相吻合，又与国有企业的企业家非资本家的现实不相吻合。

总之，通过对上述文献的梳理，我们可以看到不同学者因各自的时代背景、理论基础或视角的不同，对企业家形成似乎相似，但又不尽一致的理解或看法。从相似方面看，所有学者都认为企业家是企业剩余的索取者或获得者；从不尽一致的方面看，不同学者从不同角度阐明了企业家应该获取企业"剩余"的种种"理由"。应该承认，尽管他们各自的分析角度有所不同，但在逻辑上都有一定的合理性。这里，笔者无意也无力再提出一个关于企业家的新概念。

二、企业家能力特质

如前文所述，尽管学界对企业家的理解不尽相同，但这并不意味着对企业家的理解就没有任何"共识"。事实上，从能力的角度看，企业家就是具有企业经营能力的人。这样的说法虽然有同义反复的嫌疑，但也不失为一种"上策"。下面，我们对企业家能力做一简要的概括和归纳。

第一，企业家须具备一种非凡的领导能力。这种领导能力赋予企业家一种非同一般的号召力和感染力，使他们能够将各种要素所有者"召集"在一起并集中"缔约"。企业家依靠这一"权威"建立企业，并按照环境变化的要求适时协调和控制生产要素的合理配置。

第二，企业家须具有一种敢为天下先的创新能力（但不一定就是科技发明或创造）。创新能力是企业家有别于一般管理者的一个重要特质。具体可分为"识别机会"和"发动创新"这两种基本能力。所谓识别机会就是要善于感知稍纵即逝的各种利润机会，这要求企业家具有丰富的经验和敏锐的观察力。所谓发动创新就是通过"创造性的破坏"实践，能把潜在的利润机会转化为现实的利润。其中，识别机会是前提，而发动创新是手段，二者统一于获得利润这一根本性目的上。

第三，企业家须具备一种忍让与宽容的合作能力。从某种意义上讲，合作应该是比创新更重要的一种能力。创新能力可能程度不同地存在于每个人身上，即每个人都或多或少具备创新的潜质，但作为企业家还必须有一种合作精神，唯此才能将企业成员的一些新想法、新办法，汇集成一种"创新"并付诸实施。特别是在现代企业活动中，由于组织内部不同要素之间存在的利益差别是客观的，由这些利益差别引起的意见分歧也是难免的，因此对一些"反对的、批判的"意见更要以忍让和宽容的态度去对待。化解矛盾，消弭冲突，凝聚共识，都离不开企业家宽容、忍让的合作能力。按照哈耶克的看法，人类现代文明或市场经济本质上就是一种"合作的扩展秩序"。企业家的合作精神无疑是推动这一进程的重要力量。

第四，企业家须有一种承担风险的能力。不论是从投入到产出的生产过程，还是从"贱买到贵卖"的交易过程，本质上都是一个涉及未来的时间过程。尤其在一个未来时间序列中，影响经济活动的因素非常复杂，既有可预见的，也有不可预见的；既有偶然因素，又有必然因素。因此，基于某种预期目的的企业活动必然带有不确定性或风险。只有勇于承担风险的企业家，才能促成经济事业的发展。

第五，企业家须有一种"神召"性质的敬业精神。在经济学中，新古典主义赋予企业以利润最大化的主体地位，阐明企业组织的"利己"动机。然而，在现代社会，随着经济活动越来越专业化和组织化，单纯的"利己"动机显然有悖于组织化或内部合作。按照韦伯的说法，企业家是必须具有"资本主义新教伦理精神"的人。而这种精神的实质就是"把利润最大化，把'利润'作为'神召'一样神圣的东西来追逐"（汪丁丁，2000）的一种敬业精神。在韦伯看来，企业家追逐利润的目的不是为了今生此世的享受，而是为了追随"上帝"并争做"上帝"合格选民这样一种宗教徒式的虔信和狂热。只有具备这样一种精神和理性能力的人，才配得上企业家这一称谓。那种鼠目寸光、唯利是图的"市井人"，显然不够企业家的"格"。

以上五种能力都是谓之"企业家"的人所应当具备的。现实中，只有少数真正的企业家能兼备这五方面的能力，而多数企业家可能不兼备这些能力，这或许就是企业家中有不同层次的原因所在。

三、企业家人力资本的特征

前面我们对企业家理论做了简要综述，并对其能力特质做了概括性归纳。其实，若按照现代人力资本理论的观点，企业家的上述能力特质，构成了其特有的人力资本。

人力资本理论是伴随现代增长理论逐步兴起的。在新古典增长理论中，索洛通过外生技术进步的生产函数，分解了各要素在产出中的贡献，并发现产出增长率与资本和劳动投入的增长率之间存在一个"余值"。他把这一"余值"归因于技术进步的作用，由此他证明技术进步是经济增长的主要源泉。这一结论突破了增长理论中片面强调资本作用的"资本决定论"。然而，技术进步论同样存在着局限，即片面强调生产过程中"物"的因素，而忽视"人"的主观能动性。正因如此，经济学家舒尔茨提出的人力资本理论认为，通过一定方式的投资而掌握一定知识和技能的人力资本才是一切生产资源中最重要的资源，也是社会进步的决定因素。舒尔茨的人力资本理论补充并发展了现代增长理论。

自舒尔茨以来，人力资本理论融合产权经济学、信息经济学、交易费用经济学等前沿成果，逐渐发展成为一个以人力资本为对象的理论体系，比较系统地阐述人力资本的概念、构成、形成、特征以及作用等一系列问题。鉴于本文研究的目的，这里只对企业家人力资本的特征做一概述。

由于企业家人力资本是一种特殊的人力资本，因而企业家人力资本除兼有一般人力资本的属性或特质之外，还有一些区别于非企业家人力资本的特征。概括来看，本文将企业家人力资本的特征归纳如下。

第一，人力资本是劳动力"资本化"所形成的一种潜在生产力。古典经济学早已阐明劳动力是潜在生产力，在生产过程中通过与资本进行现实的结合，能够转化为一种现实的生产力。新古典经济学发展的一个重要理论成果就是将投入经济过程的劳动和资本进行分解，测算其各自在产出中的贡献大小。依据这一方法，经济学家在最近几十年通过对现代经济增长的经验研究发现，劳动对经济增长的贡献大大超出资本的贡献。也正因此，一些经济学家（如舒尔茨、贝克尔、罗默等）才将人的因素视为一种资本，即人力资本。这里，"资本化"的劳动力主要是强调"人力"能够带来"未来收入流的源泉"，因而是增值经济活动的一种特殊的资本形式。由此在理论上进一步确认了人力资本对长期经济增长的重要贡献。

第二，人力资本的所有权天然附属于劳动者。我国学者周其仁认为，每个人的健康、体力、经验、生产知识、技能和其他精神存量的所有权，不但不可分地、天然地附着在自然的个人身上，并且只归个人调用。换句话说，企业家完全拥有对其人力资本的产权，不容任何人对其有分割和分享的企图。因此，在个人产权得不到社会法权体系承认和保护（使其人力资本产权发生残缺）的场合，企业家就可以凭借其事实上的控制权，部分或完全"关闭"有效利用其人力资源的通道，从而增加别人利用其人力资源的成本，降低人力资源的价值（因为被"关闭"的人力资本无法被其他主体使用，导致企业家人力资本一文不值，或根本就不存在）。人力资本的这一特征是现代经济学关于激励理论的基础，也是市场中的企业作为人力资本与非人力资本一个特别合约的基础。

第三，人力资本在使用上具有不可直接观测性。与非人力资本的"易观察、易计量、易变动"等特点相反，人力资本具有"不易直接观察，不易计量，不易变动（即不会改变所有者）"的特点。人力资本的这一特性决定了在企业生产活动中，不能直接对其成员的实际贡献进行精确计量、监督和管理。要维护并激发人力资本的积极性，就必须实施有效的激励。这就是人力资本只能"激励"而不能"挤榨"的原因所在。

第四，高知识和技能的人力资本具有专用性质。人力资本，特别是知识、技能和经验等"后天"因素主要是通过教育培训投资和工作实践累积而成的。由于个人的成长背景、工作阅历和投入方面等各不相同，因而不同人之间的人力资本在"后天"习得性因素方面具有很大的异质性。尤其是在分工越来越专业化的当今社会，具有特定专业知识和专门技能的高级人力资本往往具有极强的专用性质。

第五，人力资本具有不可储蓄性。与货币资本可以储蓄并获得相应的时间价值即利息不同，人力资本不能储蓄。人力资本的经济价值是潜在的，只有在生产过程中通过与其他生产要素结合才能实现其经济价值。离开生产过程，人力资本的价值不仅不能实现，更不能储蓄。换句话说，如果一个人没有使用自己的人力资本，那么他所有的人力资本就会"过期作废"。也正是从这一意义上讲，一个社会最大的浪费是人力资本的浪费。

除了上述一般人力资本所共有的特征之外，作为一种特殊的人力资本，企业家人力资本还有不可交易性。

如前文所述，企业家之所以区别于非企业家，在于企业家具有一种非凡能力，即能够发现并利用市场机会的能力。这样一种特殊的人力资本或能力显然是无法交易的，这是因为发现并利用市场机会的知识是一种私人信息。企业家要把这种知识或信息卖出去的一个前提是作为买方必须相信并预先知道这种信息的价值，否则买主不会出价购买（退一步，即使买主要买，也只能给一个低价格）。然而，买主一旦知道了这些知识或信息的价值后，就根本不需要出价购买了，而是直接利用这种知识或信息获取市场利润。这就是所谓的企业家的"信息悖论"。正是由于有这样的特殊性，企业家只能是企业家，而不是受雇佣的经理。

四、企业家人力资本定价

近年来，随着人力资本理论的发展和趋于成熟，在经济学中已经建立了多种有关人力资本的定价模型。由于定价的理论基础不同，不同人往往会构建不同的定价模型。但总体看，林林总总的模型不外乎具有这样两种思路：一种是成本定价法，一种是收益定价法。

成本定价法的理论基础是依照人力资本形成过程中所支付的所有投入进行折现加总，然后按照现时期社会平均收益率"加成"计量人力资本价值。成本法包括历史成本和重置成本等不同方法。历史成本法是将个人在其过去时期的全部人力资本投入项目上的成本进行折现与加总，并依现期社会平均收益率加成。重置成本法是依照组织在招募、选拔、聘用、安排、岗前学习和在职培训等环节上的全部成本进行折现与加总，然后再按照现期社会平均收益率加成。在现实中，由于成本法只能计算显性成本（即会计成本），无法将隐性的机会成本包括进来，因而这种会计成本的计量方法不准确。尤其对于企业家人力投资而言，由于得益于一些"禀赋"特征，同样的投入在企业家身上会产生一种"乘数"效应，因而能形成"倍乘"的人力资本价值。同时，由于过去各时期投入的平均收益率在统计上存在样本差异，进而会出现因人而异的不同结果。在实际中，成本定价法只能用于对一般的、社会平均投入水平的人力资本价值的粗略估计上。比如，在估计个人受教育的会计成本时，就不能按照教育费用的个别支出来计算，否则越是学习差的学生越可能因留级蹲班而"增加"其个别人力资本价值。

收益定价法的理论基础是以人力资本的现期收益及将来一定时期的预期收益进行贴现，然后加总各（预）期收益的贴现值，构成人力资本的现值。由于收益法考虑了预期收益，在计算未来预期收益及其贴现值时需要知道未来的确定收益及贴现率，因此这种办法比较适合于领取确定性薪酬的被雇佣者。

鉴于前文所述企业家人力资本的不可交易性质，以及上述两种人力资本定价法中各自不同的计量特点，笔者认为对企业家人力资本定价必须采取间接定价的方法，即通过企业家自己创立企业，使自己成为企业剩余收入的索取者，以间接地对企业家人力资本进行定价。

企业家人力资本间接定价的具体办法是，在给定市场充分竞争的条件下，企业家通过组织生产要素的所有人集中签约、创立企业，则企业的市值（可以按照股价折合）减去其全部成本所得到的剩余，就是企业家人力资本的价值。企业家人力资本间接定价具有以下优点：

首先，企业家通过组织和指挥要素的权威，行使其意志，可以通过内部特殊的劳动分工保全自己的知识，避免自己的信息被他人盗用。同时，通过特定制度安排调动和激发他人的积极性，以最大化企业家的长远利益。

其次，通过创立企业使企业家人力资本成为一种可观察和可证实的信息，使其人力资本在受到不法侵害时可以向"第三方"（主要是法院）寻求保护。

最后，通过创立企业使企业家人力资本变成一个在法律上相对易于界定、控制或转让的特殊资产，从而增强企业家人力资本的可交易性。

参考文献：

[1]新帕尔格雷夫经济学大词典(第2卷)[M].北京:经济科学出版社,1996:162.

[2]杨瑞龙.企业理论:现代观点[M].北京:中国人民大学出版社,2005:207-222.

[3]马科斯·韦伯.新教伦理与资本主义精神[M].西安:陕西师范大学出版社,2002:

11 - 13.

[4]张维迎. 西方企业理论的演进与最新发展[J]. 经济研究,1994(11).

[5]张卫东,钟熙维. 现代企业理论[M]. 武汉:湖北人民出版社,2002:61 - 63.

[6]汪丁丁. 直面现象——经济学家的实然世界[M]. 北京:生活·读书·新知书店, 2000:198.

[7].周其仁. 市场里的企业:一个人力资本与非人力资本的特别合约[J]. 经济研究,1996 (6).

俄罗斯女性领导力研究的文献综述

热妮娅

摘　要：本文主要通过梳理大量文献资料，认识领导力的本质，比较分析男性领导力与女性领导力的异同，侧重于对俄罗斯女性领导力的研究现状做文献综述，主要包括女性领导力的特征研究、女性领导力面临的障碍及两性领导力对比研究。分析提出了俄罗斯女性领导力的特征。对于俄罗斯女性领导者自身而言，其本身依然有很多需要完善的地方。因为苏联时代女人被禁止作为领导者，所以"俄罗斯女性作为管理者"处于萌芽阶段。同时，现代俄罗斯女领导者应该直面社会上的矛盾及男女不平等的状况，不断培养自己的能力。企业女性领导者应当根据企业发展的需要，有针对性地提高自身的专业素质和职业素养，将自身的能力提升和企业的远景目标结合起来，最大限度地发挥自身优势，为企业做出贡献。

关键词：女性领导力　提升策略制约因素

随着经济社会的发展、组织内外环境的变化，领导方式由传统的刚性化趋向于人性化和柔性化，而女性的特质恰恰符合了这一发展趋势。国际上女性领导群体的崛起，使女性领导者在管理领域作为一个特定的研究群体而受到越来越多的重视。同时领导力作为领导活动中重要的功能性范畴，能够保持领导活动持续旺盛的生命力，是实现高效领导活动的内在驱动力，因此对女性领导者的领导力问题进行研究非常必要。本文通过梳理大量文献资料，侧重于对俄罗斯女性领导力的研究现状进行了综述，主要包括女性领导力的特征研究、女性领导力面临的障碍及两性领导力对比研究。通过国内外对女性领导力的认识，提出自己的看法。

一、领导力的概念

国外对领导力的科学研究始于 20 世纪初。领导力是领导者在特定环境中与追随者之间的互动能力。领导力是一个企业的核心竞争力，它直接决定了一个企业的凝聚力和影响力。约翰·麦克斯威尔也在"领导力的 5 个层次"上提出了领导力的概念，认为"领导力就是影响力"（John C. Maxwell，2012）。我觉得这句话很有道理，影响力在管理别人的时候也是很重要的部分。

约翰·科特认为领导力是企业面对变化日趋快速的竞争环境所必须解决的战略瓶颈，并创造性地提出了领导成功组织变革的八步骤流程（John P. Kotter, 1990）。

美国哈佛商学院 Stephen R. Covey 博士在其"领导的四个角色"中认为领导力包括：探索航向（pathfinding）——创造一个把使命与客户需求相联结的远景，整体体系（aligning）——创造一个技术完善的工作体系，授能自主（empowering）——发掘人的才能，释放能量，鼓励贡献，树立榜样（modeling）——建立相互信任四方面的能力。

北京大学教授杨壮在《锻造领导力》一书中认为：领导力是领导者本人的品格魅力。领导力不是权力，不是谋略，更非厚黑学，而是一种影响力，这种影响力的最大来源是领导者自身的品格与领导风格（杨壮，2009）。

俄罗斯对领导力的科学研究也始于 20 世纪之初，但与国外不同之处在于从1900 年开始一直到 1960 年对领导力的科学研究不止一次地经过盛极而衰的情况。俄罗斯科学家一般情况下对领导力的概念认识从国外得来，通过大量研究资料提出对领导力的想法和认识，并将这些知识运用在实际情况中。在《现代管理》这本书中，A. T. Zub 提出了管理的质量和效率基于对这方面知识的认识，以及会在实际情况中运用这些知识。这方面的知识指的是对我们新企业的理念和管理政策（A. T. Zub，2002）。

这个问题主要在于苏联时代国家制度为社会主义，那时候全国人民都一律平等，不管你工作多么努力大家的工资都一样。在这种情况下人们没有目标成为企业大领导，也没有意义去发展自我。1990 年苏联解体后经济危机笼罩了全国，国家制度也有了变化，从那时候起人们的思想改变了许多，他们为了生活开始寻找各种发财方法。大部分人都开始自己做生意、做贸易，于是越来越多的商人开始关注领导力的概念、研究领导力的知识，全国很多地方慢慢开设了企业化管理的有关培训班。

本人对领导力的看法是：领导力是企业和组织的主要推动力。但我认为不是所有的人都适合担任领导者或管理者，能胜任的人应该有管理别人的特殊能力。造成这些领导能力的因素有几个：影响力、沟通力和智慧能力。我突出上述三个能力的原因在于自己看过因错误的领导方法而导致失败的案例，所以认为如果领导者能掌握这三个能力就会成为有效的领导者。德国记者 F. Haines 也在"很难成为管理者"中提到了领导的工作并不容易。所以我觉得企业领导者自己应该不断地学习，掌握新知识，培养自己的能力。俄罗斯科学家 P. V. Zhuravlev 认为领导者应该依靠企业员工的经验和知识，从他们身上学习如何支持和发展公司的业务计划，这就是领导的成功之路（P. V. Zhuravlev，2004）。我也觉得 P. V. Zhuravlev 的话有道理。多听取员工的意见，通过他们的工作经验和知识，完善企业内部制度具有一定的意义。

二、女性领导力的概念

目前，国内外对女性领导力的研究并不算多，关于女性领导力的概念学者们从各自的角度提出了看法。一般情况下学者们从领导特征、领导风格、领导力障碍和提升策略来研究女性领导力；另一个角度是对男性领导与女性领导进行对比研究。

女性领导力的研究则是 20 世纪 70 年代性别主题进入领导力研究领域后才逐渐为人所关注。Kanter 首先提出当时组织分析中的"盲区"，引起了关于性别因素在组织生活中对领导力及权利影响的讨论。对女性在高层职位中的代表名额不足现象的关注也开始出现在女性主义研究文献中，如 J. Acker 的《组织中的性别理论》（Gendering Organizational Theory），E. R. Auster 的《揭开神秘的玻璃天花板：性别偏见的组织和人际动力学》　　　（Demystifying the Glass Ceiling：Organizational and Interpersonal Dynamics of Gender Bias），Gherardi 的《性别象征主义和组织文化》（Gender Symbolism and Organizational Cultures）等。通过各个角度对组织中性别关系的研究，一种普遍的观点是领导力以及组织的文化与沟通风格是在男性化的语境下建立起来的，占据主导地位的领导力观点很难加入女性文化。

陈方则着重将女性领导力归结为在领导过程中所具备的能力。他认为，女性领导力是指注重远见、创新、战略，把握方向、变化和做正确事情的能力（陈方，2003）。对俄罗斯而言，女性作为领导者处于萌芽阶段，因为过去苏联时代女人被禁止作为管理者，以至到现在，俄罗斯的管理层利用妇女劳动力这一情况依然很少见。这种状况造成俄罗斯人对女性领导力的认识不足。所以，现代俄罗斯女领导者应该直面社会上的矛盾和男女不平等情况，不断培养自己的能力。

本人认为女性领导力是指在社会上不断斗争的竞争力，在研究有关女性领导力的问题时我发现，女性很难成为企业的高层管理者有以下几个影响因素：第一，性别歧视。苏联的体制在许多方面限制了人民，包括限制了妇女在工业和国家结构上拥有高职位的能力。根据民意研究中心的调查，20 世纪 80 年代末女性担任领导岗位的比例不到 10%。第二，社会对女性的知觉定型。从历史上俄罗斯社会就认为女性不适合担任领导职位。在俄罗斯"女人"只被视为"母亲"，认为女人只能管理家庭、照顾丈夫和孩子。第三，女人怕承担风险。俄罗斯科学家关于这一点提到了：对男性来说"风险"表示收益或亏损，胜利或失败，危险或机会，但女人对风险一般持否定态度，认为其代表亏损、失败和危险，多数情况下她们希望避免风险（R. L. Krichevsky，1993）。本人认为原因在于女人首先是一位母亲，她不敢冒家庭风险，因为她在企业所有的行动和做的决策还是会影响到家庭。但正如有一句话所说："您若想达到成功，就必须冒险。"在一个企业中也一样，为了成功有时候需要做出"危险"的决定。

三、俄罗斯女性领导力的研究

俄罗斯女性职业管理是一个相对较新的现象：苏联时代，女性担任领导是非常敏感的问题，而不是人们所惯于接受的熟悉和自然的现象。但我们的世界在不断地改变，人们对女性作为领导的看法也在慢慢改变。在刚刚过去的 20 世纪，女人们已经从家庭妇女的地位上升到企业家的地位。今天在俄罗斯已经有很多成功并富裕的女总经理和女性领导者，她们在专业方面毫不逊色于男性领导者。但是与男性不同，女性领导者得向自己和他人证明她能够做好自己的工作，拥有胜任某岗位的条件。

（一）女性领导力特征研究

20 世纪 80 年代，社会科学领域出现了重视女性特质的作品，如亨利·明茨伯格在《关于管理的十个冥想》中提到：组织需要培育，需要照顾和关爱，需要持续稳定的关怀。关爱是一种更女性化的管理方法，虽然我看到很多优势的男性 CEO 正在逐步采用这种方式，但是女性还是有优势（Henry Mintzberg，1995）。

Rosener 提出转型领导是属于"女性"（feminism）的观点，并在传统上被认为是无效能却与女性联结起来的特质，如直觉、共识的建立、鼓励参与直到近来才被认为是可取的（Rosener，1990）。

台湾学者黄丽蓉将女性领导力的特征归纳为五个方面：①互动性的领导风格；②组织关系呈包容性的蛛网状；③全面而多元的思考方式；④授权与团队建立；⑤重视员工的教育与成长。

俄罗斯的女性领导力相比其他欧美国家开始时发展比较慢，这是由于俄罗斯的经济状况很不稳定。而且按照上述的分析，人们对女性作为领导有一种藐视的看法，失业情况下企业就不想雇用妇女劳动力。虽然有一些岗位更合适女人去做，但大部分情况下女人担任领导者有一定的难度。我认为要过几十年女领导者才能得到人们的认可而在社会上不引起惊讶。Eagly 和 Wood（1991）认为，一般而言，女性比男性更具有社会技能，因而更适宜于担任中层管理者的角色。这意味着女性领导者由于各种各样的因素还没有达到男性领导者的水平，很难成为高层管理者。在俄罗斯这种情况更明显，即女人只能升至中级管理层，主要原因在于女人生孩子以后需要育儿长假，这个时候很多女人会被开除或降职。

（二）女性领导者面临的障碍

俄罗斯女性领导者面临的最大障碍在于如何当上领导，如何进入高层管理层，怎么能得到员工的认可，以及怎么能有效地结合"母亲"和"生意女性"这两种角色从而发挥其作用。

俄罗斯女性领导者面临的障碍来自企业、个人和社会。中国科学家袁海荣分析了女性成长为领导者需要克服三大障碍：其一是组织障碍，主要表现在对女性效绩和努力所采用的高标准、歧视性的组织文化方面；其二是人际障碍，主要表现在男性的偏见、固执与成见，对女性的偏见使女性领导很难与其下属形成并维系稳定的工作关系；其三是个人障碍，主要表现为女性缺乏自信心、对事物认知不足、解决冲突的能力有限等方面（袁海荣，2004）。

其实在俄罗斯，男女都有一样平等的机会成为领导者，但是实际情况是女性成为领导者有一定的难度。俄罗斯女性领导者面临的障碍分为几点：第一，时间不足。即便是一位女人很合适做领导者，但由于家务的操劳女性经常会拒绝拥有这种岗位的机会。第二，男性不认可女领导者。大部分情况下女性领导者并不都是在一片欢呼和欢迎声中走上领导岗位的，而是带着众人的怀疑和偏见上场的。尤其是俄罗斯男性以前习惯了把女性当母亲看待，所以女领导者在商界并不受欢迎。

总之，我觉得在女性成为领导者的路上会碰见不少障碍和困境。上述中我简单介绍了一些相关情况，但是与男性不同，女性很难成为高层管理者。女性当上领导和当好领导的障碍因素来源于心理、生理、家庭环境和社会环境等方面。学者们多从心理学、领导学和社会学角度进行研究，希望能从这些方面找出障碍和影响因素，为女性提供自我发展的参考依据和提升方向。

（三）两性领导力对比研究

Eagly 和 Johnson 通过大规模的定量调研认为，领导力风格多少具有性别定势的特点：女性的领导风格更以人际关系为导向，更为民主；男性的领导力风格则更以任务为导向，更加专断（Eagly, A. H., Johnson, B. T., 1990）

俄罗斯科学家 A. L. Zhuravlev 把领导风格区分为指令的风格、合议的风格和纵容的风格，同时认为女性领导者采用组合性的领导风格，也就是说以上三个领导风格同用。Judy B. Rosener 也提出了女性更多采用变革式的领导方式。她们更喜欢为组织设计一个更加具有包容性的目标，让下属在达成组织目标的同时实现个人目标（Judy B. Rosener，1990）。

在中国，宇长春以政府部门为例，通过实证的方式，解释了两性领导风格存在的差异。屠立霞也发现男性企业家更偏向任务导向型，自主、独立、竞争；而女性更偏向社会导向型，注重人际交流、相互依存、合作共事等。

本人发现很多学者和科学家说女性领导者善采用"柔性"的管理模式，并提到女性注重人际关系，男性领导者注重完成任务、独立、竞争等。但是布雷克—莫顿使用管理方格模式得出的结论与这种看法恰恰相反，认为女性领导者完成任务和人际关系导向的比例跟男性领导者差不多。也就是说，一般情况下男女都对工作任务感兴趣，并对企业内部的人际关系比较淡薄。在这里还取决于别的因素，由于每一个人性格不一样，所以使用的领导方式也不同。男人也可以跟女人相似，更重视人际关系而不重视完成工作任务。之前我在中国公司实习时，发现我的男性领导也十分重视人际关系，善于与员工建立合作行为。因此，对两性领导风格的差异性是否存在仍然没有统一的结论。或许不同的文化背景下或不同的行业组织中得出的结果也可能是不同的。对两性领导风格和行为的差异性问题，也有学者持不同意见，如 Epstein、Mats Alvesson 等，他们认为用性别差异来解释领导风格的差异是缺少理论依据的。

四、结论

本文通过大量的参考文献研究了对女性领导力的认识，通过学者对领导力的认知和本人对领导力的看法，通过男性领导力与女性领导力的比较分析提出俄罗斯女性领导力的特征，发现女性领导力还未达到国外的水平，男性领导比例仍然比女性高。俄罗斯社会认为管理他人只属于男人的特权。由于目前俄罗斯人对女性领导力的看法，使妇女适应领导岗位的过程变得更加困难，这种情况造成社会和经济关系的一种危机。在俄罗斯现代社会中还是有性别不平等和女性领导力的歧视问题。所以女性领导者还有很多需要完善的地方，要向男性领导者学习。

我希望几十年后女人们可以成为优秀的领导者，因为苏联时代完全没有这种思想，女人无法成为管理者。但是现在情况已经在慢慢改变，女性可以抓住机会获得更高的职业地位。

参考文献：

[1]杨壮.锻造领导力[M].北京:北京大学出版社,2009.

[2]陈方.也谈女性领导力建设[N].中国妇女报,2005 – 4 – 6.

[3]宇长春.基于个性和动机模式的两性领导风格差异性的实证分析[J].首都经济贸易大

学学报,2006(2):41 - 44.

[4]屠立霞.女干部行政领导能力及影响因素的结构分析[D].浙江大学,2003.

[5]陈伟娟.我国企业女性领导力研究[D].长春理工大学,2010:2 - 8.

[6]蒋莱.女性领导力研究综述[M].上海:复旦大学出版社,2011.

[7]Henny Mintzberg.关于管理的冥想[J].经济管理文摘,2006(3):19 - 22.

[8]浩珍.女性领导力研究综述[J].中外企业家,2015(16):60 - 61.

[9]袁海荣.女性领导者成长障碍与对策研究[D].复旦大学,2004.

[10] Maxwell J C, Romane/Erzählungen E, Führung. The Five Levels of Leadership [J]. CenterStreet,2011,47(2):462 - 495.

[11]Kotter J P. A Force For Change:How Leadership Differs From Management[J]. Harvard Business Review,1990.

[12] Журавлёв П. В. Зарубежный опыт управления. - Екатеринбург: Деловая Книга, 2004 - C. 108.

[13]Зуб А. Т. Современный менеджмент. - М. :Аспект Пресс,2002 - C. 92.

[14]Kanter R M. Men and Women of the Corporation[M]. Basic Books,1993.

[15] Acker J. Gendering Organizational Theory. in: A Mills, P Tancred, et al. Gendering Organizational Theory[M]. Newbury Park. CA:Sage,1992:248 - 260.

[16]Auster E R. Demystifying the Glass Ceiling:Organizational and Interpersonal Dynamics of Gender Bias[J]. Business and the Contemporary Worl,1993(Summer):47 - 68.

[17] GherardiS. Gender, S. Gherardi Symbolism and Organizational cultures [J]. 1995, 349: 576 - 581.

[18]Кричевский Р. Л. Если Вы—руководитель[M]. Депо,1993.

[19]Rosener J B. Ways Women Lead[J]. Harvard Business Review,2011,68(6):119 - 125.

[20]Eagly A H, Wood W. Explaining Sex Differences in Social Behavior:A Meta - Analytic Perspective[J]. Personality & Social Psychology Bulletin,1991,17(3):306 - 315.

[21]Eagly A H,Johnson B T. Gender and Leadership Style[J]. Psychology Bulletin, 1990,108(2).

[22]Rosener J B. Ways Women Lead[J]. Harvard Business Review,1990.

[23]Попов Ю. Российское предпринимательство: социальный портрет [J]. Человек и труд,1995.

劳动力市场视角：城镇化条件下
我国流动人口城市化对策研究

吴勤学　周志鹏

摘　要： 我国流动人口数量达到2.3亿，其中外出农民工1.58亿；城镇人口达到51.3%，首次超过了农村人口。如此多的流动人口以及城市人口的快速增长对中国的城市化无疑是一个巨大的挑战。本文在分析二元劳动力市场基本特征的基础上，深入地探讨了我国流动人口在城市化过程中所面临的问题，并且提出了解决流动人口城市化问题的新思路。

关键词： 流动人口　城市化　二元劳动力市场　社会资本

一、二元劳动力市场的基本理论与中国劳动力市场的基本特征

二元劳动力市场理论是在20世纪60年代由美国经济学家德瑞格和皮埃尔提出的。该理论认为，市场被分为两部分，即一级市场和二级市场。两个市场在劳动力资源配置和工资决定方面各具特点：一级市场工资较高，工作条件优越，就业稳定，安全性好，作业管理过程规范，升迁机会多；相对而言，二级市场工资较低，工作条件较差，就业不稳定，管理武断且粗暴，无个人升迁机会。可见，这种二元结构的差别是明显的。

二元劳动力市场理论强调需求方和制度性因素对二级市场工人报酬低下的重要影响，承认一级市场上劳动力的素质要普遍高于二级市场。但关键问题是各个工作部门间的工资差别大大高于劳动力的素质差别，很多二级市场的工人不能进入一级市场并不是因为他们缺乏必需的生产能力，而是因为一级市场的雇主和工人拒绝接纳他们。他们认为一级部门内部劳动力市场的运行并不是依据利润最大化原则，而是制度规则代替了市场竞争。不同的市场有着不同的报酬和激励机制，因此个人素质相似的工人会获得不同的收入。二元劳动力市场理论对于分析我国流动人口城市化问题具有重要的借鉴意义。

在我国，这种二元性主要体现在体制内部劳动力市场和体制外部劳动力市场。在与计划经济体制相联系的体制内劳动力市场中，劳动力资源配置、劳动力

价格与就业结构等有关的事宜，在相当程度上是由制度性规则调控的。国家发挥着资源配置的主导作用，市场力量所发挥的作用是相当有限的。就业岗位的安排优先考虑体制内劳动力市场的劳动者，甚至只向体制内劳动力市场的劳动者开放。体制内劳动力市场的工资结构基本上是根据计划经济体制内部的需要决定的，与外部劳动力市场供求没有多大关系，在某种程度上带有"铁饭碗"的性质。体制外劳动力市场劳动力供求的失衡主要是由工资率波动来调节的，劳动力的供求比例决定着劳动力价格的高低；劳动力价格的高低，又会调节着劳动力的供求关系。例如，当前我国沿海部分地区之所以会出现民工荒，其中的一个重要原因，就是劳动力价格太低。与劳动力市场结构的市场化程度相联系的体制外劳动力市场的一个重要特征，就在于劳动者就业的不稳定性。体制外劳动力市场就业的劳动者，由于社会角色定位的不同，决定了其就业的内在不稳定性。当前我国劳动力市场供求结构，总体上说是劳动力的供给大于劳动力需求，因而，在体制外劳动力市场，尽管劳动力供给方对劳动力市场价格可以发挥一定的影响作用，但就其影响程度而言，远远不及劳动力需求方，也不及制度性因素的制约力。体制外劳动力市场是属于需求主导型市场，即劳动力的需求方起主导作用，劳动力供给方往往处于弱势地位，因而，劳动力价格也会被压得很低。

总之，体制内外劳动力市场具有不同的制度性特征，体制内劳动力市场隐性失业严重，社会保障完备，福利收入高；体制外劳动力市场属于可竞争型就业，社会保障不健全。这种体制内外劳动力市场的分割，不仅不利于资源配置的优化，不利于提高资源配置效率，也会导致分配不公，这些都严重阻碍了我国流动人口的城市化进程。

二、与国外相比，中国流动人口城市化所面临的问题具有其特殊性

（一）人口流动与工业化的不同步

城市化起源于工业革命，大多数国家的城市化过程是与工业化同步的。这是因为城市工业生产的发展需要劳动力，这就形成城市对农村劳动力的"拉力"。同时，工业化带动了农业劳动生产率的提高，大量从事生产的农村剩余劳动力也需要向城市转移，形成所谓"推力"。因此，农村人口非农化过程与农业劳动力向工业转移、向城市转移的过程是紧密联系在一起的。英美等发达国家的经验证明，工业化是农民脱离农村的加速器，工业化直接推动农村人口向城镇的集中，而且工业化与农村人口城市化的转移几乎是同步的。

但是与英美等工业化早发国家相比，我国农村劳动力大规模转移的起步时间

却明显滞后于工业化，我国走了一条农民非农化与工业化相脱节和不同步的道路。新中国成立以后，我国长期实行了依靠农业积累支撑城市高速工业化的发展战略，引起农业的衰退和农村商品经济的萎缩，使城乡差别进一步扩大，工农业比例关系遭到破坏，工业和农业的自然联结被人为地割断了，城乡形成了差别很大的二元化社会结构。工业化被限制在城市的范围内独立运行，而没有带动农村的繁荣，工业化创造的成果没有改善城乡之间的关系。工业化与农村人口的非农化以及城市化步伐的不一致，一方面造成了大量农村剩余劳动力的积压，一旦将制约农村人口非农化的闸门开启，如潮般的农村劳动力会像井喷一样释放出来，并将形成一种非常规的转移道路和方式；另一方面，城市化、工业化与农村人口非农化过程的不同步所产生的各种社会矛盾与冲突也会比较突出地表现出来。

这种人口流动与工业化的不同步，使城乡形成了差别很大的二元化社会结构。美国著名发展经济学家刘易斯在研究发展中国家的经济时提出"二元经济"理论，即在发展中国家普遍存在着农业部门和工业部门相互分隔的现象：农村从事农业生产，城市从事工业生产。在我国的劳动力市场上，这种二元经济主要表现在二元劳动就业体制上。在这种体制下，在城镇中实行有计划的充分就业，在农村实行自然就业。除了国家为发展工业而从农村招收工人之外，城乡劳动就业基本上各自封闭运行。虽然经济体制改革以来，我国实施了以促进就业和提高劳动生产率为中心的劳动就业制度改革，并且打破了原来封闭的二元劳动力市场，但是全国统一的劳动力市场仍然没有形成。

在没有形成全国统一的劳动力市场这样的条件下，多数流动人口所在的劳动力市场还处于比较低端的状态，市场机制不健全，市场秩序混乱，管理空缺。这主要表现在以下几个方面。首先，价格机制混乱。农村劳动力进城后成为一个体制外的群体，他们的工资收入没有文件或者政策上的界定，往往是由雇用老板自行决定，在相当程度上，这些劳动力的价格没有反映出劳动力的成本价格，或者说，这些劳动力的价格是被扭曲的。其次，中介服务混乱，在这些流动人口的就业中，由于市场管理不力，正规的中介服务公司较少，这就出现了一些非法职业中介机构，利用流动人口求职心切和缺乏辨别能力，以虚假信息骗取这些人的钱财。最后，市场交易规则混乱，这主要表现在流动人口在劳动力市场上的交易场所不固定和交易往往没有契约上。这些都导致在劳动力市场上，大部分流动人口与雇主的劳动关系松散，随时可能遭遇雇主的无端辞退，工作期间的劳动时间、劳动保障、工资支付等根本无法得到有效保护，因此往往造成超时间、超负荷的劳动以及被克扣工资等现象的发生。

总体来说，这些都是我国流动人口在城市化过程中所面临的现实问题，而这些现实问题既是在城市化过程中凸显出来的，也是必须要在城市化过程中解决的。

（二）人口流动内生机制的差异性，挤压式的农村劳动力转移方式

无论是资金还是劳动密集型的城市，在其发展过程中都需要大量劳动力，尤其是在发展之初，更需要大量廉价劳动力。当城市新增劳动力无法满足其自身扩张需要时，这种状态就对农村劳动力产生了强烈的吸引力。另外，作为大量人口聚集地的城市所能够提供的功能和服务是远非农村所能及的，从方便与舒适的物质生活的角度来看，对农村劳动力也构成了强大的吸力，这是推动农村劳动力非农化的第一动力。美国和日本是依靠城市工业化扩张的强大吸力完成农村人口城市化的典型国家。以日本为例，20 世纪 50 年代初，美国出于战争的需要，向日本发放大量军事订单，这一偶然机会，刺激了日本投资兴办企业的高潮，从而使工业对劳动力的需求量大增。1955—1965 年，第二产业就业人数从 923 万人增至 1 538 万人，第三产业也大规模扩张，大量吸收农村人口。60 年代初，人多地少的日本居然还出现了劳动力短缺的现象。

与此相比，我国农村劳动力非农化的道路却有其特殊性。一方面城市化进程的相对缓慢造成现有城市容纳农村劳动力的容积不足；另一方面在农村从事农业生产的较低的比较利益又迫使农村劳动力不得不寻求生存和发展的道路。一方面吸力不足，一方面大量农村剩余劳动力寻求出路，从而造成了我国特有的挤压式的农村劳动力转移方式，也造就了具有多元性的农民工这一特殊的社会群体。那么，能否使这些流动人口逐渐在城市中生存下来、稳定下来并慢慢融入所在的城市，关系到未来我国的城市化进程，也关系到我国未来经济发展的动力。

（三）劳动力流动进程受到诸多限制

农民工是在我国工业化、城市化与农村人口非农化没有同步发展的历史条件下产生的具有半工半农性质的独特的社会群体。对于大多数欧美国家来讲，农村人口转化为城市人口时，一般不存在许多限制，例如英国甚至采用了暴力的方式强行剥离农民与土地的所有关系，将农民直接转化为市民。当然，这一过程是痛苦和充满血腥的。德国、美国城市化和工业化发展的过程相对于英国多了几分温柔与缓冲，但也没有出现农民工的现象，农民都是比较直接和快速地转化为了城市人口。

而我国农村劳动力的流动却受到诸多限制，从户籍管理制度到社会歧视等非制度性限制，几道闸门将农村人口与城市人口彻底隔离开来。改革开放以来，尤其是社会主义市场经济体制确立以来，农村人口非农化的条件才逐步放宽。但就目前来讲，转向非农业的 2 亿多农村人口，多半只是一种职业的转移，并没有实

现地域性的迁移和农民身份的彻底变更。人口从乡到城,经历了一个离土不离乡、若即若离的阶段,并向离土又离乡,完全成为市民的方向转变。从有利的方面来说,经历这样一个过程,有利于社会的稳定,并为我们制定一系列社会政策赢得了时间,有利于城市和乡村有充分的时间适应人口流动这一重大要素的变动。不利的方面在于城市化的进程缓慢,农民身份跃迁的时限较长,以致对引发投资、促进消费、加速乡村社会向城镇社会的转化起着销蚀作用。

从人口学角度看,城市化的过程是一个农村人口变为城市人口的过程,城市化的重要标志是在总人口中城市人口比重上升,农村人口比重下降。城市化的本质应该体现"以人为本",但是"农民工"这种现象是从一项应急性的权宜之计,逐渐演变为一种制度性的安排,而这种制度性安排却是和城市化的本质要求相脱节的。许多农民工从事着稳定性差、收入低、劳动强度大、无福利、无保障、无晋升机会等一般市民看不上眼的职业,虽然在城市打工好多年,但却始终是城市的边缘群体。他们和城市职工相比,工作不稳定,流动性大,风险高,付出同等的劳动得不到同等的待遇,甚至付出加倍的劳动,也得不到同等的报酬,更谈不上能够享受城市职工的各种福利待遇。因此,即使农村流动人口进入城市,在城市中找到了工作,但如果不在制度上创新思路,不给予农民工平等的就业权利,让他们始终处于流动的不稳定的就业状态之中,势必会严重阻碍城市化的推进。

(四) 人口流动以分离流动为主流

与美国的家庭化流动相比,对于目前的中国而言,人口流动的发生是以分离流动为主流的。根据国家统计局对全国 31 个省、857 个县、7 100 个村和 68 000 个农村住户开展的抽样调查,截至 2014 年 12 月 31 日,全国外出农民工总量为 16 821 万人,其中住户中外出农民工为 13 243 万人,占外出农民工总量的 78.7%;举家外出农民工 3 578 万人,占外出农民工总量的 22.3% (统计局,2014)。在我国的现实生活中,流动的主体是劳动力本人,家庭中的妇女、儿童以及老人与劳动力一起流动的比例非常低,流动者的家庭重心仍然保留在迁出地,流动人口的家庭关系模式主要以分居家庭为主。

在这种分离流动状态下,家庭既不能单独在农村维持体面的生活,也不能单独依赖在城市的生产经营活动维持体面的生活水准。家庭需要将成员同时分布于两个部门,获取两个部门的好处以保持家庭有稳定的消费能力、最合适的投资机会和发展机会。家庭的生产行为和消费行为同时在城市和乡村两个部门进行,城市成员在城市只进行维生型消费,而家庭消费和投资的重心仍保留在原迁出地,且迁出成员做出了随时返回的准备,他们与城市的瓜葛减到最低,维生之外多余的钱主要用于投资在农村老家的住房、土地、家具及农具上。

　　造成农民工家庭两部门生存的主要原因，首先是农民工在城市的工资不能支持家庭在城市拥有一种体面的生活——对于大部分农民工而言，甚至可以说是不能支持全家在城市中的基本生存，其中城市住房这一门槛就足以粉碎无数农民工的城市梦；其次，当农民工本人的职业和居住地改变时，他们在农村的土地和住房等资产，在制度和法律层面并未设立适当的退出机制，即便他们的工资足以支撑全家在城市的生活，无偿放弃在农村的利益也是不明智的；最后，农民工在城市非农产业的就业充满了风险，当他们失业、生病或者受伤失去劳动能力或年老时，他们在城市得不到制度性和系统性的支持，唯一可以依赖的是他们的家人、土地和住房。

　　家庭人口不能伴随劳动力向城市顺利迁移，直接减小了非农产业发展对城市化的带动作用，当然也损失了城市化对非农产业发展的促进作用。劳动力个人迁移与家庭迁移相分离的一个直接后果，就是劳动力非农化规模远远高于人口城市化水平。近30年来，无论是官方还是学界，对经济发展过程中人口流动现象的主流命名始终是"劳动力流动"，而不是"人口迁移"，这在不经意间反映了我国城市化过程中与其他国家完全不同的地方，即有劳动力转移，但无人口的城市化。

　　总之，家庭的两部门生存对农户而言是一种两难冲突的折中结果，只要宏观的经济结构背景和制度背景不改革，基于农户收益最大化的迁移行为就很难有大的变化，以分离流动为主的这种非家庭化迁移始终会是我国发展过程中的阻碍。

三、劳动力市场视角下中国流动人口城市化问题的创新研究

　　根据二元劳动力市场理论，针对我国流动人口城市化存在的问题，笔者认为，解决我国流动人口城市化的关键并不是在城市和农村两个世界之间架设一座桥梁，因为这座桥梁很可能根本就不存在；也不是打破城乡二元的户籍制度，因为即使打破了户籍制度的壁垒，流动人口也未必可以很快地融入城市。流动人口城市化问题的关键在于如何能够使流动人口在城市中站稳脚跟，不断适应并融入城市劳动力市场，从而逐渐积累人力资本和社会资本，进而实现流动人口的城市化。流动人口的城市化需要一个渐进式的过程，需要铺设连接城市和农村两个世界的阶梯。

　　在这个渐进的、连续性的阶梯中，有几级台阶是需要重点建构的。

　　第一，在各种政策制定过程中，应该充分重视流动人口聚集的就业空间，为流动人口在城市的生存预留低端居住空间和途径。城市中的这些低端居住空间是

流动人口成本最小的城市化途径，是流动人口学习城市生活方式、行为和价值观念的很好的场所，并且从现实意义上说，也几乎是流动人口初次进入城市的唯一落脚点。因此，在城市发展的同时要充分考虑为流动人口的生存预留低端居住空间。

第二，应充分考虑对流动人口社会资本的培育，并且建立良好的社会秩序与社会规范。流动人口社会资本的重建需要长久的过程，需要良好的社会规范、社会秩序以及社会道德，更需要城市发展的关爱。在各种政策制定过程中，要充分考虑对流动人口聚集的就业区进行积极地引导与优化，在尽量不提高生活成本的前提下，为流动人口的生活创造更好的城市生存空间和就业途径，为其提供创造新的社会资本的通道。

第三，细化就业分工，优化就业结构。就当前产业结构来看，农业的劳动力剩余已经成为定论，城市人才结构正在不断地向着高素质型的人才转变，就业结构的不合理给我国流动人口就业带来了严重困难。为了解决这一矛盾，就必须加快产业结构的调整，大力发展第三产业。通过细化就业分工，优化就业结构，农村进城的流动人口就可以在劳动力市场中寻找机会，并且通过不断积累自己的社会资本和人力资本，实现劳动力的梯度转移。

第四，促进全国统一劳动力市场的建立。我们可以通过大量的流动人口进入劳动力市场的事实本身，来促进全国统一劳动力市场的建立，从而进一步推动流动人口的城市化进程。流动人口的有序高效流动迫切需要有统一的劳动力市场，从而使资源的配置能够根据市场的需要，而不是行政命令来实现。因此，要充分利用市场信息，通过劳动者与企业双方自主决策实现就业，从而实现市场配置劳动力资源的新机制，由此推动城市的用工制度、工资制度、户籍制度和教育培训制度的改革。

四、结论

流动人口已经成为我国经济社会发展，特别是城市社会发展过程中不可或缺的重要组成部分。从长远来看，使这些流动人口在城市定居下来，完成农村剩余劳动力向城市的流动，对于解决中国经济发展的后劲、推动中国城市化进程、扩大内需、协调利益关系和缓解社会矛盾，甚至对于三农问题的解决，都具有非常重要的意义。

本文认为流动人口城市化的过程是一个流动人口不断融入城市劳动力市场并且不断提升自身价值和积累人力资本与社会资本的过程。流动人口完全流入融入城市大致需要经过两个阶段：第一个阶段为初步城市化。在此阶段中流动人口开始进入城市劳动力市场,在基本就业得到保障的基础上逐渐熟悉城市行为规范与生活方式。同时,通过职业培训、行为规范、法律常识等再教育,不断提高自身的素质,提升自身的价值。第二阶段为完全城市化。在此阶段流动人口在城市政府的支持和帮助下,开始有了较强的自身合法权益保护意识,通过建立自主维权机构来保障自己的合法权益,并在城市政府的鼓励下,参与表达自身对城市日常事务的看法。当群体意志在城市事务决策中得到体现时,流动人口的社会心理在得到一定满足的基础上产生对流入城市的认同感,进而产生归属感,并完成其完全的城市化。在整个过程中,城市政府的正确引导不可或缺,其中包含了城市准入门槛的调整、劳动力市场的调整、城市户籍制度的改革及社会治安犯罪的控制等。

参考文献:

[1]孙立平.失衡——断裂社会的运作逻辑[M].北京:社会科学文献出版社,2004.

[2]孙立平.博弈——断裂社会的利益冲突与和谐[M].北京:社会科学文献出版社,2006.

[3]林燕.二元结构下劳动力非家庭化转移研究[M].杭州:浙江大学出版社,2009.

[4]刘学军,赵耀辉.劳动力流动对城市劳动力市场的影响[J].经济学,2009,8(1).

[5]郭菲,张展新.流动人口在城市劳动力市场中的地位:三群体研究[J].人口研究,2012,36(1).

[6]许经勇.体制转型中二元劳动力市场的理性思考[J].广东社会科学,2007(6).

服务企业顾客忠诚及其培育

叶 敏

摘 要：服务企业顾客忠诚问题一直是营销理论界高度关注的热门话题之一。目前，服务业的竞争日趋激烈，赢得顾客忠诚将是服务企业在竞争中胜出的关键。本文从分析顾客忠诚的内涵入手，对影响服务企业顾客忠诚的有形因素与无形因素进行分析，在此基础上，提出培育服务企业顾客忠诚的相关对策。

关键词：顾客忠诚 服务质量 顾客成本 品牌形象

随着我国服务业的迅猛成长和入世以后国外服务企业巨头的纷纷加入，我国服务业市场的竞争必将愈演愈烈。服务企业之间的竞争归根到底是对顾客的争夺，赢得顾客忠诚将是服务企业在竞争中胜出的关键。

一、顾客忠诚的内涵

顾客忠诚是一个多维复杂的概念，尽管具体看法有差异，但比较一致的观点认为，顾客忠诚应包括两个层面：一是行为忠诚，即顾客在实际消费中重复购买某一品牌产品的行为；二是情感忠诚，即顾客对某一品牌的产品产生感情，形成偏爱，进而萌发持续购买的欲望和行为。按照行为和情感两个角度对顾客忠诚进行分类，可把顾客忠诚分成四类，即不忠诚、潜在忠诚、伪忠诚和真正忠诚，见图1。

单纯的行为忠诚和情感忠诚都不能导致令人满意的结果，因为单纯的行为忠诚极不可靠，在竞争对手强烈的营销攻势下很容易瓦解；单纯的情感忠诚而没有产生实际持续的购买行为，不能给企业带来利益，也不是企业所追求的。真正的顾客忠诚应该是行为忠诚和情感忠诚的统一。顾客忠诚不仅是重复购买行为，更是一种与企业休戚与共的心理倾向，是心理依恋与重复购买的内在的有机融合。

	情感忠诚	
	高	低
高 行为忠诚	真正忠诚	伪忠诚
低	潜在忠诚	不忠诚

图1 顾客忠诚分类

Gremler 和 Brown（1996）将服务业的顾客忠诚定义为"顾客对特定的服务商重复购买行为的程度和对其所怀有的积极的态度倾向以及在对该项服务的需求增加时，继续将该服务商作为唯一选择对象的倾向"。不仅如此，忠诚顾客还会向他人推介他（她）所认可的这个服务商，从而给这个服务商带来巨大的口碑效应。

二、服务企业顾客忠诚的影响因素分析

服务企业顾客忠诚度会受到多种因素的影响。鉴于服务产品的特性，笔者将影响服务企业顾客忠诚的因素界定为有形因素（认知要素）和无形因素（情感要素）两部分。有形因素包括服务价格、服务质量、场景设计等；无形因素包括人类交互、品牌形象、顾客潜在心理需求等。这些有形和无形因素对顾客忠诚产生着重要影响，而其中顾客的情感态度与持续购买行为的结合尤为密切。

（一）影响顾客忠诚的有形因素

1. 服务感知质量

很多服务业是垄断竞争行业，满意的顾客只有很少一部分转化为忠诚的顾客，只有高度满意的顾客才会忠诚。一般认为影响顾客满意的因素主要是服务质量，服务质量越高，顾客越满意。服务质量是一种感知质量，是顾客根据消费后质量绩效体验与购买前服务期望的差距比较得出其对服务的质量评价。若服务绩效体验高于服务预期，则顾客认为服务质量高；反之，则认为服务质量低。服务感知质量（包括人们看重的服务的可靠性、安全性、响应性或对问题的处理方式等）是影响顾客行为意向的一个重要决定因素。此外，它还影响了重复购买行为和推荐意愿的产生。有理由推断服务质量会直接影响顾客的忠诚度，而且它不像其他因素那样易于被竞争对手复制，从而成为服务企业形成竞争优势的关键所在。

2. 服务价格感知

服务的价格会影响顾客的预期和看法以及感受，人们往往会设想价格高的东西质量就好，价格与顾客所预期的质量联系在一起。当人们不能分辨一项服务（比如厨师所做的食物、咨询师提出的建议等）的技术质量时，价格会导致期望，也导致顾客满意。价格感知的是服务的质量或服务提供给顾客的价值，一旦感知这种价值的存在，其忠诚的购买态度就会形成。

3. 服务有形展示（场景设计）

服务有形展示包括有关组织的所有有形设施（服务场景），也包括有形交流的其他形式。服务场景对行为的影响框架遵循着基本的"刺激—有机体—反应"

的理论，框架中的多维环境要素是刺激，顾客和员工是对刺激做出反应的有机体，该环境下产生的行为是反应。有形展示通过强化或弱化顾客的态度影响行为，正向的影响作用（靠近）会导致诸如重复购买、增加光顾次数或推荐意愿等，从而对顾客忠诚行为产生影响。遗憾的是，对于有形展示到底如何影响顾客的忠诚行为的研究甚少。

（二）影响顾客忠诚的无形因素

1. 服务品牌形象感知

服务品牌形象感知被认为是形成顾客与服务企业情感依赖的直接要素，而且这种感知不会像顾客满意度或价值感知那样容易发生波动。即使面临价格上涨或质量下降这些不利因素，那些与服务有着强烈情感或认知联系纽带的顾客的重复购买行为仍可能会继续。当服务品牌的特征表现出对顾客有相当的吸引力并能建立起顾客对服务提供者的亲近感时，人们就会表现出积极靠近的行为，从而影响顾客忠诚的行为。

2. 潜在的人性需求因素

早几年，一些研究者（Schneider 和 Bowen，1999）开始考虑无形利益对顾客忠诚的影响。这些研究背后的战略始于识别潜在的人性需求，这些潜在的人性需求可以诠释为人们接受教育的需求、渴望与他人沟通、渴望被社会接受和自尊的需求。因为服务产品生产和供给的不可分性，所以通过与顾客的现场接触可以建立顾客忠诚。可以推断，潜在人性需求的满足，会影响人们的行为诸如口碑宣传、增加光顾次数等，从而会影响人们对服务商的忠诚度。

三、服务企业顾客忠诚的培育策略

针对影响服务企业顾客忠诚度的因素，服务企业在培养顾客忠诚时应着重从以下几方面努力。

（一）提高服务质量

良好的感知服务质量是顾客满意的基础，并决定顾客的忠诚。服务企业首先应该深入、细致、全面地把握目标顾客的需要，在服务产品的设计过程中充分考虑到目标顾客的这种需要，使目标顾客在享受服务的过程中感受到企业是真正的"想顾客之所想"，顾客自然会感到满意。然而满意的顾客并不一定会忠诚，尤其是在竞争日益激烈、高度同质化的服务行业，只有高度满意的顾客才会忠诚。服务企业可从以下几方面着手。

首先必须树立更高的服务标准，比竞争对手提供更加优质的服务，令顾客高度满意甚至惊喜。服务企业应从服务的附加值上寻求突破口，如电信企业向客户推出的增值服务有顾客关怀、VIP 服务、帮助客户防毒杀毒、帮助客户组建小型局域网等；零售企业可提供订货服务、咨询服务、金融服务、包装服务、临时幼儿托管服务等；保险公司可向客户提供风险咨询、风险评估、投资咨询、信息交流、汽车优惠养护等保险责任以外的高附加值服务。尤其要多向客户提供一些竞争对手所没有的特色服务、个性化服务，这些需求的持续满足将大大增进顾客忠诚。

其次，改善服务设施，优化服务环境。服务环境是服务过程中能被顾客直接感知和提示服务信息的有形物，包括服务设施、服务工具、服务场所、服务用品等，服务环境影响到顾客对企业形象价值的判断和享受服务所需付出的时间、精力成本等。因此，服务企业要从全方位角度营造一个使顾客满意的服务环境，使顾客产生满意和忠诚。

最后，建立服务补救机制。服务补救是服务企业针对服务失误采取的行动。任何企业都会出现服务失误，但出现失误如何去弥补是保持顾客忠诚的关键。经验表明，经历服务失误的顾客如果经企业努力补救并最终感到满意，将比那些问题未被解决的顾客更加忠诚。因此建立有效的服务补救机制是服务企业的一项重要任务。

（二）降低顾客成本

顾客享受服务不仅要付出金钱，还要付出很多时间、精力和体力，这些都是顾客成本。企业应该替顾客考虑，通过各种手段，降低顾客成本。比如企业在确定服务网点的位置、数量和布局时，首先应该考虑公司目标顾客的特点及其地理分布，使公司的营业网点尽可能靠近目标顾客的居住地或工作地；在制定价格时，企业可以考虑低价策略，因为顾客在其他条件相同的情况下会选择价格较低的服务商，所以服务企业应大力提高管理水平，降低运营成本，提高顾客价值，进而提高顾客忠诚度；在服务流程设计时，企业应该按照服务的科学规则重新设计服务的操作过程，在保证质量的前提下使服务流程尽量简化，为顾客节省更多的时间、精力和体力。提高服务质量，降低顾客成本，其实就是向顾客传递一种高价值，这对赢得顾客忠诚至关重要。

（三）塑造良好的服务品牌形象，增强顾客的信任和支持

顾客对企业的忠诚不仅仅是出于对产品和服务的需要，还常常带有感情色彩。与价格、质量等因素不同，企业形象是提高顾客忠诚度的"软件"，它要求

企业做长期的、全方位的努力。首先，服务企业必须增强社会责任感，倡导社会市场营销观念，在经营过程中注意兼顾顾客、企业和社会三者的利益，在满足顾客需求的同时，必须考虑自己的行为对社会所带来的影响，坚决放弃有损社会公共利益的行为，做一个遵纪守法、具有高度社会责任感的企业，树立良好的企业形象，以此赢得顾客的信任和认同。其次，重视企业形象识别系统，企业名称、标志以及包装对服务企业形象有重要影响。最后，重视对一些危机事件的处理，培养顾客对企业的信赖感，努力构建优秀、鲜明的企业形象。

任何一个有损企业形象的失误，哪怕是微小的失误，都有可能严重削弱顾客的忠诚度，甚至导致顾客的转移。

（四）提高员工素质，提高顾客满意度

对服务企业而言，员工在很多情况下会和顾客面对面直接接触，顾客往往依据员工传递给他们的服务感受来决定是否与公司继续来往。顾客喜欢素质高、业务强、友善热情、善解人意、有同情心的员工，这些方面的满足会增加顾客的情感价值，使顾客与企业之间由业务行为上的联系转化为具有情感特征的联系，使顾客对企业产生信任、依赖和尊重，从而有助于培育顾客对企业的忠诚。良好的情感和感觉的创造是建立顾客关系的关键性要素，而是否拥有这些能力取决于员工的个人素质。所以对服务企业来说，经常对员工培训、提高员工素质是非常必要的。

对员工的培训应包括服务理念、业务能力、与顾客沟通的能力、管理顾客的能力等多方面内容。尤其在服务顾客时，应从满足人的根本需要出发，通过引导、理解、认同、尊重、关爱、平等等极具人性化的因素的渗透，使顾客对公司感到某种亲和力和依赖感。提高员工的综合素质，为顾客创造更多的价值，也是留住顾客、培养顾客忠诚的关键。

参考文献：

[1]刘德智,李毅斌.产品经验约束下的服务性企业顾客忠诚影响因素研究[J].中国商贸,2011(24):1-2.

[2]赵英男,兰春玉.外卖O2O服务质量与顾客忠诚度关系研究——以顾客满意为中介变量[J].中国物价,2015(8):89-91.

[3]赵凯,李艳军,徐龙志.服务企业顾客忠诚的影响因素与培育策略研究[J].现代管理科学,2006(11):96-97.

印尼中小企业视角下企业员工忠诚度研究的分析与评价

——基于中国知网和印尼国家图书馆文献检索

蒋 香

摘 要：员工忠诚度是员工关系管理中一个既古老又重要的话题，已形成较为丰富的研究成果。但就不同区域下特定员工忠诚度的研究还不是很多，尤其是对印尼中小企业员工忠诚度的研究则更少。在印尼，超过99%的企业都是中小企业，其在为社会解决大量劳动力就业问题的同时，也遭受着因员工忠诚度低而引发的经营损失，陷于如何对待员工的进退两难境地，这已成为印尼不得不重视和解决的问题。同时，鉴于印尼劳动力市场有别于其他国家的特点，印尼员工对企业不忠诚的表现也与其他国家有较大不同，需要单独对其进行分析研究。为此，本文针对印尼中小企业员工忠诚度的现状，通过实际调查，综合运用文献法及案例分析，分析影响印尼小企业员工忠诚度的核心因素，揭示阻碍员工忠诚度提升的主要障碍，提出提高印尼中小企业员工忠诚度的对策建议，对于改善印尼中小企业员工关系，提高企业经营绩效具有重要的现实意义。

关键词：印尼建筑材料小企业 员工忠诚 影响因素 对策建议

目前各国的很多企业都面临着员工忠诚度不高的问题，这严重影响了企业的发展和生存，因而员工忠诚度问题备受各国专家的关注。迄今为止，关于员工忠诚度的文献有很多。以"员工忠诚度"为关键词，在中国知网上查询到相关文献4 500多篇，在印尼国家图书馆查到297 708篇。学者们从不同研究视角对员工忠诚度问题开展研究，内容主要涉及概念界定、影响因素以及提升员工忠诚度的对策建议等。本文从适合印尼中小企业员工忠诚度研究的视角对所搜集的文献进行梳理和分析，旨在探索适合研究印尼中小企业员工忠诚度问题的理论、方法和视角。

一、员工忠诚度的重要性问题

对于提高员工忠诚度的重要性，不同学者持有不同观点。有的学者认为这是一个重要问题，企业应善待自己的员工，以提高他们的忠诚度。有的则反对这个观点，Cheryl Breetwor，ShareData 的前任 CEO 是其中一位反对这观点的人。她认为不管企业对员工有多么好，永远都是不够的。即使公司给他们一百万美元的年收入，他们可能还是会离开的（Breetwor，2001）。这难道说明企业就该放弃试图着力提高员工的忠诚度吗？但不管所持观点如何，许多学者至今还在持续地从不同角度、针对不同人群研究关于员工忠诚度的问题。

包立杰认为，员工忠诚度高可以降低员工招聘和培训的成本，甚至会提高生产率，并且创造更多的利润（包立杰，2006）。Wharton 大学的调查研究也支持包立杰的观点，调查研究表明，更换管理和专业员工的成本几乎占到员工年收入的150%。至于低端工人，这样的成本是员工年收入的一半（Declining Employee Loyalty，2012）。

员工忠诚度低会引发企业经营的损失，不忠诚的员工更偏向于出现腐败行为。2011 年的报告显示，在 178 个国家中排名第一的为最少出现腐败行为的国家，印尼排在第 100 位（Cariss，2012）。就像政府的腐败会严重损害国家利益一样，员工的腐败也会给企业造成巨大的损失。不忠诚的印尼建筑材料员工也会偷懒，送货的时候他们会在街上消磨时间；他们也会对工作不负责任，想不来就不来，不管企业的利益；员工也会宣传企业的不好，破坏企业的名誉，甚至偷窃行为也会发生。对企业不满的非技术员工大部分是以罢工的形式来表现的。2014 年底，印尼有的工厂 70% 的生产线因罢工都停了下来（Dunkel，2015），员工罢工给企业造成很大的损失。

可见，员工忠诚度对企业发展的影响很大，对此从学术界给予研究上的支持，并将其应用于企业实践是非常重要和有意义的。

二、忠诚度的定义

关于忠诚度的定义有很多种版本，本文主要是从三个国家——中国、美国与印尼学者的角度对员工忠诚度的定义进行总结和评价，以下是三个国家的学者具体的定义（见表1）。

表 1　不同学者对忠诚度的定义

学　者	定　义
赵瑞美，李桂云（2003） 中国	员工忠诚度是指员工对企业的认同和竭尽全力的态度和行为，具体表现为在思想意识上与企业价值观和政策等保持一致；在行动上尽其所能为企业做贡献，时刻维护企业集体的利益
王洪梅（2013） 中国	忠诚度是员工行为忠诚与态度忠诚的有机统一。行为忠诚是态度忠诚的基础和前提，态度忠诚是行为忠诚的深化和延伸

学　者	定　义
Tammy Erickson（2010） 美国	传统忠诚度的定义已不存在了。目前转化为：只要员工在职时愿意全面参与，就是忠诚。不能把跳槽的员工看成不忠诚
Jeff Haden（2012） 美国	已在职很多年的员工不代表员工忠诚。忠诚的员工时愿意为企业100%去投入。全面投入的新员工也算是忠诚员工
Tommy Stefanus 等（2010） 印尼	忠诚度的意思不只是员工在企业的存在而包括他们的思想，观念，奉献完全致力于该企业
Kusdi Rahardjo 等（2011） 印尼	忠诚度是以员工个人的意愿使用所有能力、技能、思想和时间来参与及实现公司的目标，并且只要人员在该公司工作，就会为公司保密以及不采取损害公司的一切行动

从上面 6 位学者所做的定义可以看出，美国学者与印尼以及中国学者的定义有很明显的不同。美国学者认为现在"忠诚"的定义跟员工在职时间已不存在任何关系了。Phyllis Korkki 认为这是因为在美国雇佣者对待员工的态度已经改变了。之前，雇佣者保证员工的终生就业，甚至养老金都有，但目前的情况不一样了，因此员工"忠诚"的意思也就跟着改变了（Korkki，2011）。印尼与美国学者的定义有很大的区别，这是因为印尼从以前到现在，管理者对员工的态度都没有很大的改变。印尼之前和现在都没有提供给员工养老金。印尼学者与中国学者的定义很相似，这很可能是因为两国都是剩余劳动力国家，即便对工作不满意，员工也无法随意更换工作。

对于印尼中小企业员工忠诚度问题，Hiio 曾指出印尼人习惯了按在职时间的长短来说明一个员工是否忠诚（Hiio，2013）。但笔者认为最适合印尼员工忠诚度的定义是 Tommy Stefanus 的界定，他瞄准了印尼社会普遍存在的问题，强调员工在企业里持续工作、不随便离职并不能代表员工对企业忠诚。在印尼，员工在某个企业工作下去的原因有许多，结合印尼劳动力市场的现实情况，员工很可能是因为自身条件不足，无法找到更好的工作；或者也可能因为企业的某些规定使员工无法辞职，从而导致员工长期在一个企业持续工作，但这并不代表员工对企业是忠诚的。员工对企业的忠诚不仅体现在外在形式的忠诚上，如不离职等，事实上，无形的忠诚更为重要。

三、员工忠诚度的影响因素

影响员工忠诚度的因素有很多，将已有研究中涉及的影响因素整合起来，可归纳为领导风格、薪酬、福利、企业文化、企业发展前景、员工个人以及法律等方面的因素。

(一) 领导风格因素

已有研究表明，员工离职与领导行为方式有着很密切的关系（Ding，Lu，Song，Lu，2012）。领导风格会影响员工的感受，包括员工的参与（Suharti，Suliyanto，2012）。服务型领导行为可以提高员工满意度，员工满意度又可以减少员工流失率（Riketta，2005）。员工满意了，自然对企业会更忠诚（黄，2014）。包括 Schaufelli、Bakker、Saks、Shucks 和 Ram 在内的很多学者研究之后发现，敬业度高的员工更少有离开公司的念头，换句话说，他们对企业更忠诚（Suharti，Suliyanto，2012）。Suharti 和 Suliyanto 也指出，想要建立员工敬业度，首先就得有好的领导者。什么样的领导才算是好的领导呢？Myatt 在他的文章中特别强调员工怕领导，不是一件令领导骄傲的事情，因为怕和被尊重根本是两回事（Myatt，2011）。好的领导者不只能给员工下命令，还会积极参与完成任务。愿意倾听，接受并考虑下属的反馈，能使员工感到被尊重，会鼓励他们来更多地参与到该组织（Suharti，Suliyanto，2012）中来。

对于印尼的中小企业来说，其领导大部分不是这样的。Hiio 指出印尼的企业主要采取的是家长式领导，员工习惯听从领导。这导致尽管员工有不同意见，也不会对上司说出来的（Hiio，2013）。通过对 600 位印度尼西亚领导人和 45 位人力资源从业者的调查，发现只有 17% 的领导者和 7% 的人力资源从业者觉得他们组织的领导能力强（Cariss，2012）。可见，印尼的领导方式很不理想。同时，在印尼，就算领导风格不受欢迎，印尼员工不满意，但因工作机会少，非技术型员工也不会轻易选择离职。在印尼，对非技术员工来说，员工满意度与流失率是无关的，这与 Riketta 等学者的研究结果有很大不同。但是，虽说他们不会去换工作，他们对企业的敬业度则会有明显的下降，也就是说对企业不是真正的忠诚。就像印尼 Nike 工厂的员工，领导对待员工的方式很差，有些领导使用侮辱性的方式来惩罚他们，有的甚至使用暴力来对待他们（Daily Mail Reporter，2011）。即便如此，很多员工还是选择留下来。但这能说明他们对企业忠诚吗？相反，他们经常在社会媒体上说企业的坏话，表达他们的不满。只有好的领导方式才可以显著提高员工的敬业度（Suharti，Suliyanto，2012）。针对印尼的实际情况，不离职已不是衡量员工忠诚的主要标准，而敬业度高的员工才能算是真正的忠诚员工。

(二) 薪酬因素

薪酬因素对员工忠诚度的影响涉及两个方面，一是薪酬水平的高低，二是薪酬水平是否公平。

　　首先，对于薪酬水平高低来说，员工对物质报酬的满意度会直接影响他们的忠诚度（Djati，Khusaini，2003）。王婷和张海燕指出薪酬与绩效考核是培养员工忠诚度的基础（王婷，张海燕，2007）。赵瑞美、李桂云也认为较高的收入水平是吸引和保留人才的必要条件（赵瑞美，李桂云，2003）。收入是人类基本的需求——根据马斯洛需求层次理论，第一层次是生理需求，生理需求是推动人们行动最主要的动力。如果雇佣者满足不了员工对工资的愿望，想要留住员工并且得到他们的忠诚恐怕是不可能的。

　　其次是收入的公平性问题。很多学者特别强调收入的公平性是非常重要的，那么所谓的公平究竟是什么？在许多国家，绩效好的员工很显然就会得到更多的收入，这就叫公平。在印尼却不一样，许多员工认为留在某个企业时间更长的员工应该得到更多，这才是他们所谓的公平（Hiio，2013）。在这方面，为了避免员工感到企业对待员工有所不公，雇主雇佣新员工时一开始就应该解释清楚企业的薪酬福利是按工作绩效还是按留在企业时间的长短来决定的。若员工觉得薪酬有所不公平，虽然能够维持他们的生活，他们还是会感到被看轻并且不被尊重，这对其忠诚度的影响是很大的。

　　除此之外，许多学者，包括吴欢认为："设计出合理可行的，对内具有公平性、对外具有竞争力的薪酬结构是企业组织需要认真解决的重要课题"（吴欢，2012）。

（三）福利因素

　　很多学者研究了福利对员工忠诚度的影响，就像 Ikhram，Misbahuddin 和 Ahmed 在研究间接报酬与员工绩效以及忠诚度时，发现它们之间有很密切的关系（Ikhram，Misbahuddin，2013；Ahmed，2014）。Lilis Halim 看到间接报酬对提高员工忠诚度的重要性，甚至调查了如何有效地设计福利结构。她在调查过程中发现，印尼员工把健康险、退休基金作为吸引和保留员工的主要影响因素（Halim，2013）。Michael Page 对印尼的专业人才进行了调查研究，得出的结果是不同的，奖金还是排列在第一，占 45%；其次为公司班车（37%）、退休基金（32%）、医疗福利（26%）等（Michael Page，2015）。Michael Page 和 Lilis Halim 调查研究的结果不同，可能是因为他们调查的对象不同所致。

　　对于印尼中小企业来说，许多企业的雇主是非正式招聘员工的（Bellefleur，2011），企业根本没有给员工很多福利。Halim 所说的诸如健康险、养老金等福利，大部分员工是享受不到的。但奖金、每年给员工组织旅游是印尼雇主激励该行业员工最常见的方法。同时，员工认为能找到工作已经很不错了，即使福利低也不会轻易离职。基于此，印尼很多中小企业雇主就看轻了福利对提高员工忠诚度的影响，这也就累积了员工的不满，增大了员工做出不忠诚行为的可能性。

（四）企业文化因素

Suharti 和 Suliyanto 提到驱动员工敬业度的另一重要因素是企业文化。理想的组织文化是一个开放的组织文化，注重组织内人员的良好沟通。公平和信任对员工敬业度的创建有积极影响（Suharti，Suliyanto，2012）。此外，Suharti 也提到工作环境、员工之间的关系以及工作政策和工作平衡也将支持创建员工敬业度，而这敬业度会直接影响员工忠诚度。

李珊珊也认为企业文化对培养员工忠诚度的影响很大。"企业文化是一种企业价值观，它包括了一个企业独特的发展战略、经营理念、管理思想、制度机构等，如公司的薪酬福利政策、内部晋升制度、培训制度、新人辅导制度，都会使员工有更好的职业发展。当员工从个人职业发展中得到满足时，企业"留心"的目的也不难实现了。"

包立杰支持以上三位学者的观点，认为企业文化能够使员工体会到工作的乐趣并启发个人的成长（包立杰，2006）。

在印尼，中小企业对企业文化的重视程度还很不够。如果企业没有注重企业文化，员工就会觉得企业没有条理并且非常的不专业。在这样的企业工作，员工也会不怎么受重视，而且很随便。为此，在研究印尼中小企业员工忠诚度问题时，可以将企业文化作为员工忠诚度的重要影响因素来进行分析。

（五）企业的发展前景因素

要提高员工忠诚度，企业就得把促进企业发展作为基础（吴小妹，2013）。吴小妹也指出没有一个员工会选择留在一个没有发展前景的企业。Workforce 的数据也表明大概一半的 48～65 岁的员工认为企业的声誉会影响他们留在企业的决定（Workforce，2010）。

如果员工能看到企业的发展规划，制定企业使命与愿景，员工对企业就会更加地有信心。企业若有好的声誉或发展前景，员工在该企业工作也就会感到很自豪，他们对企业也会更忠诚。企业在自身发展良好的同时，还应注重对员工职业发展的规划与帮助。就像吴小妹所提到的："很多的中小企业哪怕有较好的发展前景也不注重向员工描绘未来的发展愿景，致使员工对企业失去信心"（吴小妹，2013）。

在印尼，雇主只把员工看成他们赚钱的一种工具，没有把他们看成企业成功的一部分因素。无论企业是否有发展前景，雇主都看不到与员工进行沟通的必要性。这既阻碍了企业本身的发展，也影响员工对企业忠诚度的培养，员工一旦得到更好的工作机会，他们自然会选择离职。

（六）员工因素

王洪梅认为员工本身也是影响他们忠诚度的因素（王洪梅，2013）。"婚姻、年龄、性别和文化程度等是引起员工流动的重要影响因素"（赵瑞美，李桂云，2003）。Chattanooga 发现员工年龄与忠诚度也有关系，并且认为在 1946 年之前的员工都经过经济大萧条和第二世界战争，他们有更强的忠诚意识。而未经历过这些的员工则忠诚度意识不强。

同时，网络的使用也成了影响员工忠诚度的一个外在因素。如今许多人都能使用网络获取信息，使得他们找到适合自己的工作更为方便。尤其是 80 后们，他们更愿意通过不断地跳槽，试图着找到最适合自己的、最理想的工作（Chattanooga）。

针对印尼的情况，根据笔者的调查了解，印尼中小企业员工的性格、受教育程度、家庭情况对培养他们的忠诚度有很大影响。印尼年轻非技术员工受教育程度普遍不高，生活经验也少，导致他们无法看得更远；他们责任心低，并且不懂自己的行为会带给他们什么样的未来，并且年龄的差异较大。至于 Chattanooga的观点，笔者认为很有道理，但印尼的年轻非技术员工还不怎么会使用网络，也就意味着他们缺少了找工作的好渠道。

（七）法律因素

很多学者的研究表明，法律的不健全以及政府不严格执行法律是其中特别重要的忠诚度影响因素之一。

在印尼，以 Nike 公司为例，Nike 员工的工资不符合国家最低收入的规定（Roberts，2013）。员工没有达到生产目标，管理者就使用侮辱他们的方式，有的甚至使用暴力来对待员工（Daily Mail Reporter，2011）。在法律不健全以及法律执行不到位的情况下，企业管理者就会想方设法地去压缩成本；雇主会很随意地给员工薪酬福利。没有法律保护员工，很多雇主也会很随便地对待他们，这对员工忠诚度的影响有多大是显而易见的。

四、提高印尼建材行业小企业员工忠诚度的对策建议

为了提高员工的忠诚度，需要采取很多措施。通过阅读不同国家学者对此问题提出的对策建议，总体上包括以下几方面的建议。

（一）对求职者的忠诚识别

想要做好一件事情就得从开始做好，打好基础。大部分人都会认同这个观

点。包立杰声称要提高员工忠诚度就得对求职者进行忠诚识别。"大多数企业在招聘时经常会犯一个非常严重的错误：纯粹以技能为导向而忽视了员工品德和个性的测试"（包立杰，2006）。

不管企业要怎么努力留住员工，给的薪酬福利有多高，如果员工的职业素养本身是不理想的，比如：喜欢偷窃，没有责任感，或者人缘不好，跟其他人经常合不来，那么想要留住他们也是很难的。因此，招聘员工的时候就需要更注意了。

在印尼，中小企业招聘员工都较为随意，不重视对员工忠诚度的识别，这就加大了员工入职后对企业不忠诚的风险。因此，企业应加强招聘管理，尽量在招聘时识别出有利于企业的员工。

（二）结合物质手段和精神手段

李珊珊认为，想留住员工就得留住他们的心，并且认为留住他们心的其中一个方法是结合物质手段和精神手段。比如：采用股票激励或者把员工收入的大部分设置为绩效收入（李珊珊，2013）。对此宋爱莲与李珊珊提出的建议基本上是相同的，宋爱莲也表示企业该坚持精神奖励与物质奖励相结合的方式（宋爱莲，2014）。虽然她们的观点一致，但是提出的方法还是有所不同。宋爱莲认为在员工生日或节日时，举办小的聚会并且给员工一些祝福，效果往往会比纯粹的物质奖励要好（宋爱莲，2014）。李珊珊则强调股权激励，加强绩效管理，提高绩效收入的比例。

就印尼的情况来说，宋爱莲的建议比较实用。因为印尼大部分的小企业一般无法给员工太多的物质奖励，而股权激励更适合大企业。并且若雇主把员工收入的大部分设置为绩效收入，就会很难办，在印尼本就不高的收入水平下，提高绩效收入比例就会降低员工的安全感，而想要留住员工，安全感是必须要考虑的重要因素（李珊珊，2013）。只有在保证员工基本收入已达到国家最低基本收入水平的情况下，才适合使用这手段。因为，有时员工绩效不好的原因不仅仅是在于员工本身，而很可能是因为企业的管理方法不当，社会对该企业的评价或者社会经济效益不佳等原因。

（三）建立公平合理的薪酬福利制度

虽说人文关怀有利于提升员工的忠诚度，但这并不表示雇主就不需要注重员工的薪酬福利制度了。通过阅读和梳理文献发现，大部分学者，包括宋爱莲、李珊珊、包立杰和吴小妹等都认为建立好薪酬福利体系是吸引、培养以及留住员工忠诚度不可缺少的工具。"企业应该合理设计外具竞争力、内具公平性的薪酬体系，既要结合当地劳动力市场的实际又要结合企业实际及岗位要求进行合理设计，做到公平的同时又能体现竞争性，这样才能激发员工的积极性"（吴小妹，2013）。如果员工感到收入有所不公平，不管雇主如何体现出他们对员工的关心，在员工的眼里他们还是会显得虚伪，则员工对企业的忠诚度也还是不会提升。

但在很多印尼员工的眼里，所谓的"公平"与其他国家还是有所不同，即在企业工作最久的员工就是最忠诚的，而在企业工作最久的人该得到更高的职位以及更多的薪酬福利（Hiio，2013）。所以，为了保证员工对"公平"的理解，雇主必须在聘用新员工时说明，绩效好的员工会得到更多的薪酬福利，而不是在职最久的员工。此外，印尼虽然没有严格要求小企业必须给员工上保险、养老基金等福利，但并不表示企业就可以看轻员工薪酬福利的分配。薪酬福利不只是维持人们生活的工具，也是尊重员工的一种表现。限于目前印尼当地劳动市场的状况，让中小企业雇主完全遵守规则，给员工上保险以及提供养老金不太现实。在印尼经常能看见的福利是发放奖金或每年组织员工旅游等方式。同时，在印尼企业福利资源有限的情况下，为了充分利用企业的资源，提高员工对福利的满意度，雇主应深入了解员工的需求（Halim，2013），给予员工真正需要的福利待遇。

（四）改善领导风格

提高管理者的素质是一个提高员工对企业忠诚度的好方法（吴小妹，2013）。在印尼的小企业里，管理范围不大，管理者对企业相对来说还比较好控制，管理者可以亲自监督以及给员工培训。好的领导者会懂得如何尊重客户以及如何指导好员工，并给员工树立好的榜样。这样，一方面员工会跟随领导尊重客户，给他们好的服务；另一方面，员工会感到被尊重，并且能感受到自己不是一个随时会被取代的普通工人。马斯洛的需求层次理论和实践已经证明，被尊重是每个人的基本需求。同样，员工也需要领导的尊重和信任（赵瑞美，李桂云，2003）。Myatt 也表示被员工"怕"的领导不应该感到自豪，因为这并不能说明员工对领导的尊重（Myatt，2011）。

在印尼，大部分中小企业主使用家长式领导，换句话说，员工都怕雇主，怕说出他们真实的想法。企业主以及管理者应该注意这一点，改变领导方式，学会尊重和倾听员工的观点，改善员工与管理者之间的关系，以提高员工的忠诚度。

（五）把促进企业发展作为基础

企业想留住员工，就得把促进企业发展作为基础，并且把企业的发展目标与员工的发展需求结合到一起（吴小妹，2013）。企业有前途，有名誉，对员工就会更有吸引力。在没有发展前景的企业工作，员工会失去安全感，会怕因为生意不好随时被解雇。

许多印尼中小企业的领导看不出与员工交流的必要性。要提高员工的忠诚度，就得跟他们进行充分的沟通交流，并且让他们明白一个道理：企业的发展有助于他们的将来。使员工看到企业光明的未来十分重要。雇主需要按照企业发展规划给员工设计他们个人的发展规划。员工看到希望时，就会愿意与企业共同努力追求目标。

（六）塑造企业文化

如前所述，企业文化对于培训员工的忠诚度有重要作用。那么，如何梳理企业文化的建立呢？根据吕勃的研究，企业首先应该建立企业价值观。所谓的企业价值观包括企业的经营理念、发展的战略目标及员工的思想意识和行为准则（吕勃，2006）。吕勃进一步阐述到提炼企业精神也是建立企业文化的主要方法。提炼企业精神的办法包括继承传统精神、培育团队精神及树立工作中精雕细刻的精神（吕勃，2006）。涂海丽与黄国华认为企业文化建设需要注重内涵。不少企业错误地认为企业文化建设就是喊口号、搞活动以及搞轰轰烈烈的想像设计等。事实上，企业文化的内涵非常丰富，它包括物质文化、行为文化、制度文化、精神文化、其作用包括凝聚作用、协调作用、约束作用、激励作用、塑造形象作用。抓企业文化建设，应从多方面、多层次入手，而不应该只注重企业文化的任何一个方面（涂，黄，2007）。只有真正了解企业文化的含义，才能建设好企业文化。

（七）法律方面

很多印尼企业不怎么尊重员工，有的领导者甚至用惩罚的手段羞辱员工，有的甚至还使用暴力的方法来提高生产力。这一切与目前印尼相关法律不健全、法律执行不到位有很大关系。

印尼政府为了帮助企业和国家的经济发展，也设计了一条规定，《印尼劳动法》的第90条的第一部分写道：企业家不允许给员工低于国家地区最低工资的薪水。但第90条的第二部分却写道：没有经济能力的雇主可以申请批准延期，工厂可以继续支付去年的最低工资率长达12个月。很多企业就利用了这一条，例如印尼的 Nike 工厂就是个典型的例子。工厂为了最大限度地节省成本，利用该条款申请沿用去年最低工资支付标准，将员工薪资降到最低。笔者认为政府的法规本身很矛盾，首先政府声称企业该保护员工得到合理的、足够维持生活的工资，但由于附加了另一条款，使得保护员工得到合理工资的权力似乎无效了。

此外，印尼政府执行员工劳动法律还很不严格。无论法律条款写得有多么仔细，很多企业尤其是小企业也还是不会遵守的，使得员工的合理权益经常得不到保护。员工权益受损，影响了员工对企业的信任和忠诚。

因此，如果政府能在保护员工这方面把法律写更健全、更具体化，并且严格执行，对不遵守法律的企业进行罚款或关闭，使员工的权益得到保障，将会在一定程度上提高员工的忠诚度。

五、总结与讨论

通过上述文献的梳理与分析，已有研究提供了关于员工忠诚度的界定、影响因素和提高员工忠诚度的成果与信息，为后续研究奠定了广泛的基础。同时也发现，在不同国家、行业、社会环境下，研究的侧重点和结果存在一定差异。

对于印尼中小企业来说，其员工忠诚度的研究会受到印尼本国经济、社会、法律及人文等环境的影响，已有研究中所涉及的各种影响因素和所得出的对策建议存在适用性问题，需要根据印尼的情况来进行具体分析。

目前，在研究对象上，印尼学者对员工忠诚度的研究大部分都是针对一个企业或者针对所有行业的员工进行调查研究的，针对特定行业中小企业的研究还很欠缺。在影响因素的研究上，已有研究对印尼的领导风格和企业文化两个影响因素的研究比较到位。但在薪酬福利方面的研究，大部分学者都主要针对白领员工进行研究，针对低端岗位员工的研究还较少。同时，研究印尼员工的其他问题，如研究企业发展前景、员工本身及政府方面对员工忠诚度的影响因素等问题的学者也不多。

总之，在研究印尼中小企业员工忠诚度问题上，一方面可以借鉴已有研究成果，另一方面则应该结合印尼的实际情况，在印尼的环境框架下对员工忠诚度问题进行调查分析，以符合印尼企业的实际需求。在研究中，可以聚焦到某一特定行业上展开深入研究，如问题较大的建筑、建材行业等。在研究过程中，注重区分影响企业员工忠诚度的内外部环境，识别哪些是组织（或企业）可控因素，哪些是政府可控因素，哪些是员工可控因素，从而提出有针对性的对策建议，以切实提高印尼中小企业员工的忠诚度。

参考文献：

[1]Fox,Emily Jane. Worker wages:Wendy's vs. Walmart vs. Costco[N]. CNN MONEY,2013 - 08 - 06.

[2]赵瑞美,李桂云. 企业员工忠诚度下降的原因与对策分析[J]. 聊城大学学报,2003(4).

[3]Worstall,Tim. The Story of Henry Ford's ＄5 a Day Wages:It's Not What You Think. Forbes Magazine. http://www. forbes. com/sites/timworstall/2012/03/04/the - story - of - henry - fords - 5 - a - day - wages - its - not - what - you - think/,2012 - 03 - 04.

[4]Keng,Cameron. Employees Who Stay In Companies Longer Than Two Years Get Paid 50%

Less. Forbes Magazine. http://www. forbes. com/sites/cameronkeng/2014/06/22/employees – that – stay – in – companies – longer – than – 2 – years – get – paid – 50 – less/,2014 – 06 – 22

［5］Breetwor Cheryl. Employee Loyalty［EB/OL］. http://www. scu. edu/ethics/publications/iie/v12n1/loyalty. html,2001.

［6］Declining Employee Loyalty：A Casualty of the New Workplace［EB/OL］. http://knowledge. wharton. upenn. edu/article/declining – employee – loyalty – a – casualty – of – the – new – workplace/,2012 – 09 – 05.

［7］Vannecia Marchelle Soegandhi, Drs. Eddy M. Sutanto, M. Sc dan Roy Setiawan, S. Kom.,MM., MSM. Pengaruh Kepuasan kerja Dan Loyalitas Kerja Terhadap Organizational Citizenship Behavior Pada Karyawan PT. Surya Timur Sakti Jatim.［J］. Agora,2013,1(1).

［8］吴欢. 企业人力资源管理中的薪酬理论［J］. 江苏商论,2012,(12):99 – 104.

［9］What are the Minimum Wages inIndonesia in 2015？［EB/OL］. http://www. indonesia – investments. com/news/todays – headlines/what – are – the – minimum – wages – in – indonesia – in – 2015/item2633,2014 – 10 – 20.

［10］S. Pantja Djati, M. Khusaini. Kajian Terhadap Kepuasan Kompensasi, Komitmen Organisasi dan Prestasi Kerja［J］. Jurnal Manajemen & Kewirausahaan,2003,5(1):25 – 41.

［11］李珊珊. 提高员工忠诚度,"留人更要留心"［J］. 时代金融,2013,1.

［12］Giang, Vivian. 5 Good Reasons To Hire Older Workers［EB/OL］. http://www. businessinsider. com/5 – good – reasons – to – hire – older – workers – 2013 – 7. 2013 – 08 – 01.

［13］Chattanooga. Younger workers less loyal to corporations［EB/OL］. http://www. jobdig. com/articles/738/Younger_workers_less_loyal_to_corporations. html.

［14］Hiio, Aivar. How to Manage Indonesian Employees［EB/OL］. http://www. indosight. com/blog/manage – indonesian – employees/,2013 – 10 – 28.

［15］Recruitment Market Report Indonesia 2015［R］. Monroe Consulting Group,2015:1 – 22.

［16］Cariss, Karen. Into Indonesia［R］. PageUp People,2012:1 – 27.

［17］王洪梅. 企业员工忠诚度的影响因素［J］. 当代经济,2013(17).

［18］Lieli Suharti, Dendy Suliyanto. The Effects of Organizational Culture and Leadership Style toward Employee Engagement and Their Impacts toward Employee Loyalty［J］. World Review of Business Research,2012,2(5):128 – 139.

［19］王婷,张海燕. 员工忠诚度的影响因素及培养对策研究述评［J］. 科技信息,2007(1).

［20］Daily Mail Reporter. Nike workers' kicked,slapped and verbally abused' at factories making Converse［N］. Daily Mail Online,2011 – 07 – 13.

［21］Dunkel, G. Massive struggle to raise minimum wage in Indonesia［EB/OL］. http://www. workers. org/articles/2015/01/10/massive – struggle – to – raise – minimum – wage – in – indonesia/,2015 – 12 – 22.

［22］吴小妹. 中小企业员工忠诚影响因素及提升对策分析［J］. 企业导报,2013(22).

［23］Roberts, George. Nike workers claim military paid to intimidate them［N］. ABC News,2013 – 1 – 15.

［24］Haden, Jeff. 6 Qualities of Remarkably Loyal Employees［EB/OL］. http://business. time. com/2012/09/11/6 – qualities – of – remarkably – loyal – employees/,2012 – 09 – 11.

［25］Rooij,Peter van. Indonesian Labor Law Guide.

［26］Korkki,Phyllis. The Shifting Definition of Worker Loyalty［N］. The New York Times,2011 – 04 – 24.

［27］Workforce. Employee Loyalty Increases During Recession［EB/OL］. http://www. workforce. com/articles/employee – loyalty – increases – during – recession,2010 – 03 – 09.

［28］Donghong Ding, Haiyan Lu, Yi Song, Qing Lu. Relationship of Servant Leadership and Employee Loyalty:The Mediating Role of Employee Satisfaction［J］. iBusiness,2012(4):208 – 215.

［29］TommyStefanus, Shelvieana Saputra. Analisis Pemotivasian dan Loyalitas Karyawan Bagian Pemasaran PT. Palma Abadi Sentosa di Palangka Raya［J］. Jurnal Mitra Ekonomi dan Manajemen Bisnis. 2010 – 10,1(2):176 – 193.

［30］Williams,Ray. Is Loyalty Dead?［EB/OL］. https://www. psychologytoday. com/blog/wired – success/201107/is – loyalty – dead. 2011 – 07 – 04.

［31］Stillman,Jessica. Employee Loyalty is Dead. Good Riddance［N］. CBS News. 2010 – 05 – 20.

［32］Goodman, Nadia. Methods for Building Employee Loyalty［EB/OL］. http://www. entrepreneur. com/article/225432,2013 – 01 – 09.

［33］Halim,Lilis. Indonesia:Using Benefits Effectively［R］. Report on the EAGLEs,2013.

［34］Bellefleur,Daniel,Zahra Murad,Patrick Tangkau. A Snapshot of Indonesian Entrepreneurship and Micro,Small,and Medium Sized Enterprise Development［R］. USAID,2011.

［35］M. Abdi Dzil Ikhram W, Misbahuddin Azzuhri. Pengaruh Kompensasi Tidak Langsung (Indirect Payment) Terhadap Loyalitas Pegawai Kantor Perwakilan Bank Indonesia Kediri［J］. Fakultas Ekonomi dan Bisnis Universitas Brawijaya Malang,2013:1 – 18.

［36］Mashal Ahmed, Abu Bakar Ahmed. The Impact of Indirect Compensation on Employee performance:an Overview［J］. Public Policy and Administration Research,2014,4(6):27 – 31.

［37］Myatt, Mike. Leadership & Loyalty［EB/OL］. http://customerthink. com/leadership _ loyalty/,2011 – 06 – 21.

［38］黄祥辉. 基于服务型领导视角的员工忠诚度研究［J］. 科技广场,2014(2):166 – 170.

［39］Halvorson, Chad. 10 Steps to Increasing Employee Loyalty［EB/OL］. http://wheniwork. com/blog/10 – steps – to – increasing – employee – loyalty/. 2013 – 09 – 05.

［40］Michael Page. 2015 Employee Intentions Report Indonesia［R］. 2015.

［41］宋爱莲. 薪酬管理与员工心理收入［J］. 人力资源,2014,(3):105 – 108.

［42］吴小妹. 中小企业员工忠诚影响因素及提升对策分析［J］. 企业导报,2013,22.

［43］包立杰. 企业员工忠诚度研究［J］. 内蒙古民族大学学报,2006,3.

［44］吕勃. 浅谈如何建立企业文化的基础架构［J］. 大庆社会科学,2006,5(138):27.

［45］涂海丽,黄国华. 浅析企业文化与企业亚文化［J］. 现代经济,2007,6(10):104 – 105.

中小企业集聚发展的现状及意义

任旭刚

摘　要： 中小企业集聚发展已成为重要的企业空间组织模式，也为中小企业健康成长提供了肥田沃土。中国中小企业集聚发展有自己的特点，也受到了中央和各级政府的广泛重视。

关键词： 中小企业　集聚

集聚发展是当代中小企业发展的重要空间组织形式，也是中小企业良性发展的客观需要。《国务院关于进一步促进中小企业发展的若干意见》中指出，按照布局合理、特色鲜明、用地集约、生态环保的原则，支持培育一批重点示范产业集群，加强产业集群环境建设，改善产业集聚条件，完善服务功能，壮大龙头骨干企业，延长产业链，提高专业化协作水平。这为我国中小企业集聚发展指明了方向。

一、中小企业集聚发展是重要的企业空间组织模式

中小企业聚集发展是大量中小企业集聚到某一个比较小的地理空间上以结构化的企业集聚体开展生产经营活动。尽管中小企业聚集发展本身是一个过程，但对某一时期中小企业集聚发展的水平还是可以通过一些指标进行判断的。一个中小企业集聚发展比较好的地方，一是拥有数量庞大的中小企业，二是单位地理空间上中小企业密度大，三是这些企业之间存在比较强的竞争合作关系，四是企业集聚体具有整体核心竞争优势。

随着中小企业集聚发展的推进，集聚地产业的集群特征会越来越凸显，中小企业集聚发展的指向是形成产业集群。产业集群是指集中在某一地域范围内，特定产业的众多具有分工合作关系的企业与其发展有关的各种机构、组织等行为主体，通过纵横交错的网络关系紧密联系在一起的空间集聚体，是介于市场和企业间的一种新的空间经济组织形式。产业集群被认为是中小企业集聚发展的一种高级状态。中小企业集聚发展是重要的企业空间组织模式，已经成为各级政府发展经济的重要抓手。

二、中小企业集聚发展的现状

第一，东部沿海发达地区中小企业集聚发展现象比欠发达的中西部内陆地区更为突出。市场经济比较发达的东部沿海地区，中小企业集聚发展现象更容易出现。沿海地区专业镇、专业村不断涌现，块状经济十分活跃。我国产业集群主要分布在广东、浙江、江苏、福建、山东等省份，这五个省的产业集群数量占到了全国总数的很大比重。近年来，中西部地区中小企业集聚发展现象也有较大发展，产业集群的地域范围呈现出从沿海到内地不断扩展的趋势。

第二，中小企业集聚发展地产业构成以传统产业、劳动密集型产业、低技术产业和低附加值产业为主。目前中小企业集聚发展绝大部分为制造业产业集群，多为传统的劳动密集型产业和中低端的生活消费品，主要依靠劳动力价格低廉来获取竞争优势，如纺织、服装、标牌、玩具、鞋业、家具、机电、不锈钢器具等，整体上处于全球价值链的中低端。高新技术产业集群主要分布在几个高科技园区，规模数量十分有限，创新型产业集群发展严重滞后。从产品价值链的角度看，目前我国各地的产业集群大都呈现出一种"中间大、两头小"的菱形组织结构，即赢利较少的生产制造环节能力较强，而利润丰厚的研发、设计以及市场营销、品牌等环节较弱。

第三，中小企业集聚发展地的企业形态主要是个体和私营企业。从所有制和经营主体来看，我国中小企业集聚发展地主要以民营经济为主，企业形态基本上都是个体私营企业，这些个体私营企业又呈现明显的家族特征。例如，在广东省珠三角产业集群和浙江省产业集群中，由于这些产业集群形成之初的企业投资基本上来源于外资与本地私人资金，决定了这些集群内的企业基本上都是由非公有制企业构成的。

第四，中小企业集聚发展的形成路径主要是"自下而上"而不是"自上而下"。中小企业集聚发展，基本从自发起步，依靠当地一批精英带动，逐渐形成某一种产业雏形；当形成一定气候后，政府部门再给予适当扶持，不断培育和发展其成为具有相当规模的中小企业集聚发展地。浙江块状经济、广东"一镇一品"具有自己内在的发展历史演进逻辑，基本上都是走这种"自下而上"的路径形成的。目前中小企业集聚发展走"自上而下"路径现象有所凸显，例如，一些地方政府发展园区经济，建设创业基地，打造科技孵化器，这些都是一种政府驱动企业集聚发展的行为。

第五，中小企业进入中小企业集聚发展地的利益诉求点各不相同。一是为追求资源禀赋利益而集聚，如景德镇高品质的陶瓷生产原料，吸引了大量中小企业集聚在景德镇生产陶瓷，形成了陶瓷产业集群；二是为追求设施共享利益而集聚，如很多中小企业进入园区发展，就是为了分享园区良好的基础设施和生产条件；三是为有好的生产经营配套条件而集聚，一个企业的生产往往需要很多辅助性生产条件，这些条件缺乏，企业生产经营就会出现困难，所以有不少企业会集聚到生产经营配套条件好的地方；四是为较容易获得技术和知识而集聚，北京中关村是中国高校和科研院所密集地区，知识与技术资源丰富，很多中小企业集聚在中关村，就是希望较为方便地获得知识与技术资源支持；五是为获得政府给予的额外利益补贴而集聚，一部分高新技术产业开发区内的企业就属于这一类型。

三、中小企业集聚发展的意义

第一，集聚发展为中小企业专、精、新、特发展提供了坚实基础。精细的专业化分工是发达产业集群的基本特征。在中小企业集聚地，每个企业都可以搞专业化经营，只生产最终产品的某一个部件、某一个零件或者从事某一工艺环节的加工，在自己的专业化范围内做精做新。浙江苍南是我国最大的徽章的生产基地，在其铝制徽章的生产工序中，先后有设计、熔铝、写字、刻模、晒版、打锤、钻孔、镀黄、点漆、制针、打号码、装配以及包装等十多道工序，有 800 多家企业参与各道工序集合完成，形成了完整的"流水线"，集聚发展为中小企业走专、精、新、特发展道路提供了基础。

第二，集聚发展为中小企业实现服务外包提供了有效途径。每个企业都要在自己具有核心竞争力的方面发展，而作为资源规模较小的中小企业，更应该集中资源打造自己的核心竞争力，把辅助性的生产经营服务活动进行外包。集聚发展为中小企业打造核心竞争力、实现服务外包提供了有效途径。大量中小企业的集聚发展为外包服务经营商提供了充足的服务市场，为公共服务机构的发展提供了起始规模条件，这反过来也会促使更多的中小企业进行服务外包，从而形成一种外包服务的良性循环。例如，温州低压电器产业集群，生产经营和服务市场发达，在配件生产、成品装配和销售之间已构筑起一条完整的产业链。目前服务外包最发达的地方都是中小企业高度集聚的地方，在很多比较大的产业集群，地方政府都建设有公共服务平台。

第三，集聚发展为中小企业获取公共发展资源支撑提供了基础条件。公共资源投入通常是面向一般，而不是面向个别。中小企业如果"村村点火、户户冒烟"式地分散发展，就很难得到公共发展资源的支撑，就会在基础设施方面花费自己很大的投入。而政府通过建设工业园，向中小企业提供发展的公共基础设施、配套设施和标准厂房，对污染进行统一治理，这自然会减少中小企业的大量前期投资。集聚发展为中小企业获取公共发展资源支撑提供了基础条件。

第四，集聚发展为中小企业集体创造区域品牌提供了有效保障。现代企业发展需要品牌支撑，而中小企业市场占有率低，靠自己创造品牌具有天生困难。而中小企业集聚发展会形成"无形大工厂"，产量规模、市场占有率可以达到很高的水平，这会极大地提高区域产品知名度，创造出每个中小企业都会获益的具有公共产品性质的区域品牌。例如，浙江大唐拥有万余家袜业企业，2010年生产袜子75亿双，实现工业总产值113亿元，销售收入108亿元和利润9亿元，产量占全国总产量的65%，全球的1/3强。大唐袜业在全国乃至全世界奠定了举足轻重的地位，是蜚声中外的中国袜业之乡、中国袜子名镇，是一个非常响亮的区域品牌。浙江义乌小商品、绍兴轻纺、萧山化纤、海宁皮革、嵊州领带、古镇灯饰、澄海玩具……都是很知名的区域品牌。

第五，聚集发展为中小企业技术创新和转型升级提供了动力机制。在中小企业集聚发展的地方，很多同行业企业集中在一起，大家可以相互学习、相互交流、相互模仿、相互竞争、相互增益，技术创新快，知识扩散快。因此，产业集群往往也被称为"学习型组织""创新的空间""培育企业学习与创新能力的温床"。中小企业集聚发展还可以降低新产品开发和技术创新的成本。目前在产业集群中，很多地方政府都建立了公共技术服务平台，开展产业集群共性技术研发创新活动，并为中小企业提供个性化技术创新服务。

综上所述，中小企业集聚发展已成为重要的企业空间组织模式，也为中小企业的健康成长提供了肥田沃土。我国中小企业集聚在一些方面有着自己的显著特点，创新与转型发展正逐步成为中小企业集聚发展的新趋势。目前，中小企业的聚集发展日益受到从中央到各级政府的重视，中央政府也相继出台了一系列具有重要价值的政策措施，这些对于推动中小企业集聚发展将会产生重要的推动作用。

参考文献：

[1]张家俊.浅谈我国中小企业国际化问题[J].当代经济,2012(14).

[2]方英,刘梅英.中小企业如何实现国际化经营[J].经济问题探索,2002(12).

[3]尹柳.中小企业如何发展和腾飞——国际化经营视角[M].北京:清华大学出版社,2003.

京津冀协同发展背景下北京产业结构的选择

李锡玲

摘　要：两年前习总书记视察北京，提出"京津冀协同发展是重大国家战略"。北京地处区域的地理和政治核心，如何引领京津冀凝聚产业协同合力、消除周边贫困已成热议。本文探讨了京津冀都市圈产业存在的问题，分析了三地产业结构的协同性，提出了北京优化产业结构选择的策略。

关键词：京津冀都市圈　协同发展　产业结构

2014 年 2 月 26 日，习近平总书记在视察北京工作时，明确指出"京津冀协同发展是重大国家战略"。2015 年 4 月 30 日中央政治局通过了《京津冀协同发展规划纲要》，为北京城市发展和产业结构选择指明了方向。

一、京津冀都市圈的空间状况与产业存在的问题

（一）京津冀都市圈的空间状况

京津冀都市圈占地 21.6 万平方公里，由北京市、天津市、河北省的 11 个地级以上的城市构成，形成两个直辖市加 11 个地级市的"2 + 11"结构。2013 年的区域人口接近 1.1 亿，占全国的 8%，是中国最重要的人口集聚区，京津冀都市圈是我国沿海地区的三大都市圈之一（见图 1）。

（二）"2 + 11"结构都市圈发展结构问题

1. 区域经济发展不平衡性显著，中心外围二元特征突出

这个区域不仅有高度发达的北京、天津，也有比较落后的河北省的一些区域。北半部的张承地区和保定的西部、石家庄的西部，还有唐山、秦皇岛的北部一些地区、沧州的南部地区、衡水的中部地区、邢台和部分邯郸的区域，散布着一些国家级的贫困县，一直以来被称作"环京津贫困带"。根据人均 GDP、三地产业结构、人口城镇化率、劳动就业结构、消费支出结构指标，判断河北省处于工业化的中期阶段，天津处于工业化的发达期，而北京处于后工业化发达经济阶

图1 京津冀都市圈

段。京津冀协同发展的重要任务是消除贫困、实现区域产业协同发展。

2. 人口密度大、资源环境压力大

北京市的东城、西城人口密度都达到了每平方公里2万人以上，大量的功能和人口的集聚导致交通拥堵问题，同时伴随房价高涨和环境污染，出现了"大城市病"问题。而且，现在人口还在进一步向中心城区集中，这样的态势还没有得到遏制。此外，环境问题突出，主要表现在大气污染和雾霾问题，给整个区域的环境造成巨大的压力。全国主要城市PM2.5排序前十名的城市中常有七八个城市属于京津冀地区。采取节能减排、结构升级等方面的措施以减轻环境压力是京津冀协同发展中所要考虑解决的问题。

3. 超大城市北京、天津对周边的辐射带动能力弱

北京是一个知识性的区域，是科技的中心。但是这种科技的优势并没有得到充分的发挥，尤其是没有对周边地区的经济和社会发展产生更大的和更有利的影响。天津的情况也类似。

4. 京津冀协同发展中的交通一体化水平较低

由于区域发展不平衡，加之各方相互之间的利益影响，使得路网结构不合理，存在着交通一体化程度比较低的现象，尤其是行政地区之间存在着过多的断头路，影响区域间的交流和分工合作。

5. 区域内产业分工合作水平不高

京津冀地区还存在着产业中各自为战、结构雷同等现象，尤其是缺少产业价值链在区域中的合理分工。

二、京津冀都市圈产业结构协同性分析

（一）京津冀产业总量与北京的贡献度

2013 年，京津冀地区的国内生产总值为 6.2 万亿元，占全国经济总量的 10.9%。

"十二五"时期，其产业总量基本保持在占全国经济总量的 11% 左右，其中，北京国内生产总值 1.95 万亿元，约占京津冀都市圈的 1/3 弱。

（二）京津冀三地的产业结构及各自优势产业

2013 年，京津冀地区三地的产业结构比分别为 6.2：42.4：51.4。2010 年起，第三产业占三地产业结构的比重超过一半，可称为服务型主导产业结构。但是内部结构差异巨大，北京是服务业占绝对优势的城市，河北是第二产业为主，各占半壁江山。

北京的服务业高度发达，所以第二产业占的比重较低。如果从三省市的优势方面来说，北京在金融业上有很强的规模优势；河北省的传统服务业如交通运输、仓储和邮政业有一定的优势；天津的批发零售业有一定的规模优势。

三地产业在京津冀地区的空间分布特征是：第一产业主要分布在河北；第二产业分布比较广泛，包括天津、北京、河北的部分区域；第三产业更多分布在北京和天津，且主要集中在北京。

从产业职能方面来讲，北京属于典型的知识型和服务型的区域。北京市在现代服务业、高新技术产业、文化创意产业方面具有明显的比较优势。天津市目前还属于加工型的地区，现代制造业占有一定的优势，主要承担制造和加工职能。河北仍然属于资源型区域，采掘业、重加工业和农副产品加工业占比较大的优势。京津冀的产业结构特征为：北京为服务型，天津为加工型，河北为资源型。

（三）分工合作与协同发展状况

京津冀三地产业合作模式如下。

第一产业主要体现在"农业企业＋基地＋科研机构"的合作模式。科研机构在北京，农业企业也可能在北京，基地在河北；或者是科研机构在北京，农业

企业和基地在河北或在天津。生产基地和科研机构按比较优势进行产业价值链的分工合作，分工合作模式比较成熟，便于发挥各自的比较优势。

第二产业存在着产业的梯度转移。随着北京的地价、劳动力成本的上升，一些对土地、劳动力依赖性比较强的产业开始向周边地区发展。技术密集型产业开始从京津走廊的集中区域向北京周边集聚，并开始出现向京津冀区域分散化转移的趋势。这样就出现了总部研发和市场销售在北京、生产在河北和天津的状况。

第三产业形成跨地区建立连锁店、经营、一体化进行合作。

尽管现在的合作也取得了很大的进展，但实际上分工合作也存在着一些问题。突出的问题主要是：第一，本位主义严重，区域一体化程度较低。这主要体现出天津和河北的产业结构同质化现象比较严重。第二，依然存在虹吸效应。也就是说优势资源、人才、科技、资本等还是存在向北京、天津集中的现象，其次才向各地的地级城市集中，北京应该具有的辐射和带动作用明显不足。第三，现在各地都在强调发展高新技术产业，但存在着高新技术产业的相似程度、相似系数均比较低的问题，导致各地之间的产业合作，尤其是在高新技术产业领域的合作无法继续深化。

三、京津冀协同发展背景下北京的产业优化选择策略

北京的产业优化选择策略主要有三个方面。

（一）明确首都产业功能定位

作为京津冀三个重要的组成部分，北京、天津、河北拥有各自的比较优势和竞争优势，明确北京是典型的知识性区域、知识型加服务型城市是明智选择。

首先，北京一定是一个服务业的中心，现代服务业则应该是它最主导的产业。北京在城市定位里强调了四个中心——政治中心、文化中心、科技创新中心和国际交往中心的首都功能。支撑这样的首都功能需要有现代服务业，服务业会主导北京市的产业结构，且服务业已经占比78%。除此以外，高新技术产业和文化创意产业都在北京的产业结构中占有重要地位。天津面向未来选择从加工型向服务型转换，或者叫"加工型＋服务型"的城市，借此来强化京津冀都市圈的这两个"核心"城市。河北的"资源型＋加工型＋服务型"都市圈的选择，强调综合发展。由此形成了相互支撑、产业互补合作的北京、河北、天津的经济产业三角结构。

（二）疏解首都劣势产业

北京中心城区人口过密及产业功能过度集聚，造成了对周边的辐射带动能力

不够，进而形成"大树底下不长草"和"大城市病"等现象。疏解劳动密集型和人口易聚集的低经济效益的产业或事业部门，如批发、低端制造、低端服务、高校、医疗等部门，对解决交通拥堵、环境污染问题都是有利的帮助。

（三）推动首都产业分工合作的引领作用

京津冀地区应该积极建设科技创新的"一心、两核、三带、多园区"结构，形成中心引领、两核驱动、三带辐射、多园支撑和优势互补及对接产业的区域科技创新格局。

其中，"一心"是首都全国科技创新中心，要全力推进中关村国家自主创新示范区的创新发展，发挥其中心的引领作用；"两核"，一个是中关村国家自主创新示范区高端研发和知识服务核心区，一个是天津滨海新区产业创新核心区，这也是国家自主创新示范区；"三带"，一个是强调京津高新技术产业创新带；二是沿海现代工业技术创新示范带，强调河北省的产业升级和产业技术升级；三是环京津冀发展创新创业带。

低碳经济视角下京津冀产业协同发展路径探讨

郝卫峰

摘　要：结合低碳经济的特征，通过国家对"京津冀一体化"的要求，从协调发展的角度，针对低碳发展，提出了调整能源结构、开发利用新能源与可再生能源；京津冀应优化产业结构，加快发展第三产业；建立和完善碳交易市场，完善相关的法律法规；加大支持力度，引进和发展低碳技术；京津冀地区低碳化发展需统一规划；保护生态绿地，加强碳汇建设；加强低碳理念的宣传，倡导低碳生活方式。

关键词：低碳经济　京津冀　协同发展

一、概述

随着全球气候变化这一问题得到世界各国的普遍关注与重视，各国纷纷努力将经济模式转向低碳经济。当前，经济发展、资源紧张、环境污染这三者之间的矛盾促使我国转变经济增长方式，由高碳转为低碳。这样一来，一方面能够解决我国资源储量虽丰富但人均量少的矛盾，另一方面也说明我国致力于解决经济发展与资源环境的问题。这是符合世界潮流的，有利于提升我国的国际影响力。我国已先后颁布了诸多促进节能减排的文件，比如《气候变化国家评估报告》《国家环境保护"十一五"规划》等。这些文件主要致力于解决经济与资源间的矛盾以及如何应对气候变化、降低 CO_2 排放等问题，旨在鼓励和促进低碳经济的发展[1]。

近代以来，京津冀始终是我国的政治中心、文化中心和北方经济中心。随着经济的发展，京津冀地区逐步成长为我国的又一经济增长极。2014 年国家新提出了"京津冀一体化"战略，至此，京津冀地区协同发展问题终于上升到国家战略层面，因此，对京津冀产业协同发展问题进行探讨是非常有意义的。

二、低碳经济的特征

低碳经济的特征主要有以下三点。

（一）综合性

低碳经济的发展涉及环境保护、经济发展、能源结构、人类生活观念与方式等经济运行和人类社会发展的方方面面。低碳经济是一种经济模式，但低碳经济更是一种发展形态。现阶段我国低碳经济发展面临的制约因素主要有"高碳化"的能源消费方式、低碳技术水平的落后、低碳制度方面的欠缺等，低碳经济要想顺利运行和发展，我们要从其所涉及的各个方面入手，进一步改革或完善相关技术与政策。

（二）技术性

低碳技术水平的高低对低碳经济的发展在某种程度上起着决定作用。低碳经济很大程度上依赖于低碳技术，这是其他已成功完成低碳经济转型的国家总结出来的经验。目前我国还是传统的"三高"经济发展模式，大量一次性能源的使用不仅造成了能源危机，也给我们带来了严重的环境危害，比如影响北京的雾霾。所以低碳技术的进一步提高是低碳经济发展的重要保障。

（三）经济性

不可否认的是无论哪种经济形态都具有经济性的特征，低碳经济也不例外。低碳经济涉及能源革命，再深层次说就是还会引发经济体制的变革。低碳经济的经济性特征主要体现在能源配置上，能源配置要以市场为主体，政府虽然在其中也起到一定的作用，但市场这只看不见的手还是起主导作用的。低碳经济的经济性还体现在最终目标的定位上，低碳经济最终的目标是要在保障经济发展的同时，最终实现人类社会总体福利水平的上升，这也是有些学者以幸福指数作为衡量低碳经济发展水平一个评价指标的原因[2]。

三、协调发展的内涵

协调发展强调的是区域间的合作，增强区域经济竞争力，从而获得更多的发展机会。国家发展改革委员会宏观经济研究院给出的区域协调概念强调了其综合性的特点，主要从以下几个方面进行了定义。

（1）各地区的比较优势得以有效发挥，实现区域之间的共同进步与发展；

（2）生产要素在各地区之间实现自由流动；

（3）各地区居民在可支配收入和公共福利待遇上的差距范围合理；

（4）各地区之间能够实现市场经济导向的经济技术合作。

衡量一个区域是否协调发展，可以用协调度这一指标，较清晰地判断城市群各城市及各要素间的协调状态。

四、加快京津冀地区低碳经济发展的对策建议

（一）调整能源结构，开发利用新能源与可再生能源

低碳能源是发展低碳经济的核心，促进高碳能源向低碳能源转化是加快低碳经济发展的有效途径。提高城市能源使用效率，有利于促进低碳经济的发展。高碳能源向低碳能源转变，既节约了能源，又减轻了二氧化碳（CO_2）、废尘、废渣等有害物质对环境的污染。

京津冀地区产业结构中传统产业比重较大，这就意味着一次性能源的消费量大。大量的一次性能源如煤炭、石油的燃烧直接增加了 CO_2 的排放量，大大阻碍了该地区低碳经济的发展。想要解决化石燃料燃烧造成的环境污染问题，需要从以下几点做起：首先，提高低碳节能技术研发的积极性，加快创建低碳技术成果展示和转化平台，提高化石能源的综合利用率，减少 CO_2 的排放；其次，大力开发非一次性能源，完善可再生能源基础设施建设，促进低碳经济更好地发展。京津冀地区应该在如何开发和利用可再生能源、如何提高能源利用率方面下功夫，充分利用该地区的地理优势，加强清洁能源开发利用率，使得能源结构得以优化，促进低碳经济的发展。

（二）优化产业结构，加快发展第三产业

调整产业结构的首要目的就是节能减排，尤其要重点加强第二产业中钢铁、化工这些高耗能行业的节能减排工作，在三个地区中又以加快河北省产业结构调整为重中之重，因为河北省一个省的钢产量就超过了除中国和美国以外其他国家的产量。主要可以从以下方面采取措施：将能源企业进行分类，明确高耗能企业的碳排放标准；加大对高碳产业落后产能及设备的淘汰力度；加快制定和实施对于低碳产业的相关补助政策，同时对于违规排放企业加大惩治力度，建立有效的奖惩机制等。

在产业结构中第二产业耗能最大，第三产业的单位产值耗能是十分有限的。京津冀现有的情况是资源、能源较为丰富，除北京外第三产业占比都较小，经济的发展很大程度上是靠第二产业的拉动。第二产业是高能耗产业，大量的一次性能源被消耗，这是大量 CO_2 排放的主要来源。通过前面的实证分析，我们发现京津冀经济的发展是建立在环境污染上的。为了尽快改变这一不健康的经济发展模

式，就要加快产业结构转型。

要坚决淘汰京津冀地区高耗能行业和升级改造中的落后产能，有效化解过剩产能，与此同时津冀两地应做好积极的承接工作。要加大对低碳产业的扶持力度，第三产业中着重发展旅游业、金融业等，第三产业占 GDP 的比重在评价地区低碳经济发展水平上起着重要的作用。京津冀地区的产业布局应该是北京市以发展第三产业为主，天津市和河北省重点发展第二产业。此外，北京市应加大对符合首都功能要求的第三产业的扶持力度；天津市和河北省的经济发展除了以第二产业为主外也要鼓励和支持第三产业的发展，尤其是新能源服务业、互联网信息服务业、绿色信贷业等新兴服务业，进一步降低行业准入门槛，鼓励民营资本进入等。这样，既缓解了经济与自然资源之间的矛盾，又优化了产业结构，对于促进京津冀地区经济低碳化转变起到了积极作用。

（三）建立和完善碳交易市场，完善相关的法律法规

1997 年《京都议定书》的签订在加快低碳经济理念进一步深化的同时还催生了"碳交易"市场。CO_2 是构成温室气体的主要成分，减轻温室效应就要减排 CO_2，碳排放权可以作为商品进行交易，并由此创建了两种碳交易运行机制——基于配额的交易和基于项目的交易。

目前，我国国内碳交易市场的建设工作处在探索阶段，取得了一定的成效，除已经试行的 7 个试点外，北京、上海、广东等地已进入操作阶段，各地都在交易管理办法、交易范围、登记系统、交易平台等方面积极进行了探索与尝试。京津冀地区要加强碳交易方面的交流与合作，尽快建立一个从三地实情出发，符合三地低碳发展现状的碳交易市场，同时还要建立一套与之相适应的法律法规体系和运行机制。另外，也要积极建立与之相应的制度体系，规范碳交易市场，建立有效的低碳经济发展奖惩机制，为碳交易市场的有效运行提供法律和制度保障。

（四）加大支持力度，引进和发展低碳技术

科学技术是第一生产力，低碳经济的发展很大程度上依赖于低碳技术的进步。京津冀地区虽然出台了一系列鼓励低碳技术研发的政策，但相应的政策体系有待进一步完善。此外，低碳技术的成功研发需要的成本高，这里的成本包括经济成本和时间成本，一般而言短期内研发出一项低碳技术是不可能的。目前我国低碳技术的研发资金主要来源于财政拨款，因技术创新需要大量资金和人员的投入，企业因此缺乏主动性。研发支出在河北省和天津市低碳经济中比重偏低，使两地低碳技术水平的提高面临很大的困难。京津冀地区要充分发挥政府资金的引

导和放大作用，加大对低碳产业的资金投入，要充分利用税收、补贴政策鼓励新能源产业的发展。此外，要重视中小低碳企业融资难的问题，努力拓宽其融资渠道，充分调动政府引导、社会支持、企业参与的积极性，为企业提供政策和资金支持。

外部性理论认为，那些在生产过程中利用低碳技术进行生产的企业，为社会减少了碳排放量，而社会并没有给企业支付相应的报酬。这是企业为社会提供的正外部性。为了鼓励企业提供正外部性，政府一般会采取补贴政策。而那些在生产过程中碳排放超标的企业则加剧了环境污染，造成了负的外部性，政府通过征税来对造成污染的企业施加成本，以迫使他考虑负外部性带来的影响。政府可以从财政税收和补贴的角度来鼓励企业加大对低碳技术的研发，比如对于低碳企业实施减税政策，对高碳企业实施加税政策，以提高企业研发低碳技术的积极性。其次，在低碳技术的研发上不能固步自封，有些国家的低碳技术日臻成熟，甚至已经达到世界先进水平，要加强同这些国家的交流合作。

（五）京津冀地区低碳化发展需统一规划

京津冀一体化发展已经上升到国家战略，随着三地的环境污染压力日益增大，加强环境保护的工作刻不容缓。因地理上毗邻，京津冀的生态环境唇齿相依，在环保领域的跨地区合作成为解决问题的必然选择。近年加剧的"雾霾一体化"，使得京津冀地区在联防联治的治霾行动中联系日益紧密，同时也在推动京津冀一体化发展的进程，京津冀联动防治大气污染已经成为共识。近年来，作为"京津冀一体化"的重要成员，天津和河北先后与北京签订了多个促进京津冀一体化的协议。2014 年 7 月，河北省与北京双方签署《共同打造曹妃甸协同发展示范区框架协议》《共同加快张承地区生态环境建设协议》等七项协议。同年 8 月，天津市与北京签署了《关于进一步加强环境保护合作的协议》《关于加快推进市场一体化进程的协议》等六项协议及备忘录。至此，京津冀三省市都已经行动起来，京津冀地区区域间合作不断深化。

促进京津冀地区低碳经济的进一步发展需要三省市通过进一步的交流与合作做好统一规划。虽然京津冀三地签署了多个经济合作协议，但要保证这些跨行政区合作协议的顺利实施还要做好下一步的后续保障工作，比如建立专门的经济与合作机构、三地政府定期会晤机制等，做到三地低碳政策既因地制宜，又在某种程度上达到统一协调。对三地的区域整体规划要衔接一致，建立统一、有效的交流平台，有力地推广节能减排技术和低碳消费观念。

（六）保护生态绿地，加强碳汇建设

碳汇就是指植物通过光合作用将大气中的 CO_2 储存在生物碳库之中，绿色植

物还能吸附减低苯、硫化氢等有毒气体在大气中的浓度，截留粉尘，阻滞扬尘，缓解城市热岛效应。绿化覆盖率每增加10%，可使空气中的PM10含量降低3%左右，总悬浮颗粒物下降15%～20%。京津冀应在实施联体绿化基础上设立生态横向补偿基金，共建绿色生态圈，遵循生态优先、因地制宜、景观优美、植被多样的绿化方针，建设生态防护型、经济林基地型、用材林基地型、花卉苗木型、公园绿地型等不同类型的林带，充分考虑土地的通气透水生态价值和生态修复功能及植物的固碳能力，减少硬质铺装的使用，提倡立体绿化、屋顶绿化，坚持"修一条路，建一条绿色廊道"，绿化与道路同步实施，提高土地自净的碳汇能力。

京津冀地区地貌特征多样，以平原为主，其余多为山地。山地可以加强林地建设，严格森林资源管理，对于滥砍滥伐现象要加强监督与惩罚力度；政府要制定相应的护林管理制度，护林人员偏少的地区可适当增加护林人员。在火灾多发季节要做好森林防火工作，进一步完善相关预警机制。平原土壤肥沃，要保障基本的农田与湿地的存量，发展碳汇固碳。在山区及丘陵地带要做好植树造林工作，出台相关鼓励政策来调动周围村民保护森林资源的积极性。在城区也要进一步提高城市绿化覆盖率，城市规划中要保有充足的绿地面积。同时，在增加碳汇资源建设的同时还可以发展低碳产业，比如旅游、养殖、食品产业等，丰富低碳产业结构，争取实现环境与经济效益最大化。

（七）加强低碳理念的宣传，倡导低碳生活方式

经济的快速发展一方面提高了人们的生活水平，另一方面也消耗了大量资源，给环境带来了危害。生活中一些铺张浪费现象不仅加快了资源的损耗，还造成了环境污染，使得经济与资源的矛盾日益激烈。此外，人类生活水平的提高往往伴随着消费欲望的膨胀，消费带动了生产；但不合理的消费会制约经济的发展，尤其是京津冀地区人口众多但人均资源少，这就要求我们要做到合理消费、节约资源、保护环境。政府要充分发挥城市居民的低碳主体作用，利用广播、宣传、海报、讲座、媒体舆论等形式，开展富有成效的低碳宣传活动，使城市居民认识到应对气候变化的重要性和紧迫性，提高城市居民的低碳意识，拒绝"白色污染"和使用一次性产品；提高消费素质，拒绝产品包装上的铺张浪费，积极倡导居民在住宅装修、用电用水、垃圾分类、旧物利用等日常生活的各方面厉行节能减碳。这样从点滴做起，最终使人们形成低碳的生活方式、价值观念和消费行为。

五、结论

综上所述，加快京津冀地区低碳经济发展是我国经济发展的一个重点方向。

为了实现该目标，应调整能源结构，开发利用新能源与可再生能源；优化产业结构，加快发展第三产业；建立和完善碳交易市场，完善相关的法律法规；加大支持力度，引进和发展低碳技术；京津冀地区低碳化发展需统一规划；保护生态绿地，加强碳汇建设；加强低碳理念的宣传，倡导低碳生活方式。

参考文献：

［1］白璐.京津冀地区低碳经济发展水平研究［D］.河北农业大学,2015.

［2］孙乾,周耀光.低碳经济视角下京津冀产业协作模式探讨［J］.社会科学论坛,2011(1)：223－229.

［3］魏厚凯.北京主导优势产业链发展战略［J］.北京社会科学,2007(3).

［4］李少聪.低碳经济下京津冀发展路径研究［D］.河北经贸大学,2015.

［5］周军.京津冀协同发展视角下低碳城市发展规划及路径［J］.人民论坛,2015(11)：237－239.

北京市低碳农业发展路径研究

罗 丹 张 波

摘 要：为促进低碳经济发展，发展低碳农业不仅仅是大势所趋，更是势在必行。本文借鉴其他国家和地区的相关经验，结合中国以及北京市的发展战略和自身特点，分析北京市发展低碳农业的影响因素以及所面临的问题，并据此提出北京市低碳农业发展的对策与发展路径。

关键词：低碳农业 发展路径 北京

一、引言

经济发展过程中，不可避免地会带来能源消费所产生的碳排放，使生态环境恶化，这引起了人们对低碳经济的高度重视。目前，我国已成为世界上最大的温室气体排放国，大力发展低碳经济，减少温室气体的排放已迫在眉睫。为应对二氧化碳等温室气体加剧全球气候恶化的现状，世界范围内展开了经济与社会发展方式的变革，全球已达成了低污染、低排放、低能耗的低碳经济共识。低碳农业是当今世界不得不面临的一个必然选择，而我国作为世界上的农业大国，正面临着节能减排的巨大压力。低碳农业的本质是把传统高耗低效的农业模式转变为高效低耗的农业生产模式，这种生产模式不仅仅会带来农业方面的效益，同时也会创造良好的经济效益，更是创造人类与生态的平衡、打造和谐社会的必经之路，是符合我国施行的走可持续发展道路的重要举措。在党的十八大报告中，政府也明确提出要把生态文明建设放在突出的地位。发展低碳农业的实际意义为：资源的合理利用、提高资源的利用率以及进行循环使用；保护自然环境，创造和谐的生存环境；运用合理绿色的农业生产模式，体现以人为本的宗旨。

目前，对低碳农业的研究主要集中在对农业生产过程的碳排放、对生产对象利用方式的改变以及对生产过程固碳效应的研究上。Keith（1998）认为农业生产过程中的每一个环节都存在碳排放，以农业生产的生物燃料代替化石燃料消费具有一定的潜力，并且通过对生产环节碳排放的控制，不但能达到减排的效果，而且具有保护土地可持续利用、增加农产品额外收益的能力。李晓兵（1999）和王春峰（2008）分别从农业土地和林业土地两个生产对象的角度进行研究，认为土地利用的变化是目前大气中碳含量增加的第二大来源，而林业是全球发展低碳经济的不二选择，可增加生物固碳，为减排发挥重要作用。杨学明等（2003）认为农业土壤是造成温室气体累积的重要因素。赵荣钦等（2004）指出农田生态系统碳循环过程可分为对碳的吸收、固定、排放和转移四个部分，其中碳的吸收主要指农作物等从大气及土壤中吸收碳。本文落脚于北京市，对北京市低碳农业发展路径进行研究，并提出相关的政策建议。

二、北京低碳农业发展现状

（一）北京农业发展基本现状分析

目前，北京市乡村农户农业生产资料主要以化肥、农药和农用薄膜为主。近年来，随着现代型农业的发展，京郊农户在农业生产过程中使用农药、化肥的数量已呈现下降的趋势。即便如此，北京市农业生产资料的需求量依然较大。这些农业生产资料不但影响健康，也对生态环境造成污染。在北京的乡村，以煤炭作为生产、生活能源的占总能源消耗量的一半以上，使用秸秆薪柴直接燃烧作为生产、生活能源的占总能源消耗的15%左右。而煤炭这种主要能源，其能源结构使得能源利用率低下，不利于可持续发展，还会对环境产生不利影响。北京市地区农户使用的可再生资源主要为太阳能、地热能、生物质能以及水电等，而北京市的可再生能源使用还远远不够。所以，北京市发展可再生能源的条件和潜力巨大。现代农业是一个复杂的过程，在这个过程中，在考虑现代农业的所有要素中，农业碳源效应值得关注。韩冰、王效科等人的研究表明，北京市农业的碳汇能力还有很大的发展空间和潜力，发展条件也十分适合目前的状况，是符合北京市农业现代化发展道路的。

因此，提高农业生产资料和能源的利用率，开发可再生资源及碳汇能力不仅可以保护生态系统环境，还可以节省大量的能源，创造经济效益。

（二）北京低碳农业发展的影响因素及存在的问题

1. 发展规划

发展规划在低碳农业中起着贯穿始终的作用，一个合理可行的规划是低碳农业能否成功的保障。首先，这个规划应具备可行性。它要根据北京市农业的现状和自身特点，广泛吸取其他国家和地区的成功经验，并将两者相结合，形成适合北京市的独一无二的发展规划。其次，这个规划要具有长远性。一种模式的转变是需要时间的考验的，在这一过程中，我们的经济、科技、认知都在不断地发展，所以要站在更高的角度来规划北京市的低碳农业。最后，这个规划要具有长期性。低碳农业是一项保护自然、保护人类的重要改变，这并不是一个过渡的举措，而是一个长久之举。要想从根本上改变现阶段的农业种养模式，就要制定长期的发展规划，一步步将北京农业引领到低碳的道路上。若没有合理的规划，北京低碳农业的发展将受到重大影响。

2. 低碳教育

目前，低碳的概念虽然深入人心，但对于绝大多数人而言仍仅仅停留在概念上面，并没有更深一步地进行了解和学习，对于如何做到低碳农业更是不得而知了。农户们缺乏低碳生产的相关知识，在生产过程中不知道如何减少资源的消耗。同时，不仅仅农户应当受到低碳方面知识的培训，一个完整的农业过程也不仅仅包括农作物生长的过程，还包括了运输、消费、食用和废物处理，这每一过程的减碳潜力都十分巨大，会涉及生活中的每一个人，所以低碳教育应当进行更深入的全民普及。

3. 金融支持

低碳农业作为一项新兴农业种养模式，尚未形成一套完整的理论和规范的操作方法，所以也就更谈不上在北京市农户之中的普及。而一套方法，从理论到实践再到最后的推广和发展，需要大量的资金支持。若没有实践上的支持，一切也只不过是纸上谈兵，达不到最终想要取得的效果。

4. 低碳技术

低碳农业技术在我国还处于发展阶段，以目前来说低碳的技术创新不足，技术难关无法攻破。要想快速高效地发展好低碳农业，技术是核心。在农业生产的过程中，我国的资源利用率和污染程度都远高于一些发达国家，而这其中很大一部分原因是我国农户的生产方式落后且没有新的技术来改变现有的生产方式。

5. 种养模式

目前，北京市农业生产造成的污染问题日趋严重，这与农户们的种养模式有直接关系。在种植活动中使用不清洁的能源、生产资料的不恰当使用、资源的利用率不高等问题威胁着生态环境的平衡和人类的身体健康。国务院发展中心的相关数据显示，农药在使用过程中，最终会有1/3的量被作物吸收利用，还有很大一部分进入了土壤和水资源。目前机械化虽然在农业生产中已非常普及，但是农药、化肥、机械设施的过多使用造成了土壤板结、失衡和硬化，同时，机械化的生产方式也会排放出大量废气和温室气体。农业污染日趋严重，极大程度地影响了低碳农业的发展。

三、北京低碳农业发展的对策及路径

（一）政府积极引导，保障各项工作

1. 政府制定低碳农业规划以及相关制度

要确保低碳农业的平稳发展，一定要得到政府部门的大力支持。政府部门应建立一份完善的低碳业发展规划，包括行业引导、知识普及、制定相关政策制度和法律体系、创新和激励机制；实行碳排放交易制度，将资源的高效利用和环境的保护与农户的利益联系起来；改善农户对保护环境方面的认识，将保护环境和提高资源利用率作为自身利益来主动关注。

2. 政府提供财政支持，表彰激励低碳带头人

政府财政支持，帮助农户对现有生产环境进行改善，通过政府补贴引导农户自主更新淘汰低产高耗能设备，投入使用低碳环保的生产资料，对确实减少碳排放的集体或者个人进行表彰和奖励，以激励更多的人加入到低碳农业的转型中。同时，对低收入、自我转型困难的地区和个人进行必要的经济扶持和知识培训，以实现低碳农业广泛、持久、深入的发展。

3. 优化能源结构，倡导能源转型

目前，煤炭等不清洁能源在北京市的能源消耗占比很大，然而这些资源的利用率并不高，这必然会导致高碳排放，这是制约北京市发展低碳农业的一个重大因素。所以，我们应当加快新能源的开发，充分发挥北京市太阳能可再生能源充沛的优势，号召广大农户使用清洁的可再生资源，优化能源结构。可以选择某个乡进行试点，使广大农户看到、了解到新能源和清洁能源带来的社会效益和经济效益，通过以点带面，最终逐步优化全市农户使用的能源结构。

4. 倡导低碳理念，形成良好氛围

发展好低碳农业离不开广大农民的参与，所以，政府应当加强宣传力度，从而提高农民对低碳概念的认识和理解，提高农户们的低碳环保意识，减少在农业生产过程中的资源消耗和污染。倡导绿色、高效、清洁、以人为本的生产作业模式。政府可以通过电视、网络、广播、报纸杂志等媒体方式进行传播，也可通过乡政府、街道办事处等相关基层部门在各自所管辖的范围内以多种形式进行宣传，比如举办科普讲座，请低碳农业学家来为广大农户答疑解忧；设置宣传栏、制作宣传画、宣传海报，分发小册子等宣传低碳农业，逐步引导农户采用低碳生产方式。

5. 建立碳足迹和碳交易机制

碳足迹，指机构企业、活动、个人或产品通过食品生产、交通运输和消费以

及其他各种生产过程中产生的温室气体排放的总和。它描述了一个人的环保意识、能源意识对环境产生的影响。目前，碳足迹已经在国外有些企业中率先进行了尝试，并提供了一些基本公式，如家用电器二氧化碳排放量、开车二氧化碳排放量、坐飞机二氧化碳排放量等与我们生活息息相关的计算公式。通过基本公式计算出个人碳排放量并以30年冷杉吸收二氧化碳量来做补偿。如果不补偿种树，可以根据国际一般碳汇价格10美元一吨来请别人帮忙种树。碳交易是指为了促进全球温室气体减排，减少全球二氧化碳碳排放所采用的市场机制。该机制是把二氧化碳作为一种商品，形成了二氧化碳的排放权交易，以作为解决温室气体排放的新路径。政府带头推进碳排放和碳交易机制，使低碳减排不再是空话和口号，并可以从数字上清晰地看到政府低碳减排的成效。

（二）推进科学创新，发展科学技术

1. 加强技术创新体系建设

低碳农业的相关技术是其发展的前提和基础。根据当前国内外地区的发展经验可以得出，低碳农业技术的发展重点在于积极发展清洁可再生资源，提高能源的利用率，这是缓解农业生产过程中温室气体排放的有效途径。我们应该结合北京市的自身特点，首先建立有利于低碳农业科技创新的新机制；其次是大力开创自主创新，加强科研研发强度，并结合国内外其他地区的成功经验，总结出一套适合北京低碳农业发展的先进技术和思想，以发展北京市的低碳农业。

2. 发展循环农业

在遵循生态化、无害化、减量化的农业原则下推进循环农业技术，以最大化农业系统的利用效率，使得购买性、消耗性、污染性资源投入最低，可利用、无害化、可再生资源利用最大。使农业生产活动在先进创新技术的引领下，转变为"农业资源—农产品—再生资源"模式，从而大大减少资源的浪费，提高资源的利用率，最终达到减少温室气体排放的目的。

3. 发展有机农业

有机农业技术是指根据生态系统环境运行的规律，在农业生产的过程中不使用化肥、农药、激素、添加剂等化学物质，而是以有机物质自我循环利用的物理方法来防治虫害、持续稳定发展的农业生产。应加强生产中关键技术的研究推广与示范，因为有机食品在生产的过程中不能使用化学合成物质，因而势必要求较高的生产技术与之配套，所以只有率先运用先进的科学技术来解决好这些技术问题，才能使有机农业更快更好地发展下去。只有综合运用有机农业科学的管理理念和传统的农艺措施，把循环农业、生态农业和农产品质量联系起来，才可以减少对环境的压力，极大地降低碳能源的使用，达到减少农业温室气体排放之目的。

（三）具体路径

1. 发展规划

发展规划是北京市发展低碳农业的基本。规划合理与否决定了北京市发展低碳农业能否取得成功，而一个好的规划应当是广泛的、全面的、长远的。首先，我们应当广泛收集各方意见，尤其是北京市农户对于北京市发展低碳农业的意见与看法，广泛了解他们在改革中遇到的实际困难，以及希望社会对他们提供哪方面的帮助。其次是我们要学习、总结其他国家和地区发展低碳农业的经验，从中总结出对于北京市发展低碳农业有帮助的启示，然后结合北京市自身特点，进行修改完善。最后，我们在规划中要充分考虑到计划的长远性，不能只顾眼前利益，要有长远的眼光，为北京市发展低碳农业打好一个稳定的基础。

2. 低碳教育

低碳教育是贯穿北京市发展低碳农业的一个重要组成部分。可以说，民众对低碳农业的认知程度较好的话，很大程度上可以推动北京市低碳农业的发展。首先，我们要对农户们进行教育，让他们知晓现在我们所面临的严峻的生态系统问题，以及由于农药化肥等生产资料的过度使用而已经造成的对生态和对土地的破坏。而发展低碳农业不仅仅能够解决生态问题，也可以为他们带来良好的经济效益。其次是对都市市民的教育，倡导大家购买低碳农产品，保护环境，以收获健康，并且还要通过低碳的方式购买、使用农产品以及处理废品。最后，在学校展开低碳农业宣传活动，使青少年从小就有低碳思想，让他们加入到北京市发展低碳农业的队伍中来。

3. 金融支持

所谓万事开头难，北京市发展低碳农业的初期会遇到各种困境和瓶颈，其中金融问题是一个比较重要和实际的问题。作为一个新领域，我们在初期会消耗比较高的成本，而且不会马上收到很多效益。所以，在这个关键阶段，我们可以通过采取各种途径和方法，帮助相关集体或者个人渡过这个相对困难的转型期。比如，与银行等金融机构合作，设立北京低碳农业专项基金，为小企业提供金融保证；或者设立发展北京市低碳农业贷款优惠政策，方便农户进行转型。总之，为北京市低碳农业发展提供尽可能的金融支持，不让金融问题成为北京市发展低碳农业的绊脚石。

4. 低碳技术

北京作为我国的政治、经济和文化中心，在技术的研发与引进上可以说具备着得天独厚的优势。北京云集着各大高校、学者、教授和相关领域的专家，我们可以充分利用这些人力资源,用"头脑风暴法""专家会议法"等研究方法对低碳技术的开发与应用进行一次充分的研讨,集合各方力量,根据北京市的自身特点,为北京市量身打造一套适用的低碳农业技术。最后,实践是检验认识和真理的唯一标准,有了理论的基础,最终还是要经过实践的检验。在各方的努力协作下,将低碳技术深入到北京的各个乡村和城镇,使北京市真正走上低碳农业的发展道路。

5. 种养模式

种养模式是北京市发展低碳农业中一个重要的基础部分。在我们现有的种养模式中,有时会造成很多不必要的浪费,而我们所提倡的是一种可以循环的种养模式。比如,通过粪污循环利用模式,将牲畜产生的粪便、污水经过处理,通过沼气发酵利用、固体粪渣利用或者沼液综合利用等技术工序,形成"牲畜养殖、食用菌生产、有机肥产品、沼气发电、生产生活能源、种植施肥、鱼塘养殖"的生态循环立体种养模式,使畜牧场变成了生态系统良性循环的绿色工厂,还可以带来源源不断的经济效益。

四、结论

北京市发展低碳农业是北京农业发展的一次重大改革。目前,我国低碳农业的发展正处于起步阶段,在未来的很长一段时间,我们都将在不断的探索和创新中前进。我们既要广泛吸收其他国家和地区的成功发展经验,又要结合北京市自身的条件和特点,因时因地制宜。

目前,对于低碳农业的发展研究尚处于起步阶段,在发展过程中,会消耗较大的人力、物力、财力,有暂时减弱农业发展的经济效应。但是从农业发展的前景和对生态的保护上来讲,发展低碳农业是大势所趋,也是势在必行的。

参考文献:

[1]李晓兵. 国际土地利用——土地覆盖变化的环境影响研究[J]. 地球科学进展,1999(4):82 – 87.

[2]王春峰. 低碳经济下的林业选择[J]. 世界环境,2008(2):37 – 39.

[3]杨学明,张晓平,方华军. 农业土壤固碳对缓解全球变暖的意义[J]. 地理科学,2003(1):101 – 106.

[4]赵荣钦,黄爱民,秦明周,杨浩. 中国农田生态系统碳增汇/减排技术研究进展[J]. 河南大学学报(自然科学版),2004(1):60 – 65.

[5]梁龙,杜章留,吴文良,孟凡乔. 北京现代都市低碳农业的前景与策略[J]. 中国人口资源与环境. 2011(2).

[6]韩冰,王效科,逯非,段晓男,欧阳志云.中国农田土壤生态系统固碳现状和潜力[J].生态学报,2008(2):612－619.

[7]十七届五中全会《建议》新名词解析[J].秘书工作,2011(1):54－55.

[8]魏仕腾,余贞备.试论我国发展低碳农业的紧迫性及对策思路[J].安徽农学通报(下半月刊),2011(4):1－2,49.

[9]高金玉.发展绿色有机蔬菜 推进生态农业建设[A].黑龙江省农场管理学会.黑龙江垦区现代化大农理论研讨会优秀论文集[C].黑龙江省农场管理学会,2010(3).

[10]李春红.有机农业发展模式研究[J].上海农村经济,2011(3):14－15,34.

[11]国家统计局.中国统计年鉴2007—2011[M].北京:中国统计出版社,2007—2011.

[12]国家统计局.北京统计年鉴2007—2011[M].北京:中国统计出版社,2007—2011.

[13]中国统计数据应用系统[EB/OL].http://gov.acmr.cn/.

京津冀人才一体化实施现状分析

边婷婷

摘　要：京津冀人才一体化已成为优化配置人才资源和区域协调发展的重要保证。京津冀在经济发展水平和人才结构上存在差异，人才一体化存在着诸多问题。为此，需要制定共同的人才发展战略，建立京津冀一体化人才发展与流动机制，让企业带动人才流动、区域产业合理分工、人才柔性引进等策略形成受益互享、优势互补的人才一体化格局。

关键词：京津冀　人才　一体化

一、京津冀人才一体化实施现状

京津冀人才一体化是指这三个地区一起来有系统、分阶段、全面协调发展人力资源的经过。2005 年 6 月这三个地区一起签订了《京津冀人才开发一体化合作协议书》，搭建了人才合作开发工作的基本框架，这意味着京津冀人才共同开发模型的基本形成。2006 年 12 月，又先后签订了《京津冀人才交流合作协议书》《京津冀人才网站合作协议书》等文书，针对人才交流的具体事项进行了明确说明。这三个地区在 2011 年 4 月又签订了《京津冀区域人才合作框架协议书》，进一步地深化了人才交流的具体内容。① 此协议书中所涉及的各项指标以及具体的步骤等情况如表 1 所示。

从人才计划的具体实施状况来看，京津冀人才一体化历经十年，在人才交流、人才招聘网站建设、博士后工作站建设、人才工作站、资格认定、人才创新创业载体建设、社会保障体系建设七个方面实施成效有限，在相关会晤中多次强调的战略合作计划大部分进展速度比较慢，还存在一部分合作事项基本没有落实的现象。

---

① ［基金项目］北京市社会科学基金研究基地项目（项目号 14JDJGB029）和北京市青年拔尖人才培育计划（项目号 CIT&TCD201504040）。

表1　京津冀人才合作规划及实施现状

指标	行动规划	实施状况
1. 人才招聘网站建设	开拓京津冀网上人才市场，"一网注册、三网发布"，人才信息资源共享	①三地筹备联合打造统一的人才信息网络发布和共享平台。人才信息分别发布，未实现三网并轨。 ②河北人才网新开辟"京津冀人才网"专栏，发布了部分北京、天津企业的招聘信息。 ③2007年7月，北京人才网、北方人才网、河北人才网、唐山人才网、沧州人才网共同发起成立"环渤海人才网站联盟"，目前还有其他城市加入，要求在各自网站首页显著位置开辟联盟网站展示区，链接其他成员网站，但只有少部分成员设置了联盟展示区
2. 人才交流	联合举办京津冀大型人才智力交流洽谈会。 建立高层次人才柔性流动机制，鼓励高层次人才利用工作之余到另外两地从事科技攻关、项目合作等专业服务。 建立高层次人才咨询、讲学、兼职、科研、技术合作优惠政策，高层次专家共享，推动国际知名高层次专家三地开展学术交流和专业指导	①2007年首次举办"京津冀招才引智大会"，此后至2010年持续举办。 ②2011年首次举办"京津冀区域人才交流会"，此后每年举办一次，2014年洽谈会在三地各举办一场，规模最大。 ③北方人才网为延揽北京人才，打造了"京津人才驿站"，专门负责"盯住"北京地区符合天津紧缺人才需求的人才
3. 技术资格互认互准	各自核准的专业技术资格和职业资格互认	至2014年4月，三地仍在着力推进"专业技术人员的职业资格证书互认互准"联合机制
4. 人才工作站，人事代理、人才派遣	三地互设人才工作站，在彼此人才服务机构分设"京津冀人才开发一体化服务窗口"，在彼此公共人才市场开设服务窗口、开辟绿色通道，为户籍在本地而工作在其他两地的人才提供档案管理、代缴五险一金、代办医药费报销等服务	①人事代理、人才派遣行动规划已实现，且是人才服务中心的主要赢利项目。津冀企业聘用北京人，可通过北京的人事代理、人才派遣或异地人事代理等方式实现在北京、按照北京标准缴纳和享受社保。 ②天津的驻北京人才工作站除了人才服务功能外，还分担了人才引进功能

指标	行动规划	实施状况
5. 博士后工作站建设	建立博士后工作站管理部门定期联系制度，开辟联合招收培养博士后绿色通道	部分专业领域已在实施，如 2011 年三省市三大医院联合招收医学博士后
6. 社会保障体系建设	建立相互包容的社会保障制度，实现京津冀异地就医结算、三地企业职工基本养老保险关系转移接续。河北省自 2013 年开始，已经可以在省内或跨省转移接续养老保险关系	河北省内异地就医、跨省异地就医的直接结算依然无法做到
7. 人才创新创业载体建设	共同创办高水平科技研发中心，设立研究生实践基地	①河北张家口环首都高层次人才创业园于 2013 年 9 月创建，本着"背靠京津、面向全国、放眼世界"的引才原则，为各类人才和落地创新项目提供优惠。②2014 年 5 月，"北京中关村海淀园秦皇岛分园"揭牌成立，这是中关村海淀园在国内设立的首个分支园区

二、人才一体化实施中存在的问题

京津冀在持续地推动人才一体化战略，这必将加速人才的双向流动和资源的融合，实现较高级别的人才共用，共同建设人才创业基地，来达到在政策方面的相互连通，使协作的范围更加宽广，协调持续深化。然而在现实的情况中，依旧有一些需改进的地方。

（一）京津冀人才协作统筹层次较低

从协作规划的分析可以看出，主要是行政体制机制方面的重重阻碍。京津冀的人才规划主要由三地人社厅（局）负责落实，而有些问题却并非各地人社部门能够独立妥善解决的。比如社会保险的统筹工作，各地人社部门做到本省市的统一已属不易，要实现跨省份的协调还需要更多部门更高层次的协作。另外，诸如跨省份的社保统筹、户籍问题、专业技术职务任职资格、博士后工作合作协议、专家信息库建立、构建人才间沟通平台等，这些都要在更高层级间的筹划下进行全方位的协作，要有其他相关单位共同参与才能达到对有关事项的落实。目前的联席会议对于这三个地区间的人才协作来说，规模较低，不同层级行政主体之间联动推进缺乏积极性。

（二）京津冀合作层级不充分

三地人才合作的推动主体主要是人社厅局及其下属的人才中心，开展的是省市级层面的合作，而区县之间的合作并未纳入合作规划。不同层级行政主体之间缺乏联合推动，造成京津冀人才一体化实效不佳。与之相比，在长三角地区，江苏、浙江、上海两省一市的人才开发合作与地级城市的人才开发合作齐头并进，在相同层次和不同层次的城市之间都积极开展人才合作。通过不同层级行政主体的合作，长三角地区的人才一体化发展相比京津冀地区要理想得多。

（三）京津冀缺乏统一产业战略规划

从京津冀各自的《中长期人才发展规划纲要（2010—2020）》来看，北京未来的发展方向是国际型大都市，尤其在科教、文卫、社会等公共区域内培育和引入全球型顶端人才；但天津和河北两地人才主要集中在工业和经济社会两个方面，缺乏专业型人才，而且没有相应的人才引入机制。这两个地区紧缺的人才主要集中在石化、设备制造、医药制药、新型材料、金融、财务、电子商务、物流管理、环境保护等方面，人才需求重复。由于这些地区缺乏统一的发展计划，导致了他们在决定主导业务的时候，不能够从全局利益的视角出发，无法实现统筹发展，造成了产业间同质化严重，增强了对人才、科技和资本方面的争夺，最终造成了这三个地区不能够根据自身特色发展，且混乱的竞争局面给资源带来较大的浪费。

三、京津冀人才一体化的探索

为了促进京津冀人才一体化的落地，需要共同打通人才流动、使用、发挥作用中的体制机制障碍，建议三地在如下方面进行建设性的探索。

一是共同制定人才发展战略。这就首先需要三地加强人才数据库共享，搭建统一开放的人才交流平台，方便区域内的人才信息利用；其次要整体考虑区域未来人才需求总量，确立人才开发的重心、统筹考虑人才引进、培养的分工合作，实现人才结构的错位布局；再次要搭建人才对话与协作交流的平台，促进相互之间的思想碰撞和科研资源的共享。

二是在人才政策方面，建立京津冀一体化的人才发展与流动机制，在疏解首都人口的同时加大科技人才引进力度。适当照顾高科技人才进京落户指标，探索创新人才在京津冀地区流动和发展的试点政策。同时注重引进海外学成归来的杰出人才及国际人才。对符合条件的高端海外人才，在户籍、出入境、医疗、保险等方面给予政策支持，并争取放宽技术型人才取得外国永久居留证的条件。关于加强京津冀协同创新问题，委员们建议借鉴天津自贸区政策，支持在中关村设立适应科技企业特点和需求的保税仓库，降低科技创新成本，为科技创新提供便利。同时打造京津冀科技成果数据库，实行科技报告和科技成果登记制度，筛选一批技术先进、前景良好、战略性、前沿性强的科技成果在三地进行应用示范和推广。

三是建设人才"飞地"，让企业带动人才流动。由于现有的政策是"当地建厂必须在当地注册和监管"，拥有众多研发能力、实力雄厚的北京企业，宁愿受制于北京有限的发展空间，也不愿意放弃首都的品牌效应和市场资源去外地设立分支机构。京津冀一体化如能从政策上实现区域内的同地经营，从而实现"人才随着产业走，市场用脚投票"，就能让人才随着企业而在区域内部流动。

四是区域产业合理分工。人才资源"高低不平"的现状要求各地要合理布局未来产业梯度，谋求发展效率的最大化。产业的发展，特别是战略性新兴产业的发展，主要受制于由人才决定的研发潜力。这就要求地方政府要针对区域专业人才储备、资源禀赋和产业基础，进行综合的风险分析，再决定未来的产业布局。

五是实现人才柔性引进，不求所有，但求所用。科研院所和高校的高层次人才，可以根据自身的实际需要选择单位和落户地点，从政策上允许其利用业余时间，在不违背单位保密协议的前提下，到企业兼职进行科研合作。就现有的政策而言，《中共中央国务院关于进一步加强人才工作的决定》中指出"鼓励专业技术人才通过兼职、定期服务、技术开发、项目引进、科技咨询等方式进行流动"。江苏省目前也"鼓励、支持事业单位工作人员兼职兼薪，以充分发挥人才资源的作用，促进科技成果转化为现实生产力"，支持科研人员到企业从事技术开发，并由财政资金落实柔性引进高端人才的待遇。三地可以充分利用现有的政策，借鉴其他省市的成功实践经验，探讨人才兼职研发、共建研发中心、共同立项课题研究等途径，发挥人才的潜在价值。

总之，京津冀三地未来都存在人才发展的痛点，也有其自身的优势，如何从体制机制上促进人才的合作与流动，实现资源共享，共创良好的环境氛围，需要三地在实践中不断地摸索。

参考文献：

[1]彭黎.京津冀人才一体化协作实施状况分析[J].北京劳动保障职业学院学报,2014(8)：33 – 38.

[2]边婷婷.京津冀一体化 R&D 人才流动研究[J].北京联合大学学报,2015(2):88 – 92.

移动互联网时代的影视产业创新

金　韶

摘　要： 移动互联网的泛传播环境，为影视内容传播、影视产业市场提供了巨大的发展机遇，推动了影视产业的全面创新，体现在影视产品的生产和营销创新、进而影视产业的商业模式创新两大方面。一方面，影视产品借助移动互联网和大数据，契合用户的个性化和场景需求，进行产品和服务体验创新，并结合社交媒体和电商平台，进行口碑营销和销售促进。另一方面，影视产业通过广告营销和会员付费联动、众包生产和众筹投资联动、衍生产品开发和跨产业融合等方式进行商业模式创新。

关键词： 移动互联网　影视产业　营销创新　商业模式

产业是具有同类属性的企业集合，产业内的企业具有不同分工和业务模式，但都围绕共同的产品展开经营活动，形成彼此协作的循环业态。如熊彼特指出：创新就是生产要素与生产条件的重新组合，包括采用新技术、推出新产品、开辟新市场、采用新的组织管理方式等①。创新是企业以技术创新带动产品创新，进而推动市场创新，并伴随组织和管理创新的过程。当企业创新、市场创新达到较高程度时，就会带来产业格局的变化和产业发展模式的创新。从互联网发展到移动互联网，结合社交媒体和大数据技术，影视产业从内容制作、营销传播、商业模式至组织管理都发生了重要变革。基于影视产业的现状和机遇，进行创新规律分析并提出创新发展对策具有重要意义。

一、移动互联网的传播新格局和影视产业的新机遇

（一）移动互联网的传播新格局

移动互联网将随时随地的移动互联、多元化的移动终端、海量的应用服务结合起来，形成了以网络泛化、媒体泛化、终端泛化为特征的泛传播网络。

---

① 约瑟夫·熊彼特. 经济发展理论［M］. 何畏，等，译. 北京：商务印书馆，1990：73 – 75.

首先，网络泛化是指移动互联网使随时在线、实时连接、传播交互成为人们社会生活的常态，形成了遍在的网络（mega‑web）和泛化的传播（pan‑communication），为人们提供实时便捷的信息传播服务。

其次，泛传播网络降低了信息生产和传播的门槛。"媒体"的概念需要重新认识，具有信息生产传播能力的都可称为"媒体"，包括专业媒体（传统媒体等集中化、专业化、组织化的媒体）、自媒体（微博大 V、微信公众账号等具有较强个性化风格和专业性的个人或团队）和微媒体（热衷 UGC 内容生产和分享的个体用户）等，泛化的"媒体"在移动互联平台上竞争合作，极大地释放了社会化的内容生产力和传播力[①]。

最后，终端泛化是指移动终端和应用服务的结合，从智能手机、平板电脑，到智能可穿戴，再到智能家电、智能汽车等，传播介质得到无限延伸。泛化终端既充当了用户随时获取信息服务的入口，又激活了用户的信息生产传播能力，同时伴随着人的移动场景和实时互动，不断收集用户信息和行为数据，有助于消费者洞察和产品服务创新。

（二）影视产业发展的新机遇

移动互联网建构的泛传播环境，对影视内容传播、影视产业市场带来了重要机遇。

首先，拓展影视内容传播。泛传播网络的大环境，使影视内容的传播平台更加丰富，传播终端更加多样，传播范围和传播力增强，传播时空延伸组合，实现了随时随地随需的传播，从单一媒体的小传播转变为复合媒体的大传播。

其次，扩大影视产业市场。各种移动平台的在线直播、付费点播、时移回放、评论分享等多元化、人性化的传播方式，赋予用户极大的自主性、交互性和便捷性，激发了用户对影视内容消费的积极性，扩大了影视产业的市场空间。

最后，带动影视产业产能。快速增长的影视市场需求带动了影视生产的规模和质量。"内容为王"仍然左右影视产业的发展，面向市场和用户，发掘创意、打造精品、优化生产，成为影视企业竞争和发展的动力。

二、影视产品的生产和营销创新

（一）产品和服务创新

将影视内容产品化，附加创意互动服务，成为移动互联网环境下影视产业和

---

① 金韶.移动互联网语境下的媒介融合和媒体发展策略［J］.中国广播电视，2015（6）：60－62.

企业发展的基础策略。影视节目的产品化，就是注重影视内容消费的目标用户，借助社交媒体和大数据技术，进行用户的市场细分和敏锐洞察，充分满足不同用户对于影视产品的个性化需求以及用户在不同场景下的动态化需求，进行影视内容的产品创新，强化影视消费体验的服务创新，从而促进影视产业的创新发展。

大数据的理念和技术对影视产业产生了深远影响，基于对海量用户数据、内容数据以及渠道数据等进行的集成和挖掘，为影视制作、内容传播以及市场反馈评估提供方法论依据①。影视内容生产商如各大影视制作公司，通过大数据精准判断用户需求和喜好，开发出契合市场需求的影视产品，并且根据实时的市场反馈进行生产研发的策略调整；影视内容的平台运营商如电视台和视频网站，通过大数据精准定位目标用户，进行影视内容的个性化、精准化推送，不断提升用户体验，实现用户、内容生产商、平台运营商的共赢。

影视产品和服务创新，以提升用户体验为目标，体验创新是产品和服务创新的最高形式。影视产品的丰富、传播平台的便捷，极大激发了用户个性化、精细化的体验需求。影视产品需要注重创意化、场景化、互动性的传播手段，以赢得用户的关注度、满意度和忠诚度。比如湖南卫视《爸爸去哪儿》、东方卫视《女神的新衣》、江苏卫视《最强大脑》等节目的成功，通过强化节目内容创意，契合用户观看场景，激发电视、网络、手机多端互动等方式，不断进行用户体验的创新。

（二）影视产品的营销创新

整合营销传播在移动互联网时代的影视产业得到了创新应用，既包括横向的各种线上传播手段的整合，还包括纵向的线上线下营销手段的整合。

其一，大众传播和社会化媒体营销整合。移动互联的泛传播网络塑造了全媒体格局。移动媒体和大众媒体相互融合，大众媒体营造规模化的公共传播空间，移动媒体塑造个性化的私人传播空间②。使影视传播既能覆盖广泛的潜在用户，又能抓住精准的目标用户，与之充分交流和互动，让用户进行口碑传播，扩大传播范围和力度、提升传播效应和效果。比如国产电影不断创新营销手段，在大众传播外更加注重社会化媒体的话题营销。电影上映前，通过官微、导演、演员账号发布电影海报、宣传片等，吸引粉丝关注，形成观影期待；电影上映期间，分阶段制造关于明星和剧情的话题，发布明星访谈和拍摄花絮，推动观影热潮；电影上映后期，推出经典台词、桥段等，利用粉丝讨论甚至吐槽延续话题传播效应。如韩寒的《后会无期》、赵薇的《致青春》、邓超的《分手大师》、郭敬明的

---

① 吴卫华.大数据背景下影视产业创新发展［J］.当代传播，2015（2）：56-58.
② 匡文波.手机媒体概论（第二版）［M］.北京：中国人民大学出版社.2012：66-70.

《小时代》系列都是社会化媒体营销的经典案例。

其二，线上传播和电商营销整合。互联网和手机逐渐成为电影观众购票的主要渠道。根据购票网站的数据统计，2015 年过 400 亿的电影总票房中，40% 的观众是通过网站和手机 APP 购票的。淘宝电影、美团猫眼、百度糯米、大众点评、时光网以及万达、金逸影城的在线订购平台的发展，极大带动了电影的电商营销。电影发行商与电商平台合作，契合电影上映的不同阶段进行营销策划，推出预热抢购、限时免费、特惠秒杀等促销手段，有力推动了票房收入。电影发行商擅长内容营销、电商平台擅长活动营销，二者相结合极大地带动了电影营销的市场规模。

三、影视产业的商业模式创新

移动互联网传播平台及其带来的影视生产营销方式的创新，提升了影视产业的赢利能力，促进了影视产业的商业模式创新。影视产业从传统的广告和票房赢利，延伸出会员付费、众包生产、众筹投资、周边产品开发等多元化商业模式。

（一）影视广告营销和会员付费营销联动

首先，大数据能够帮助影视产品中的广告营销实现精准的目标定向、消费需求洞察和实时行为分析，优化广告传播策略，提升广告和内容的契合度，强化用户的影视消费体验，并且通过线上传播和线下营销数据的比对，实现及时准确的营销效果评估。大数据驱动的影视广告营销，对于用户而言，让广告变成了有价值的信息；对于广告主而言，提高了广告投放的精准度和投资回报率（ROI）。

再者，对于影视平台运营商而言，可以针对有消费意愿和消费力的用户，提供定制化的付费产品。影视内容可通过多平台、多终端、多主题的策划，针对不同平台、不同目标群、不同周期推出不同价格的付费产品组合，比如影院放映、电视和网络回播、影视音乐点播、精华专题展播等，拓展会员的收入，提高影视内容提供商和发行商的收益，进一步促进影视内容和服务的创意开发，从而带动用户、内容商、发行商、平台商等多方主体实现共赢合作。

（二）众包生产和众筹投资联动

"众包"就是充分利用用户的创意和生产力，让用户参与产品的研发生产过程。托夫勒最早提出"产消者"（prosumer）的概念，预言了未来生产者

（producer）和消费者（consumer）融合的产销合一经济①。用户基于社交平台进行分享交流、创意贡献和定制消费，每一个用户都是积极的生产者、热心的传播者和忠实的消费者，形成参与式媒介消费文化②。众包激发了用户的生产力和创造力，促进群体智慧成果的产生，比如早期的维基百科和流行的网络原创剧等。对于影视内容生产商而言，利用自己的剧作人员的创作力量非常有限，而面向互联网，挖掘、引导和激发网民的群体智慧和贡献，进行创意产品的开发，成为最有效的创新方式。

"众包"不仅包括内容生产力量的整合，还包括资金力量的整合，"众筹"是众包的发展形式。自 2008 年美国首个众筹新闻网站 Spot. us（由公众捐款资助新闻报道）诞生后，众筹作为全新的商业模式风靡全球，即通过在线方式为电影、游戏、音乐、艺术等创意项目向大众募集资金。影视剧众筹的先例是 2014 年的美剧《美眉校探》，利用众筹方式拿到 500 万美元资金，成功拍摄了该剧的电影版。影视剧众筹模式引入中国后迅速发展，百度、京东、苏宁等都推出了影视文娱众筹平台。国内首家影视众筹社区——聚米金融，自 2015 年 7 月运营以来已完成 20 多个影视项目的众筹，众筹金额达 3 400 万。2016 年的新片《美人鱼》，因其影视股权众筹方式广受关注并大获成功，参与影片投资的除了和影业、联瑞影业等 9 家机构外，还有 89 位众筹个人，众筹金额近千万③。影视众筹具有融资成本低、筹资交易便捷、投资风险相对较低、易于制造话题、凝聚人气开展营销等优势，众筹模式与影视产业结合，进一步加速了影视产业的创新发展。

（三）衍生产品开发和跨产业融合

对影视衍生产品的开发，源于好莱坞的电影产业赢利模式。好莱坞每年的电影产业收入中，票房收入仅占 1/3，衍生产品开发和经营收入占到 2/3④。衍生产品开发，就是基于影视内容的核心创意，进行多元化的产品开发和业务经营，从影视产业向旅游、时尚、艺术等相关产业渗透融合，加速跨行业布局，延展产业价值网络，形成创意与产品、业务和产业互相促进的商业生态体系。最新流行的影视产业"IP"商业模式，其实质就是将无形的内容创意资源开发成有形的、多元化的产品形态和价值形态，并且拓展跨产业的融合发展，将影视、娱乐、游

---

① 阿尔文·托夫勒，海蒂·托夫勒. 财富的革命 [M]. 吴文忠，刘微，译. 北京：中信出版社，2006：275 - 276.

② Henry Jenkins. Confronting the Challenges of Participatory Culture：Media Education for the 21st Century [M]. MIT Press，2009：167 - 170.

③ 张世玉.《美人鱼》热映：影视众筹能否延续票房神话 [OL]. http：//cnews. chinadaily. com. cn/2016 - 02/18/content_ 23537895. htm.

④ 刘燕. 我国影视衍生产品市场的问题与对策 [J]. 传媒观察，2010（4）：17 - 18.

戏、音乐、艺人、会展、旅游等产业融合创新，从而推动大影视传媒产业的发展。

参考文献：

[1]约瑟夫·熊彼特.经济发展理论[M].何畏,译.北京:商务印书馆,1990:73 – 75.

[2]金韶.移动互联网语境下的媒介融合和媒体发展策略[J].中国广播电视,2015(6):60 – 62.

[3]吴卫华.大数据背景下影视产业创新发展[J].当代传播,2015(2):56 – 58.

[4]匡文波.手机媒体概论[M].2版.北京:中国人民大学出版社,2012:66 – 70.

[5]阿尔文·托夫勒,海蒂·托夫勒.财富的革命[M].吴文忠,译.北京:中信出版社,2006:275 – 276.

[6]刘燕.我国影视衍生产品市场的问题与对策[J].传媒观察,2010(4):17 – 18.

[7]Henry Jenkins. Confronting the Challenges of Participatory Culture:Media Education for the 21st Century[M]. MIT Press,2009:167 – 170.

基于需求的移动信息业服务模型构建及管理

温　强

摘　要：移动信息服务是一个包含技术、信息内容和服务方式的综合系统，其中包含四个要素：①顾客信息需求是基础；②信息内容是核心，确定了信息对顾客的价值；③技术是形成具体的服务项目并实现传递的保障；④服务方式是与顾客交互的平台。企业应围绕此四要素构建自己的服务模型，开展相应的经营管理活动。

关键词：需求　顾客价值　服务模型

随着移动互联网技术的发展，手机的功能越来越丰富，除提供传统的语音、文字等信息，还由各种应用程序（App）把网上、网下的信息和实体连接在一起，手机俨然正在逐步变成"全能"的个人信息终端。经由手机，移动信息服务业全面兴起。

在顾客的移动信息服务需求不断增长的过程中，原来的实体产品和服务的提供商则向线上、线下结合的移动信息服务商转型。这个转型过程的关键是必须高度重视顾客需求的发掘和培育，建立并通过移动信息服务模型来满足顾客需求。

一、移动信息服务业概念综述

根据国内外学者对信息服务业的研究，信息服务业的概念和范围可从以下两个角度来分析。

（一）信息服务业所包含的活动内容

有日本学者认为，信息服务业是指从事信息产品加工和服务的行业，其具体范围包括信息咨询业、广告业以及图书馆、信息服务中心和档案馆。

凌美秀、孙大岩等学者认为，信息服务业由信息产品的生产，信息的发布与传输，信息源的收集、组织、管理及以加工组织后的信息向信息用户提供信息服务等诸多环节构成，它具体包括：图书、期刊、报纸等传统印刷型信息产品，以电子技术为支撑的各类数字型信息产品与信息处理服务，各种以光盘或直接通过网络生产与发行的数字图书、电子期刊与网络期刊，政府信息的生产与发布，广告、报纸与网络新闻在内的各种大众传播工具，以及为信息服务提供软件支持和集成服务、网络支持与集成服务、系统集成服务、数据库及资源服务、网络信息内容提供、公用网络平台建设以及电信服务业、咨询业、经纪业、公共信息服务业及其他信息服务业。

（二）信息服务业的实现方式

姜雪榕等学者认为，信息服务业是利用计算机和通信网络等现代科学技术对信息进行生产、收集、处理加工、存储、传输、检索和利用，并以信息产品为社会提供服务的专门行业的集合体。它包括信息传输服务业、计算机系统服务、数据处理、软件服务业、增值服务、数字内容服务、信息技术教育与培训、信息技术咨询服务（咨询、规划等）及信息技术监理等。

张新等学者认为，信息服务业是通过各种方式，包括现代信息技术和传统的手工服务方式，对信息进行收集、整理、存储、加工、传递，并提供信息技术服务和信息提供服务等工作的行业集群。它不仅包括信息传输服务业、系统集成、数据处理、软件服务业、增值服务、数字内容服务、信息技术教育与培训、信息技术咨询服务（咨询、规划等）、信息技术监理等行业，还包括邮政业、新闻出版业、广播、电视、电影业、图书馆、档案馆等传统信息服务业。

对以上观点进行分析可以发现，尽管在价值链和是否将手工服务方式纳入信息服务业方面有差异，两类概念都把信息的内容和服务方式作为信息服务业的核心。综合以上所述，本文认为，移动信息服务业是指集移动通信技术、网络技术、移动互联网技术和计算机技术为一体，向顾客提供特定的信息内容服务，以满足顾客的移动信息需求。

二、移动信息服务需求分析

"需求"既是一种资源，也意味着市场。把握了顾客的有效需求，就掌握了资源和市场，就有可能创造新的业务。

"需求"是一个多维概念，可以从不同角度划分，不同学者基于研究的需要，从不同角度对"需求"进行了划分，如动态、静态角度，显性、隐性角度等。结合移动信息服务业的特征，本文认为可以从以下两个角度进行分析。

第一，从顾客自身对移动信息的需要能否明确描述的角度，需求有显性和隐性之分。显性需求是指用户明确感受到并且能由用户准确、明白地表达出来的需求。因此，移动信息服务企业较容易满足它；隐性需求是指用户客观上具有、但尚未表达出来或未充分表达出来的信息需求。这种需求大部分存在于用户的潜意识之中，对个人来讲，是高度个人化的东西。如果本人没有表述出来，其他人是难以发觉的，甚至有时连用户本人都意识不到。但从群体行为角度讲，这些个性化的隐性需求具有规律性，可以为企业所挖掘、引导。

第二，从顾客价值角度。从顾客价值角度分析，要分清楚移动信息的内容、形式和载体。移动信息作为信息，是现实世界事物的存在方式或运动状态的反映，具有可感知、可存储、可加工、可传递和可再生等自然属性。顾客使用移动信息所需要的也正是这个，也就是"内容"。另一方面，移动信息必须以一定的表现形式通过载体进行传递。在顾客使用移动信息的过程中，移动信息服务企业通过自己的无线通信网络，向顾客传递一定形式的信息，信息的"内容"被顾客所接收、使用。因此，真正带给顾客价值的是"内容"，而"内容"的表现方式可以有所不同。例如，顾客可以在手机上开通网上炒股服务，接收证券数据、发送操作指令。在此过程中，对顾客有价值的是移动通信网所传送的数据的"内容"，如开盘价为 5.25 元，收盘价为 6 元。这个信息可以图形、曲线的方式表达，也可以数字的形式表达。但无论何种形式，顾客最终需要的是"5.25 代表开盘价，6 代表收盘价"这个"内容"，顾客会根据这个"内容"进行判断和决策。

因此，一个完整的移动信息服务的层次结构可以表达为图 1 所示的形式。

以上模型中，电信号及其传送主要靠移动信息企业的技术手段实现。移动信息的表现形式，要在掌握顾客偏好及其"内容"之特征的要求基础上，由移动信息企业以技术手段实现。移动信息的"内容"则是顾客需求的核心，能为顾客解决某方面的问题。

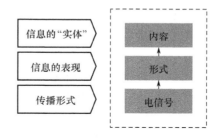

图 1　移动信息服务的结构

三、移动信息服务模型构建

根据以上的结构模型，结合移动信息服务企业的运营，可以完整地构建移动信息服务的整体模型（见图 2），以下简称"四要素模型"。

为避免语义混淆，本模型中的"服务方式"，指为顾客提供特定的移动信息服务的宣传、业务办理、接收投诉、缴费、开通关闭等的服务过程，与具体的移动信息服务项目不同。

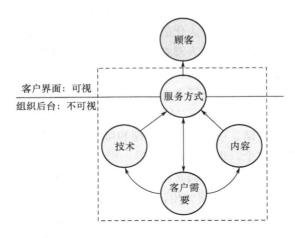

图2 移动信息服务整体模型

第一，移动信息服务从整体上分为两部分。横线上面的部分代表顾客与企业的接触，顾客通过这个可视的界面办理相关业务，如开通业务、缴费、了解服务知识和投诉等。横线下面的部分是服务的运营后台，这部分顾客无法看到。

第二，"顾客需要"部分指通过调研、数据分析所得到的关于顾客的偏好、生活方式、信息需要等信息，以顾客视图、顾客数据库的形式存在。企业通过这部分活动挖掘、归纳顾客的移动信息需求。

第三，"内容"指在了解顾客需要的基础上，所整合的、打算向顾客提供的信息的"内容"。

第四，"技术"指将顾客需要的信息的"内容"以顾客需要的方式适当"加工"成商品形态的信息服务所用到的技术手段。

第五，"服务方式"中在横线下面的部分，是企业为顾客提供相关服务的过程中顾客看不到的部分，如市场开发、渠道开发、服务响应、投诉的处理等。

四、移动信息服务管理策略

（一）业务能力

四要素模型的本质，是在顾客需求基础上，对移动信息服务进行解析，从企业视角形成的服务整体框架。通过此模型，移动信息服务企业可以将顾客移动信息需求的综合表达分解为企业运营层面的运营要素，使企业能够通过运营要素的有效组织实现移动信息服务的开发、交付。

四要素模型指出了移动信息服务企业四个方面的业务能力。

第一，需求研究能力。需求的发掘、描述是移动信息服务的基础和出发点，需求研究能力对后续三种能力形成支撑。

第二，内容整合能力。内容是移动信息需求的核心。企业的内容整合能力要求企业在识别顾客移动信息内容的基础上，有效地整合内容提供商、媒体、网络企业、传统信息服务机构所拥有的信息内容资源，如报纸、音乐机构、证券公司、娱乐企业，甚至政府等，将它们的信息内容按照顾客的需要进行筛选，形成移动信息的实体——内容。内容整合能力包含了内容提供商的选择能力、内容的辨析、选择和组织能力。通过内容整合能力为顾客提供恰当、优质的信息内容。

第三，技术整合能力。技术是移动信息内容的载体和实现方式。技术是把移动信息"产品化"的手段，决定了信息的表现形式，以及信息服务的可靠性等质量指标，对顾客对移动信息使用的满意评价影响很大。技术整合能力包括移动通信技术、网络技术、计算机技术的整合、开发、升级，以及技术提供商的管理。

第四，服务提供能力。服务提供能力分为顾客可视部分和顾客不可视部分。顾客可视部分包括 App 外观、UI、信息组合逻辑、操作步骤、支付方式、新业务体验、促销、投诉的接待和处理等。顾客不可视部分包括渠道管理、市场规划管理、广告、投诉的后台处理等能力。其中的顾客可视部分，是企业与顾客交流的界面，所有企业后台的业务活动和努力都要通过此"窗口"展示给顾客，因此对形成顾客体验和满意度非常重要。不可视部分直接为可视部分服务。

（二）组织管理能力

第一，创新能力。引入、实施新观点、新技术、新业务、新流程的能力即为创新能力。四要素模型的本质要求企业能在观念、技术、业务、商业模式、流程、结构等方面实现创新。

第二，整合能力。整合组织内外资源，为顾客提供有竞争力的产品和服务的能力为整合能力。四要素模型揭示了企业对顾客的信息服务需要整个产业链的参与和支持。企业需要充分发挥主导者的位置优势，整合技术提供商、内容供应商以及产业链合作伙伴的资源和力量，为顾客提供有价值和竞争力的产品和服务。

第三，通过构建开放型组织，实现企业向顾客、消费者开放，研究顾客，挖掘和引导需求；向产业链的伙伴开放，以打通阻碍，优化资源配置；部门之间互相开放，实现信息共享，综合协调；打破层级界限，鼓励各种形式的创新、团队学习、团队反思和交流，以及企业内部资源的整合。

参考文献：

[1]凌美秀.产业链视角下国内信息服务业的发展定位研究[J].图书情报知识,2005(2)：

72 - 75.

[2]孙大岩.信息服务业概念界定[J].合作经济与科技,2006(23):22 - 23.

[3]姜雪榕.浅析我国信息服务业发展现状与对策[J].情报探索,2005(5):41 - 43.

[4]张新,王洪海,刘位龙.山东省信息服务业发展现状、问题及战略研究[J].山东经济,2006(5):128 - 131.

[5]蔡小慎.关于信息产业划界的理论观点[J].大连理工大学学报:社会科学版,2000(4):28 - 31.

[6]李连友.关于信息产业统计核算的探讨[J].统计研究,2002(6):58 - 62.

[7]袁勤俭.国内外信息产业研究述评[J].图书馆理论与实践,2003(1):1 - 2,19.

[8]邹华明,熊俊顺.信息服务业及其指标体系研究[J].浙江统计,2006(10):18 - 20.

[9]许广奎,孙毓梅.传统信息服务业与现代信息服务业之比较研究[J].情报资料工作,2001(4):67 - 69.

[10]冯小婵.基于用户隐性需求显化的互动式服务组织[J].情报杂志,2006:10.

[11]陈致豫,等.移动服务的分类及采纳模型分析[J].统计与决策,2007:21.

创业企业如何创新发展

李英爽

摘　要： 创新是一个民族进步的灵魂，是一个国家兴旺发达的不竭动力。如何获得创新力、怎么创新、如何提高创新质量等是创业企业最常遇到的问题，需要采取各种措施来帮助企业解决这些创新创业中的问题。本文选取了国内外最新的案例进行了探讨和创新方法的总结，以期推动创新方法在企业中的推广、应用与深入研究，为我国企业创新创业提供参考。

关键词： 创业　创新　成长

2015 年，创新发展作为"五大发展理念"之首，成为引领经济社会发展的第一动力。面对当前我国经济进入增速换档、结构优化、动力转换的新常态，"大众创业、万众创新"成为新常态下经济发展的新引擎，将为适应和引领新常态注入源源不断的动力与活力。"大众创业、万众创新"不仅是中国经济的新引擎，也是广大创客实现梦想的机会。随着国家重视程度的提高，创业的外部发展环境越来越好，一批企业家成长起来。2012 年 1 月，根据全球创业观察组织发布的全球创业观察报告，在 GEM（The Globle Entrepreneurship Monitor，全球创业观察组织）的 54 个成员国中，中国的早期创业活动指数排名第一，标志着我国已成为创业活动最频繁的国家之一。进入 21 世纪，信息技术推动下知识社会的形成及其对创新的影响进一步被认识，通过进一步反思对技术创新的认识，创新被认为是各创新主体、创新要素交互复杂作用下的一种复杂现象，意味着变化、变革和转变，它是一个企业持续成长的原动力。没有创新的企业只能短时间内维持现状，追求创新的企业才能长久地成长。

一、产品与模式创新：中国顶尖喜剧"开心麻花"

在文化创意领域创业，"市场的成功，不代表创意者个人的成功。对于创意公司来说一定要坚持自己，当你的公司足够大的时候，你有能力承受那个失败，可以做不同风格的创新"。2015 年中国文化产业的一大亮点是中国电影的总票房已突破 440 亿元人民币大关。这一年，"开心麻花"的创始人张晨带领开心麻花进军影视界，首部电影《夏洛特烦恼》累计票房已破 14 亿元。

开心麻花最早成立于 2003 年，首创了"贺岁舞台剧"。13 年的发展，25 部原创作品，演出场次、观众人数、票房收入 3 个指标全面领先同行。公司从早期比较有争议的喜剧品牌慢慢建立起了自己的口碑，越来越得到主流媒体的认可。公司从 2012 年起连续 4 年上春晚，对公司品牌起到很大的推动作用。

开心麻花是最早尝试网络剧制作的公司之一。2012 年，公司与乐视网联合推出国内首部周播网络情景喜剧《开心麻花剧场》；网络剧《江湖学院》于 2015 年 2 月开播。开心麻花探索出了在网络剧方面的商业模式：网络剧将成为孵化 IP 的通道，先将舞台上成熟的作品改编成网络剧，在网上发酵并积累人气，进而制作成同名的大电影。这种模式利用网络时代的粉丝经济孵化 IP，在创造了口碑和点击量之后，将粉丝转化为电影观众，取得经济效益。以目前开心麻花的原创舞台剧受欢迎的程度来看，如果找到正确的、符合网络传播的方式改编这些舞台剧，未来将会是电影制作的大的 IP 池。

公司于 2015 年孵化了一个全新教育演艺子品牌——"麻花即兴"，借以推动即兴社群的成长和即兴平台建设，发掘喜剧人才，丰富创作团队，增强创造力。专注自己的主业与核心竞争力，开心麻花正以强大的喜剧实力向多个领域发展。

二、概念创新：CIEMA 是电影院，又不是电影院

快速成长公司排行中先进的企业都有一个共同特点，即能为顾客提供最佳的体验。因而，即使在竞争激烈的商业环境中，它们也具备自己的竞争优势。大多数实施概念创新的创业企业均取得了较为丰厚的收益回报，同时也获得了企业品牌知名度的提升。

概念创新是企业将其产品或服务的特点与顾客需求紧密结合，通过推出某个特定的、新奇的概念，向顾客传播企业产品或服务所包含的时尚观念、文化情愫以及对顾客生活的积极影响而获得顾客认可的一种创新模式。CIEMA 开业以前，当时想传达的理念是"在不是电影院的地方看电影"，经常在咖啡馆举办电影上映活动。现在的 CIEMA 成了"虽然是电影院，也不非得看电影"的地方，即成为拥有两块银幕、咖啡馆及杂货店的电影院。公司于 2007 年开业，每月上映大约 10 部电影。在 CIEMA，可以看电影，可以喝茶；可以看绘本，也会定期举办演唱会；还可以逛逛杂货店。这些活动极大地改变了电影院的气氛，使各个年龄层的人都喜欢聚集在这里。CIEMA 希望留给客人这样的印象——"那里总有一些有趣的活动"。如果顺带对电影感兴趣的话，那就会非常好了。CIEMA 以一个新概念为突破口，适应了顾客新的消费价值观念的需要，启动了一个潜在的、有

较大利润空间的市场，发挥了创业者的艺术想象力，未来还将有很大的发展空间。

三、定位创新：吉野家的新生活

在商业社会中，顾客的需求千变万化。企业为了确保自身的优势，企业定位也要随经营状况的变化而适时进行战略调整。而定位创新常常来自企业外部的驱动力，例如，当竞争者由于相同或相似的定位而夺走了自己的一部分市场份额时；当顾客需求发生改变，为了维护顾客的忠诚度时；或者由于时代特色的变化，也需要通过定位创新来反映顾客的审美趣味等。

目前还没有一个行业已经成熟到没有可以再渗透的市场的程度。企业的兴衰取决于企业家的心态以及企业家如何去组织和创造新的成长机会。吉野家由 20 世纪 90 年代进入北京，在国内经过 20 多年的发展，在十几个省、市开设了 150 多家分店。然而最近，连一向把牛肉饭生意做得很好的吉野家也开启了新风尚：现如今的社会已经进入了女性为主导的消费时代，吉野家是不是要转型去试试女性市场的水呢？再加上如今快餐业的饮食健康问题常被诟病，吉野家能不能尝试一种慢呆乐活的健康快餐呢？于是吉野家在台北专门打造了一款无印良品风的新店：整个店面设计采用了木色＋白色的风格，纯净自然的装修，刻意营造出舒缓、平静的生活感。吉野家就这样从橘色哥变身成了小森女，成为一家针对女性的、慢活、慢食、分享的新生活快餐！当然，这还只是一个概念店，一次小小的试水。

重新进行企业的定位，可以使企业突破原来市场的约束，去发掘新的顾客群体与新的顾客需求，获得更大的潜在市场空间，以此拓展了企业的发展愿景。因此，企业发展中需要不断添加新的元素，充实其内涵，才能更长久地发展。

四、创新是企业最重要的价值观

企业创新是一个复杂的系统工程，是一项融合着多种关系在内的综合性创新活动。实现创新发展，要做到以下几点。

（一）战略创新

从战略上对企业创新进行决策和规划，实施创新战略。纵观 20 世纪世界发达国家经营和管理的发展史，在经济发展的不同时期，企业成功的关键也在转换——50 年代的关键在生产；60 年代的关键在经营；70 年代的关键在财务；80 年代后的关键在于知识经济的兴起和信息时代的到来给企业带来了空前的机遇和挑战。面对机遇和挑战，企业要切实提高核心竞争力，以创新的思维推动企业更好、更快地发展。企业应着眼于创新能力长期、稳定的提高，从市场销售、组织机构、管理制度、产品特色、商业模式、技术等多方面建立其创新机制。

（二）过程创新

创新活动贯穿于由研发、生产、分配、交换、消费各环节组成的社会再生产过程。过程创新要求把创新作为一个过程、一个整体，必须进一步摆脱单纯强调技术因素的狭隘思维方式，摆脱片面强调技术推动或需求拉动的倾向，把握创新全过程的环节和特点，从创新主体、产品创新，到模式创新、决策创新、市场创新、管理创新等各个环节，最大限度地发挥创新的作用。

（三）创新要"接地气"

用户和消费者的需求点，永远跟你最开始想的不一样，甚至跟他们自己所说的也不一样。使用后和使用前，他们对产品的想法、看法也会不一样。企业要追踪顾客寻找替代产品的要求，弄清他们的生活方式和趣味。虽然有个大方向，但没有人能准确地预测未来，所以关键是先用一种相对粗糙的方式把模式建立起来，然后再不断进行修正、迭代。

当前，在全球信息化、网络化、一体化的趋势下，不再像过去那样依赖于资源和资本，必须认识到知识经济作为一种新的、复杂的经济形态，更加强调创新的作用。企业只有不断地创新，才能获得持续的竞争优势，才能跟上时代的脚步，成为众多创业者中的佼佼者。

参考文献：

[1]丁栋虹.创业管理[M].北京:清华大学出版社,2006.

[2]斯科特·安索尼.最初一英里 从创意到创业 把创新想法变成伟大企业[M].北京:人民邮电出版社,2016.

[3]石建勋.创业管理[M].北京:清华大学出版社,2012.

利益相关者视角的平衡计分卡研究

王献东

摘　要：平衡计分卡（BSC）作为一种战略绩效评价工具，从利益相关者角度看，主要考虑三类利益相关者：股东、客户和员工，但仅考虑这三个方面不能全面对公司绩效做出评价。本文在论述这三个方面对公司绩效影响的基础上，提出了应再增加供应商和社区（环境）两类利益相关者，并讨论了这两个方面对公司绩效的影响。最后，本文从股东、客户、供应商、社区（环境）、员工五个角度分析并构建了基于利益相关者的公司战略绩效评价体系。

关键词：平衡计分卡　利益相关者　战略绩效评价

一、战略绩效评价、平衡计分卡与利益相关者

（一）战略绩效评价

绩效评价经历了财务模式、价值模式和综合模式三个阶段，分别以净资产收益率、经济增加值（EVA）和平衡计分卡（BSC）为代表。财务模式和价值模式以财务指标来评价绩效，比较单一。价值模式和综合模式均考虑了企业的战略因素，因此又被称为战略绩效评价，是指按照企业战略目标设计相应的评价指标体系，根据特定的评价标准和方法，对业务战略及职能战略的实施情况及其是否达到企业总体战略布局的要求进行的综合判断。

（二）平衡计分卡的战略绩效评价思想

平衡计分卡（BSC）作为一种战略绩效评价工具，不但考虑了财务因素，而且引入了非财务指标，从财务、客户、内部经营过程、学习与成长四个维度，选取相应的指标，对绩效进行度量。财务指标度量的是公司过去的业绩，客户、内部经营过程、学习与成长是公司未来业绩的驱动因素。平衡计分卡作为一种管理工具阐明和传达公司战略，将个人和组织的目标相联系，同时将战略与预算过程相联系，并为持续的战略改进提供反馈。

公司首先通过 SWOT 分析来规划其战略，分析内部优势和劣势，分析外部机会和威胁，分析这些因素将会帮助一个公司确定其关键的成功因素。关键性因素（CSFS）是具体的、可衡量的目标，并且是要实现公司战略必须达到的。根据卡普兰和诺顿所提出的"如果你不能度量它，你就不能管理它"，为每个关键性因素（CSFS）定义度量单位是继界定它们之后的下一个任务。

关键性因素（CSFS）和它们的衡量指标一旦确定，它们必须联系到公司的战略。平衡计分卡以一种全局观念来确定个人对组织战略性成功所做出的贡献。平衡计分卡各因素不仅源于战略，而且对这些因素进行研究时应当表明战略是什么。

将平衡计分卡的四个维度与战略相联系要求遵循三个原则：①因果联系。所有关键性因素（CSFS）应当符合一种因果关系链，这些因果关系链应当明确描述公司战略。②业绩衡量指标与业绩动因。由关键性因素（CSFS）构成的因果关系链必须与某种明确的结果及阐述这种结果如何达到的业绩动因相联系。业绩衡量指标是滞后指标，它衡量了在一些因果关系链之后的结果；业绩动因是前置性指标，是战略的具体化。③与财务指标的联系。所有因果关系链都应当与财务结果相联系。

（三）平衡计分卡与利益相关者

自弗瑞曼（Freeman，1984）的《战略管理——利益相关者方式》一文问世以来，利益相关者的概念在许多地方被广泛应用，一些研究者对利益相关者理论在解释和支持公司绩效改进方面的有效性进行了研究。采用利益相关者模式来对企业绩效进行评价，得到了广泛的认同。

平衡计分卡的四个维度中所体现的利益相关者主要有三类：股东、客户和员工。

二、利益相关者视角的平衡计分卡分析

平衡计分卡四个维度中所体现的利益相关者主要有三类：股东、客户和员工。在平衡计分卡的四个维度中，财务维度体现了股东角度的公司绩效，内部经营过程体现了股东和客户角度的公司绩效，学习与成长体现了员工角度的公司绩效，客户维度体现了客户角度的公司绩效，它们共同指向一个战略财务目标，即公司价值最大化。

（一）股东角度的公司绩效评价

1. 财务维度

财务指标度量的是公司过去的业绩，股东角度的公司绩效评价指标主要是经

济附加值（EVA），它直接指向公司价值最大化。

2. 内部经营过程维度

平衡计分卡内部经营过程的业绩衡量是为了更好地为股东创造价值。平衡计分卡并没有试图改变现有的业务流程，而是以客户的需求为出发点，沿着因果链条，通过生产经营、市场和其他领域提升销售额和服务，服务于客户，并最终为股东创造价值。

平衡计分卡定义了内部经营过程的三个方面：创新、运营过程、售后服务。运营过程是业绩衡量的主要对象，在降低成本和增加生产力方面十分重要，是创造股东价值的内部重要环节。这一环节的指标包括：质量、技术能力、运营周期。

（二）客户角度的公司绩效评价

1. 客户维度

客户创造了公司的所有收益，客户识别和市场细分对所有公司都是非常重要的。客户维度包括具体的业绩衡量指标和业绩动因。

客户业绩衡量指标主要包括市场份额、客户获得、客户满意度、客户忠诚度、客户获利能力；前置的业绩动因指标包括反应时间、交货期和产品缺陷。

2. 内部经营过程维度

平衡计分卡定义了内部经营过程的三个方面：创新、经营过程、售后服务。

公司应通过 SWOT 分析来界定其可以满足的客户需求，以此作为创新过程的开始。首先推出新产品的公司在市场份额上占有显著的优势，因此进入市场的时间是评价创新和一种新产品的推出是否成功的重要标准。产品开发过程包括的业绩衡量指标有产量、研发周期和成本。

售后服务是一种增加产品或服务价值的方法，同时可以得到客户满意方面的反馈，是创造股东价值的外部重要环节。这一环节的指标包括：企业对故障的反应时间、对客户的响应时间。

（三）员工角度的公司绩效评价

如果公司把愿景和创新规划在其企业战略中，公司就需要通过员工的学习与成长来获取新的能力。员工学习与成长是战略绩效的绩效动因。用财务指标来衡量员工的学习与成长，往往只能指明短期的结果，而从长远看，采用非财务指标是有效的选择。

员工学习与成长的衡量包括三个方面：员工能力、积极性、组织合作。具体反映员工能力的指标包括：员工满意度、员工保留度和员工生产力。衡量员工积极性的指标包括：提出合理化建议的数量、被采纳的合理化建议的数量、基于员工合理化建议后生产力的提高或成本的削减。衡量组织合作包括：设定的目标与完成的目标之间的对照、团队奖励。

三、利益相关者视角的平衡计分卡完善

平衡计分卡的四个方面应被看作是一个模型而不是一种约束，根据产业环境和经营战略，可能需要增加一个或多个方面。利益相关者理论认为，任何一个企业都有许多利益相关者，如投资者、管理者、供应商、分销商、员工、顾客、政府、社区等，他们都对公司进行了专用性投资并承担由此所带来的风险，企业的生存和发展取决于它能否有效地处理与各种利益相关者的关系。

从第二部分看出，平衡计分卡从股东、客户和员工的角度对公司绩效进行了详细分析，但没有分析其他重要的利益相关者。本文认为应增加供应商和社区（环境）两类利益相关者。

（一）供应商角度的公司绩效评价

供应商关系管理是从利益相关者的角度出发，供应商是公司重大的利益相关者和业务伙伴。采购部门一般把供应商当作谈判对手来看待，而财务部主要是为供应商提供服务。在公司与供应商的关系中，应缓冲供应商与采购部门的紧张关系。

供应商关系管理功能主要是负责管理与供应商有关的财务事项，包括发票开具与收发、供应商应付款核对、发票内部处理以及对供应商付款等。供应商关系管理功能不只是定位于完成供应商付款的任务，而是把维护公司与供应商的良好合作关系、改善合作效率放在首要位置，这将会为公司带来巨大的价值。

（二）社区（环境）角度的公司绩效评价

在可持续发展理念指导下，整个社会开始积极倡导并以循环经济理念来建构整个社会经济发展的框架，并将强力推动企业自觉履行社会责任作为完善可持续发展的一个重要举措。

企业社会责任（CSR）评价内容既包括内部责任，也包括外部责任，但两者均包括环境责任，它是指企业对治理环境污染和保护生态环境所应该承担的责任，主要涉及来自于道义上的环境责任、法律原因导致的环境责任和传统经济意义上的委托代理责任所引申出来的环境责任三个方面。

企业的社会责任报告是企业对于其活动、产品和服务所产生的经济业绩、环

境业绩与社会业绩的自愿性公开报告。环境绩效报告需要披露的内容主要应该包括五个方面的内容，即企业所采取的环境政策、相应的环境计划和结构框架、涉及的财务事项、发生的环境活动以及可持续发展方面的管理。

四、利益相关者视角的平衡计分卡体系设计

利益相关者视角的平衡计分卡应考虑五类重要的利益相关者，他们是：股东、供应商、客户、社区（环境）和员工，如图1所示。

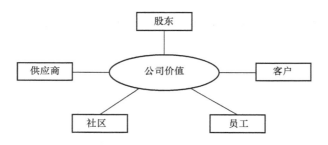

图1 利益相关者视角的平衡计分卡体系示意图

股东作为企业的产权投资者，关心的是其投资涉及的风险以及预期收益，只有投资收益足以补偿投资风险才会投资。股东对企业分析的目的更集中于企业的获利能力分析，即股东的投资收益分析。

供应商是企业的利益合作伙伴，基于战略联盟的合作关系会使企业与供应商结成紧密的利益合作体。

现代管理理论认为，客户满意度的高低是企业成败的关键，企业要想取得长期的经营绩效，就必须创造出受客户青睐的产品与服务，因此企业的活动必须以客户价值为出发点。

社区（环境）是企业生存与发展的环境和基础，生态的、友好的社区体系有利于保持企业持续和长远的良好绩效。

在市场竞争越来越激烈的今天，企业要生存与发展，必须不断提高自己的竞争力，最大限度地激励全体员工，充分挖掘员工的内在潜力，使之自觉自愿地为实现企业的战略目标而贡献力量。

针对不同的行业，针对同一行业中不同的企业，根据利益相关者视角的平衡计分卡体系来设计相应的战略绩效评价指标，并最终量化为可以度量的绩效指标数值，是本研究需要进一步深化的方向。

参考文献：

[1]王化成,刘俊勇.企业业绩评价模式研究[J].管理世界,2004(4).

[2]吴革,等.战略业绩评价机制研究[J].财会月刊,2007(1).

[3]温素斌,黄浩岚.利益相关者价值取向的企业绩效评价[J].会计研究,2009(4).

[4]乐菲菲,等.利益相关者视角下的高技术上市公司绩效评价研究[J].财经理论与实践,2011(4).

[5]胡贵毅,等.建立面向利益相关者的企业集团财务组织[J].会计研究,2008(4).

[6]许家林.环境会计:理论与实务的发展与创新[J].会计研究,2009(10).

[7]罗勃特·S.卡普兰,安东尼·A.阿特金森.高级管理会计[M].大连:东北财经大学出版社,1999.

[8]美国管理会计师协会(IMA).管理会计与报告[M].北京:经济科学出版社,2007.

知识产权商用化问题研究

尹夏楠

摘 要： 文章结合我国知识产权商用化的实际状况和特点，阐述了知识产权商用化链条中供需双方、中介机构和政府之间的相互协同关系，剖析了当前知识产权商用化运营环境中各主体间存在的矛盾以及由于信息不对称所导致的问题，在借鉴国外知识产权商用化成功经验的基础上，提出有效建议，以使知识产权商用化的各因素间达到有机地耦合，由此推动整个知识产权商用化体系高效良性运转，更好地服务于社会经济的发展。

关键词： 知识产权　商用化　协同关系

知识产权是创新的原动力，创新驱动发展的核心，是科技成果和知识产权的高水平创造与有效转化的运用。知识产权的商用化是知识产权运用的重要形式，其本质是运用市场机制实现激励创新，实现科技成果向现实生产力的顺利转化。李克强总理要求，要加强知识产权保护和运用，助力创新创业、升级"中国制造"。据国家知识产权局公布的数据，2011 年至 2015 年我国的发明专利授权量从 17.211 3 万件上升为 35.9 万件，并且发明专利申请量占比已经超过实用新型和外观设计的申请量，专利申请结构显著优化。但与我国发明专利申请量和授权量大幅上升相对照的是，专利技术的转移转化率比较低，尤其是高校、科研院所的发明专利的转移转化率远远低于国际同类机构专利技术的转移转化率。知识产权的价值最终体现在对企业可持续发展和产业升级的作用上，因此，研究知识产权的商用化能够充分发挥知识产权的价值，优化经济结构，实现创新驱动发展。

一、我国知识产权商用化面临的问题

（一）知识产权商用化意识薄弱

由于我国知识产权商用化的推行时间较短，大多数知识产权的所有者并没有重视知识产权的价值。虽然我国对科学研究的投入力度在逐年加大，国家在重大基金项目上投入了大量经费，但是科研产出中除了大量的期刊论文和会议论文等理论性成果外，专利成果极少，更谈不上科研成果的转化和应用。而且，绝大多数科研人员重点关注的是"申请专利和获得专利"的数量，因为科研成果的评估均仅重视专利数量，把获得专利授权看作是一个最终成果，这在一定程度上大大激发了老师提高专利数量的积极性，而忽视了最重要的专利的利用与开发，也因此造成了资源的巨大浪费。

（二）知识产权权益激励机制不完善

由于我国知识产权的权属一直处于不明晰状态，研发人员在知识产权成果的处置权、收益权分配中的主体地位没有被明确，在部分区域试点的政策中科研人员参与收益权，但分配比例较低，且操作手续烦琐，使科研人员对知识产权的转化积极性不高，对推动科技成果的转化更是缺乏动力。在高校和科研机构的考核体系中，并没有纳入专利的转化率等相关指标。

（三）供、需衔接错位

高校、科研单位是国家科技计划项目的主要承担者。当前的体制下，无论是高校还是科研院所的科研人员都不可能有太多的时间和精力去关注专利技术以外的商业市场、法律问题以及专利申请技巧，而这些又是高质量专利产生及转化的前提。由于高校、科研机构等单位创新成果缺乏市场基础，与作为创新主体的企业需求也存在一定程度的脱节，所以不能满足现实的企业生产需求。

（四）知识产权市场信息不畅

知识产权商用化的显著特征之一是高度依赖知识产权的信息资源。而我国各省长期存在的各类机构条块分割、力量分散、缺乏协同和资源共享有限等现象，在一定程度上形成了信息孤岛，导致重复劳动以及管理混乱，造成资源浪费。如专利、商标、版权、集成电路布图设计、植物新品种、地理标志等知识产权信息分属不同的政府部门管理，企业和公众查询与利用知识产权信息存在较大难度和不便，导致了信息利用效率低。

（五）服务机构的服务质量不高

服务机构包括中介机构和政府两个方面。首先在服务机构方面：尽管我国近年来知识产权服务机构在规模和数量上呈现出良好的发展势头，但从总体上看，其服务能力、行业规模、管理水平等方面还存在着诸多不足，直接导致中介机构提供的业务主要集中在专利代理申请、商标注册、著作权、集成电路图设计登记等传统的、低层次的服务领域；加之知识产权专业服务人员素质良莠不齐，服务能力和服务水平不能满足社会需求。其次在政府方面：近几年，政府为了加快知识产权商用化的推广，不断颁布相关的具体政策。但从实际操作来看，政府的资助方式多集中在资金支持，且资金额度有限。同时，规定享受资助的指标仍然多集中于数量衡量，在知识产权的质量方面、产生经济效益和社会效益方面的衡量指标均有所欠缺，直接影响了相关政策的实施效果。

二、国际知识产权商用化经验借鉴

（一）美国

美国是当前世界上拥有专利数量最多的国家，知识产权商用化的比例也比较高，究其原因主要有两个：一是发展知识产权民间机构；二是政府引导知识产权所有人建设知识产权商用化机构。当前美国拥有大量的高质量的知识产权商用化运营公司，比如美国 IV 高智公司和 Acacia Research 公司。美国知识产权商用化公司的活跃行为大大推广了知识产权的商用化。美国政府对重大科技创新和研发活动给予了大量财政支持，主要是美国的大学、政府部门、大公司和大企业，并取得了大量专利成果。为了促进产学研协同发展，政府在几乎所有的美国大学都设立了高新技术咨询中心，许多理工科大学为了扩大自己科研工作的影响，成立了一些为产学合作服务的组织，为知识产权的产业化提供了大力的帮助。美国政府制定了保障发明人权益的制度，明确规定了发明人在知识产权商用化收入中所拥有的比例，这极大地激发了科研人员申请专利并将其产业化的积极性。

（二）日本

日本申请专利数一直在世界上名列前茅，日本对知识产权的重视远远超出了助力推动产业发展的层面。日本政府为了将知识产权用于促进产业发展，提升产业的国际竞争力，制定并实施了一系列的政策法规。为加快知识产权的商用化，鼓励高校及研发部门建立技术转移机构（technology licensing organization，TLO）。TLO 的职责主要是发掘（承接）来自大学、科研机构的科研成果，从而申请专利，并将实施权转让给企业，然后将转让费的一部分作为收益返还给大学、科研机构和发明者本人。TLO 还可以组织知识产权交易，享受年度财政补贴和贷款担保等优惠。一旦将发明专利等引入企业，相关企业还可享受税收减免等。甚至TLO 还具有帮助资金紧张的企业进行风险资金融资等方面的优势。此外，日本政府进一步确立了知识产权"综合评估指标"，指标项目包括取得的专利（或专利申请）数量、许可合同数量以及经济效益等；建立了知识产权价值评估体系，完善了知识产权的流通体制，为开展知识产权商用化提供了基础。日本政府还通过直接派遣专利流通顾问等方式，帮助中小企业活用专利技术等产业财产权。

三、对策

（一）提升知识产权商用化意识

提升知识产权的商用化意识需要研发主体、企业和政府的共同努力，政府、企业、高校和媒体以合理的宣传方式共同参与知识产权商用化的宣传，推动知识产权宣传进园区、进企业、进学校、进社区，增强全社会知识产权意识，盘活"休眠"的知识产权，真正发挥知识产权的经济效益和社会效益。无论是高校、科研机构还是企业，均应逐步树立知识产权产业化的意识。政府应鼓励建立提升知识产权商用化意识的民间机构，同时加大宣传各科技园区的发展，以扶持高新企业的知识产权转化，逐步深化知识产权商用化意识。

（二）完善激励机制

针对知识产权商用化比率比较低的现状，应积极鼓励高校和科研机构将专利产业化，充分发挥高校和科研机构作为创新源头的作用。政府科研资助的管理部门，应该加强资助项目的知识产权管理，鼓励科研机构和科研人员将政府资助的研究成果申请专利，使被资助的科研单位和项目负责人积极承担起科研成果专利申请的义务，从制度上保证政府科研投入产生的成果能够转化为专利，支持和保障科研机构和专利发明人的权益。可以借鉴美国的经验，对利用国家财政经费资助和学校实验室设备的专利发明人享有30%以上的专利净收益，充分调动科研人员申请专利和转化科技成果的积极性。鼓励大学等科研机构尽快建立专门的知识产权机构来负责专利的申请、许可和转让等事宜，建立起相应的激励措施和保障制度，促进高校和科研机构知识产权的商用化。

（三）统筹协调商用化主体间的合作关系

加强高校、科研院所和企业之间的沟通协调，鼓励、支持更多的企业参与高校和科研院所的研究项目，加强产学研结合的平台建设，通过产学研协同创新，有效促进项目成果的应用。构建政府—大学—产业三螺旋创新平台，加快商业开发与应用，促进科技、产业、经济和社会的共同发展。政府负责经费投入，制定国家的科学研究方向并资助国家的重大科学研究项目；大学负责科学研究和技术开发，做好科学理论成果向技术应用成果的转化，担负起科研成果专利申请的义务；产业部门负责技术发展和专利成果的商业化应用。政府积极为产学研牵线搭桥、搭建成果转让平台以及研发成果推广应用等方面的服务。

（四）提升服务机构的综合服务质量

中介机构方面：在发展中介服务机构规模的同时，政府应更加注重对中介服务机构质量的引导，尤其是高级复合型人才的引进和培养。通过多渠道、多途径，培养各类服务、审查、管理和司法等方面的专业化知识产权商用化人才梯队；建立知识产权商用化相关职业和岗位资质认证制度，鼓励开展知识产权经纪人资质管理，逐步建立并完善知识产权商用化人才培训体系。借鉴国外民间知识产权运营机构的经验，推动专利投资公司的成立，进一步完善科技成果管理体系。

政府方面：政府应该转变以资金为主的资助方式，树立长远的知识产权商用化的理念，逐步可以考虑修改申请资助为转化资助，实现知识产权价值与资本市场的结合，尝试推广基于知识产权商用化价值的股权配置方式。

参考文献：

[1]尹怡然.促进知识产权商用化助力产业转型升级[J].广东科技,2014,5(10):5-7.

[2]陈立新.美国政府的专利资助政策及其对我国的启示[J].财会通信,2015(12):127-128.

[3]程义贵.知识产权托管和知识产权商用化研究[J].中国律师,2014(2):66-68.

通州区中小微企业政策研究

寇颖娇

摘　要： 通州区中小微企业在区域发展中起着举足轻重的作用，可以说通州区中小微企业几乎等同于通州区企业，对通州区中小微企业的政策也将几乎惠及通州区企业整体。与全市及与同为城市发展新区的其他四区县比较来看，通州区中小微企业发展速度较快，对就业和税收的相对贡献更大，但是创收能力相对较弱。本文分析了通州区现行中小微企业政策及通州区中小微企业发展中存在的问题，从而总结出"十三五"时期通州区发展中小微企业的政策建议。

关键词： 政策研究　中心企业　中小微企业　通州区

一、通州区中小微企业政策概况

（一）通州区现行中小微企业政策

通州区目前中小微企业的政策主要为 2013 年 10 月发布的《通州区人民政府关于进一步促进中小企业发展的实施意见》。该意见结合通州区实际，就进一步促进中小企业发展，分别从加快推进中小企业产业转型升级、努力营造有利于中小企业发展的良好环境、加强对中小企业的公共服务体系建设、着力提高中小企业的综合经营能力、加强对中小企业工作的组织领导五方面提出了 17 条具体实施意见，其中包括拟设立 5 000 万元中小企业发展专项资金，重点用于建设中小企业公共服务体系，搭建融资、培训、信息等网络服务平台和中小企业两化融合、技术创新、企业上市、创名牌、节能减排、"三高"企业退出、产品结构调整、扩大就业、开拓市场、融资服务等方面。根据座谈情况我们了解到，实际操作中通州区未针对区级中小企业发展专项资金制定实施细则，资金主要用在了鼓励"三高"企业退出。

（二）通州区与其他四城市发展新区中小微企业促进政策比较

通州区与其他四个区中小微企业促进政策比较见表1所示。

表1　通州区与其他四城市发展新区中小微企业促进政策比较分析表

	通州区	昌平区	顺义区	大兴区	房山区
1	《通州区支持科技创新暂行办法》及《通州区支持科技创新暂行办法申报指南》（2015年1月）	《昌平区产业转型升级政策》和《昌平区产业转型升级政策实施细则》（2014年）（该政策体系涉及包括中小企业扶持政策在内的10个方面）	《顺义区促进产业结构调整和中小企业发展资金管理办法》（2015年）	《新区进一步促进中小企业发展的实施意见》	《房山区关于支持产业发展的实施意见（试行）》（2011年）
2	《通州区人民政府关于进一步促进中小企业发展的实施意见》（2013年10月）	《昌平区关于贯彻北京市进一步促进中小企业发展措施的实施意见》（2012年）	《顺义区创业摇篮计划实施方案》《创业摇篮计划支持政策实施细则（试行）》（2015年）	《2012年北京市大兴区工业稳增长奖励政策实施细则》	
3	《通州区促进电子商务企业发展暂行办法的通知》（2010年）	《昌平区创业投资引导基金管理暂行办法》（2012年）	《顺义区关于进一步促进中小企业发展的实施意见》（2011年10月）	《2012年北京市大兴区工业企业贷款贴息及信用担保体系建设扶持政策实施细则》	
4	《通州区促进产业发展暂行办法》（2009年）		《顺义区促进中小企业发展的扶持办法》（2011年10月）	《2012年大兴区工业发展资金（2亿元）使用和管理办法》	
5				《新区加快推进企业上市工作意见的通知》（2012年）	
6				《大兴区推进便民商业服务体系建设工作意见》（2012年）	

通过比较城市发展新区五区县的政策可以发现，中小微企业发展较好的大兴新区、昌平区等区县，促进中小微企业发展的政策也更多，覆盖面更广，政策可操作性更强，一般都规定了专项支持资金或配套资金。面对调整疏解非首都核心功能和产业转型升级新形势，顺义区行动更迅速。

相比较来说，通州区的扶持政策更侧重于科技创新和产业退出，这也与通州区面临的政治经济环境相协调。

二、通州区中小微企业发展面临的问题

（一）市场需求不旺，企业销售受阻

首先是内需增长乏力造成部分企业库存增长、销售滑坡。受近期国家和北京市房地产调控力度持续加强、产业结构调整和淘汰落后产能力度持续加大的影响，建材、冶金、工程机械等相关行业均不同程度地出现产能闲置，使销售困难加大。

影响销售的另一个重要原因是外需萎缩。由于欧、美、日等主要发达经济体经济增速放缓，国际市场需求不振，国际贸易摩擦和竞争加剧，外贸出口企业难以获得大单、长单，外贸出口形势仍不乐观。

（二）企业成本增加，利润空间缩小

近年来，中小微企业生产经营成本加大，赢利空间受到挤压，经济效益出现下滑。造成企业经济效益下滑的原因主要有以下几个方面。

第一，用工成本不断加大。用工成本每年以 10% 左右的幅度增长，加之"五险一金"制度的完善，进一步加重了企业负担，中小企业普遍面临劳动力成本上涨的压力。

第二，企业融资成本增加。

第三，受到原材料和能源价格上涨、运输成本增加等因素的综合影响，造成企业生产经营成本上升。

第四，在销售增长低于往年水平的情况下，中小企业的税收负担并没有及时得到相应的减轻，企业税费负担仍然较重，造成企业纳税成本相对提高，进一步降低了企业的赢利水平。

（三）土地政策趋紧，发展空间受限

在淘汰高污染、高耗能、落后产能及旧城改造、拆迁的过程中，各工业园区

在有限的土地指标供应上设置了较高的准入门槛，一些中小微工业企业一时无法顺利落户而失去生存空间。特别是在乡镇一级，绝大部分中小企业因无法解决用地指标问题，便采取"以租代征"方式解决，却违反了国家城乡规划和土地管理的法律法规。由于土地问题不解决，企业始终不敢按照市场前景全力拓展经营规模，从而严重制约了发展。

（四）创新能力不强，发展后劲不足

中小企业尤其是小微企业自主创新意识淡薄，多数企业管理者对自主创新存在误解，认为自主创新投资大、回收期长，而且还存在很多的不确定性，所以过分看重短期利益。其次，自主创新人才匮乏，多数中小企业从业人员来自当地，无论是企业经营者、技术人员还是一线员工，人员素质参差不齐，且整体水平较低，缺少自主创新所需的高层次人才。因此，多数企业仅仅通过简单扩大再生产实现规模扩张，自身发展缺少具有自主知识产权的核心技术和关键技术，未形成自主创新的激励机制和投入机制，影响了企业的发展后劲，难以实现长期可持续发展。

（五）转型压力加大，缺钱缺人缺技术

随着我国加快推进转变发展方式，节能减排和环境保护力度不断加强，特别是北京调整疏解不符合首都功能定位产业工作的不断推进，一些资源消耗高、环境污染大的中小企业面临十分紧迫的调整压力。部分中小微企业基础差，素质不高，管理粗放，创新能力不强，缺乏自主知识产权的产品和技术，难以适应经济形势变化和转型升级步伐加快的要求。由于缺少资金、技术和人才，不少中小微企业处于不转型难生存、想转型没能力的窘迫境地。

三、通州区扶持中小微企业发展的政策建议

（一）推动中小微企业创新，由创新驱动发展

中小企业，特别是小微企业缺乏创新能力，发展后劲不足，因此应通过制定适当的政策鼓励企业开展创新研究，如严格落实企业研发费用加计扣除政策，扩大财政资金对科技创新、设备更新、新技术应用等的支持。同时，应积极筹建知识产权交易平台，鼓励创新成果的转化应用。大力支持知识产权服务企业的发展，由过去的直接支持改为间接支持，通过扶持建立完善的创新体系而推动技术和生产的创新。

（二）实施分类发展，深化产业结构调整

在通州区过去的政策中，并未突出强调中小企业的分类发展，因此在"十三五"时期的政策中，应着重强调实施中小企业分类发展战略。支持节能环保、生物技术、信息技术等新兴产业的发展；推进生态农业、现代化农业的改造；大力拓展文化产业、旅游产业等第三产业；打造以物联网技术为核心的现代化物流产业；严格限制中小企业从事高耗能、高耗水、高污染的行业；坚决转移淘汰落后产能。

在企业外迁过程中，应建立外迁企业与承接地的交流平台，为外迁企业和承接地牵线搭桥，承接地范围可扩大到京津冀以外的东北、西北等地，以加快中小企业外迁进程。同时，由区政府牵头，联合各职能部门，切实解决外迁企业和承接地对接过程中的实际问题，做到发现问题、解决问题，实现每个问题的闭环管理。

（三）建立中小企业产业用地机制，保障中小企业发展空间

调研分析的结果显示，土地、空间是制约中小企业发展的一大掣肘。然而通州区现有的政策中，并未有明确保障中小企业产业用地的相关机制。因此，应在土地政策中明确：规划、土地、建设等行政部门在制定土地利用年度计划和城乡建设规划，以及在新城建设、旧城改造、旧村改造过程中，应当征求中小企业工作主管部门的意见，切实加强对中小企业发展的空间保障。在符合总体规划的前提下，鼓励集体经济组织依法以土地使用权作价入股投资中小企业。投资建设标准厂房，出租或者转让给中小企业使用，政府应给予专项资金支持。区政府应当投资建设或者鼓励境内外企业和个人建设小、微型企业创业基地。在符合城乡规划的前提下，依据相关政策鼓励利用现有存量国有建设用地、闲置商务楼宇和工业厂房等改造建立小、微型企业创业基地。对经认定的小、微型企业创业基地，区政府应当给予资金和政策等方面的支持。

（四）完善中小企业财政支持措施

政府一般把财政扶持作为扶持中小企业发展的一项重要职责，这是国内外通行的做法，也是通州区目前对中小企业扶持的主要措施。但目前的财政支持政策缺乏统筹性和针对性，支持的力度也并不大。目前通州区中小企业发展专项资金的规模为 5 000 万元，扶持也多以直接向企业提供资金为主。建议"十三五"时期，逐步扩大中小企业发展的专项资金规模，在 5 年内达到 1.5 亿元。同时应发挥财政资金的杠杆作用，充分挖掘区内现有金融资源、引进区外优势金融资源，

引导社会资本支持本区创新创业和中小微企业转型升级发展；应该由直接扶持向间接扶持转变，规定中小企业发展专项资金用于服务体系建设的资金比例应当不低于1/3，其中直接支持企业发展的项目资金用于小、微企业不低于1/2。设立通州区中小企业创业投资引导基金，重点扶持处于初创期，且符合本区产业发展方向的中小企业的发展。

（五）拓宽中小企业融资渠道

融资难、融资贵仍是中小企业的主要困扰之一。在"十三五"时期的政策中，应当鼓励本区内的银行延伸中小企业金融服务专营机构服务网点，扩大中小企业信贷规模。鼓励金融机构面向中小企业开展产品、组织、机制等创新。研究建立小企业贷款风险补偿机制，鼓励金融机构向小、微企业提供贷款。鼓励中小企业通过产权交易市场依法开展股权融资等活动。利用专项资金支持中小企业通过集合债券、集合票据、集合信托等方式进行融资。区金融工作部门应当完善中小企业上市育成机制。对进入辅导阶段的中小企业，区人民政府给予一定补助。鼓励建立中小企业融资担保机构，综合运用资本注入、扩大再担保资金规模、风险补偿和考核奖励等多种方式，不断提高融资性担保公司对中小企业的服务能力。

（六）搭建完善的中小企业服务体系

中小企业在资金、市场、创业、人才等多方面都亟须帮助，而这些都可以通过完善的服务体系来解决。"十二五"期间，通州区并未建立起系统的中小企业服务体系。"十三五"时期，区中小企业工作主管部门应会同有关部门建立政府主导、社会力量广泛参与的，涵盖金融、科技、信息、人才、管理等各类服务功能的中小企业综合服务体系。应建立通州区中小企业服务中心和服务大厅，整合中小企业公共服务平台资源，建立统一的中小企业公共服务平台网络。拨付专项资金更新中小企业网，建立微博微信公共号，利用网络、微博、微信等新媒体积极宣传中小企业政策措施（通州目前的中小企业网尚停留在2009年，已有近6年没有更新）。

（七）形成长效的中小企业人才支持措施

中小企业人才短缺是制约其发展的另一重要问题，但通州区并未建立长效、具体的措施支持中小企业的人才建设。我区人力资源和社会保障部门应会同中小企业工作主管部门建立健全中小企业人才培养机制，依托具有相应资质的社会专业机构，为小企业提供各类培训。区人力资源、科技、教育行政部门应当支持中小企业和高等院校、科研院所之间建立灵活的人才交流与合作机制，鼓励高等院校、科研院所的专业技能人才到中小企业兼职，提供技术指导。鼓励依托中小企业建立高等院校学生实习实践基地，创新中小企业与高等院校合作培养人才模式。相关部门应在项目申报、科研条件保障、户口或者居住证办理、教育、房屋购买和租赁等方面提供便利，支持中小企业引进海外高端、急需人才。

（八）优化市场环境，保障公平竞争

要制定有利于中小企业成长的市场竞争政策，扶持中小企业，特别是小微企业的发展壮大。第一，财政部门应采取积极措施，确保中小企业在政府采购中占有一定比例的市场份额。第二，由区中小企业职能部门和中小企业服务中心牵头，建立大企业和中小企业之间的供需交流平台，协调组织大企业与中小企业之间建立、完善分工合作关系，引导企业加强配套协作和产业集聚。

参考文献：

[1]宁军明. 美、日、德中小企业政策比较[J]. 世界经济研究,2001(1).

[2]罗仲伟,黄阳华. 中小企业扶持政策效应初探[J]. 中国中小企业,2010(11):15-21.

[3]郭静静,杨永华,管晓韶. 我国科技型中小企业发展中的政府作用研究[J]. 科技与企业,2013(20).

庞各庄镇与北京新航城协同融合发展研究

张荣齐

摘　要："十三五"时期是首都城市功能定位重新调整、京津冀协同发展上升为国家战略后的第一个五年，也是大兴新区融入大格局、转换新动力、实现跨越式发展的关键时期。本文广泛听取庞各庄各镇部门的意见和建议，按照"创新、协调、绿色、开放、共享的发展理念，围绕庞各庄镇与新航城的协同融合发展，提出分工协作的解决办法，对转方式、促升级、带动力大项目拟出其所遵循的发展规律，确保庞各庄经济稳定增长，迈向高端水平。

关键词：庞各庄镇　北京新航城　协同融合

依托新机场建设，深入对接国家"一带一路"等重大战略，抓住临空经济合作区建设的重大机遇，促进国际组织、国际活动、国际经济交流等项目落地，营造国际化的开放发展环境，促进国内外要素资源双向流动，吸引国际组织、外国机构、国际知名企业、国际大型行业协会等向临空服务区派驻机构，建设国际航空总部聚集区开展国际事务交流、高端论坛、展览展示、国际赛事等活动，建设京交会永久会址，将新机场临空服务合作区建设成为国际交往、国际会展、国际论坛、国际商务的重要承载区。

一、庞各庄镇与新航城的衔接分工

"十三五"期间，新区将力争发挥机场枢纽新优势，建设国际交往门户区。依托机场建设，对接"一带一路"等国家战略，提高新区国际交往能力，全力配合机场建设，打造国家对外交往功能承载区。同时，整合各方资源，依托机场、特色国际交流平台，建设展现首都风采的重要承载区。大兴"十三五"规划明确指出："依托北京大兴国际机场，发展国际航空物流、高端商务会展等服务功能，促进国际组织、国际活动等落地新区，提升对外交往的层次和水平，打造国际交往门户区。"根据新航城规划，首都新机场的前期拆迁和招标工作将在两年内全部完成。"建成一个机场，繁荣一方经济。"空港经济已经成为区域经济新的增长极。国际经验表明，一个航空项目发展10年后给当地带来的效益是：

产出比为 180，技术转移比为 116，就业带动比为 112。首都新机场的远期规划目标为旅客年吞吐量 8 000 万至 1 亿人次，货运年吞吐量 500 万吨。抓住首都新机场建设契机，依托机场资源，大兴区的交通和市政基础设施将大大改善，从而吸引临空产业的聚集，创造大量就业机会和居住需求。随着首都新机场的确定，空港新城将成为大兴的临空经济发展区。

（一）庞各庄位于临空经济区内

根据航空枢纽的影响程度、空港和航空服务的特征、空港与中心城市的地面交通通达性、中心城市的经济结构及周边区域环境，以及相应的空间布局变化特征等因素，可以将整个临空经济发展区依次分为机场区、空港区、航空城、临空经济区、临空经济经常影响区、临空经济偶发影响区共六个影响圈层（见图 1）。

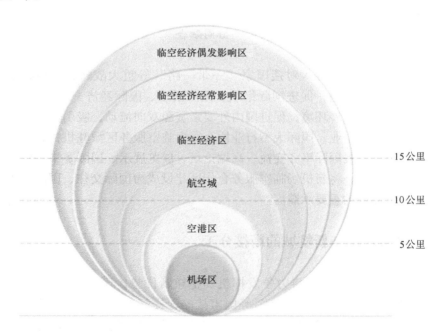

图 1　临空经济及其影响圈层示意图

一般来说，空港区的范围通常在机场周边的 10 公里范围内。空港区是机场所在地区，包括机场的基础设施机构建设和与空港运营相关的产业。航空城的范围通常在机场周边的 10 公里至 15 公里范围内。主要是空港商业的活动地区，以适应空港对周边产生的服务需求，因此主要发展机场服务型产业。庞各庄镇距离规划选址的首都新机场 12 公里，正好处于临空经济发展区中的航空城的范围，可对接高端服务产业、国际总部经济、国际会议会展、国际商务服务、文化创意和休闲娱乐。

（二）大兴新航城的区位特征

围绕北京大兴国际机场，配置北京新航城，面积大约为300平方公里。为配套新机场，规划了三条高速公路与之连接，一条是位于新机场东边的京台高速，将修建一条5公里长的机场联络线；一条是位于新机场西边的京开高速，将修建一条6公里长的机场联络线；此外还将新建一条沿着南中轴线延伸的高速公路。北京城的南中轴线打通至新机场，新航城以南中轴为发展主线，辐射庞各庄、礼贤、榆垡、安定、魏善庄五个镇，建设以临空产业、商务服务、总部经济、文化创意、休闲娱乐为主的国际化高端产业新城。现已经组建了一个旨在"服务新机场、建设新航城"的实体公司。

（三）大兴新航城的产业选择

根据新航城的产业定位，未来将大力发展航空工业、临空高科技制造、物流、文化等产业，而新航城临空产业自身高技术、高附加值、低碳环保的特点，体现了国际化、高端化的发展方向，如图2所示。

图2　大兴新航城发展的产业选择

中国航空规划建设发展有限公司对接新航城将重点发展七类产业，即①航空运输服务产业，包括航空旅客运输服务、航空货物运输服务、高端通用航空运营服务；②航空运营服务配套产业，包括国产大型客机用户支援中心、航空运输维修保障服务、航空配餐服务、通用航空固定运营基地（FBO）航空油料供应综合保障服务、飞机租赁与金融服务；③航空制造与临空高科技制造产业，包括航空制造、电子信息制造、其他高科技临空制造；④航空物流产业，包括航空物流园、环渤海多式联运综合物流中心、大型综合性海关保税园区；⑤研发培训与文化创意产业，包括公务机制造研发、临空科技制造研发、航空教育与培训、现代农业科技教育与培训、文化创意设计与体验娱乐；⑥现代服务与世界城市发展承接产业，包括国际总部经济、国际贸易与会展、现代农业种植与休闲观光、国际体育休闲与文化娱乐；⑦居住与配套服务产业（见图3）。

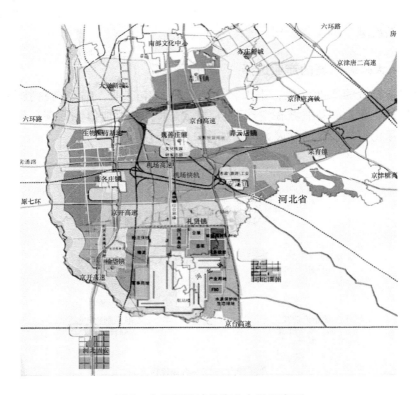

图3 大兴新航城的产业布局示意图

根据大兴新航城的产业布局（图3）及用地规划，庞各庄镇主要定位于国际贸易会展、服务/培训/研发以及现代大型农业（见图4）。

休闲旅游农业	发展内容及功能区划
(1)	庞各庄现代大型农业示范区 定位为面向大众及专项旅游市场，以发展大型农业观光园、果园观光与休闲、农业特产节庆为重点的现代大型农业示范区
(2)	榆垡镇休闲度假农业区 定位为面向中高端市场，兼顾大众旅游市场，以乡村休闲度假、乡村文化体验为主的休闲度假农业区
(3)	礼贤镇航空配套农业区 定位为面向专项旅游市场，吸引部分大众旅游市场，以农业产业化为带动，以专业化农业观光体验为主的农业产业化体验区
(4)	永定河休闲农业带 定位为面向中高端旅游市场及自驾游市场，以果园观光休闲、乡村文化体验、滨水休闲度假等为主的滨水休闲产业带
(5)	京开农业观光走廊 定位为面向自驾游市场及旅游团体市场，以果园观光及农产品为特色的观光走廊

图4　大兴新航城休闲旅游农业功能区划

二、庞各庄镇临空产业发展方向

（一）发展临空中联航总部

抓住新机场、临空经济合作区建设的重大机遇，打造国家对外交往功能承载区。吸引国际组织、外国机构、国际知名企业、国际大型行业协会等向临空经济合作区派驻机构，建设国际航空总部聚集区。开展国际事务交流、高端论坛、展览展示、国际赛事等活动，建设京交会永久会址，将新机场临空经济合作区建设成为国际交往、国际会展、国际论坛、国际商务的重要承载区。围绕新机场建设，加强政策集成和创新，在服务贸易扩大开放、投资和贸易便利化、航空服务、金融创新、跨境电子商务等方面先行先试，促进国内外要素资源双向流动。机场的枢纽运营使得更多的航空公司在其周边设立相关办事机构，同时，与枢纽运营直接相关的旅客服务业和货运服务业也会得到较快发展。如南方航空公司总部设在庞各庄，将解决约2万人就业。此外，协助大兴持续管控机场周边区域，为临空经济区规划建设提供有力保障；并加大临空经济招商力度，跟踪对接南方航空等重点企业，细化完善配套政策，实现一批重点项目签约落地。

（二）发展国际会展业

适应国家对外开放新形势，加快培育参与国际产业分工的科技创新优势，构建与世界经济深度接轨的经济体系，以开放的主动赢得发展的主动。如承办国际性论坛、会展、研讨会等。支持园区组织企业参加美国、欧洲、日本等国际会展，拓展国外营销渠道，积极吸引国际知名的企业总部、研发、设计等创新项目落户庞各庄，积极吸引海外人才到庞各庄创业。

（三）发展临空景观农业

进一步发挥庞各庄特色农业的生产优势，重点在西瓜，黄花梨，并借助机场建设力量，更充分地发挥无公害农业的资源优势，研发航空食品配送，使其成为空港发展的绿色食品供应基地。以龙天极地冰雪嘉年华项目为依托，发展休闲观光、体验互动、亲历农业。启动老旧农业设施提升改造，完成庞安路、东赵路产业带两侧景观提升改造工程，实施高效密植果园新建及改造提升项目，启动庞各庄高科技农业示范园二期建设工作。

表1　庞各庄临空景观农业对接

特色农产品	对接地点	对接项目	投资额（亿元）	投资方
观梨花：精品梨	梨花村	生态社区	6.53	区、镇、梨花村三方
西瓜	庞各庄镇东北侧	中国西瓜文化创意博览园	6.53	庞各庄镇政府 北京庞各庄乐平产品产销有限公司
西红柿	庞各庄镇西南侧的北曹各庄村	北京庞各庄农业高科技示范园	11.8	北京东正农业有限公司

（四）发展临空休闲养生

由于机场普遍离市区较远，发展与空港相匹配的休闲养生场所，一方面解决了民航职工的起居问题，另一方面可利用这里的人气大力推进休闲养生产业。利用郊外空气清新、污染少、噪音小等特点，开发花园别墅、公寓、商住楼等项目，并积极借鉴其他园区的先进经验。例如，美国北卡罗来纳州研究三角园区建立了大量学习和生活的配套设施，包括体育馆、娱乐场所、幼儿园、学校、医院等，曾被评为"全美最佳生活居住区"。日本关西国际机场临空城等住宅区的规划也体现了作为城市社区的核心价值。

（五）发展临空生态旅游

在保持生态平衡的原则下发展地区旅游业，继续保持特色农业及农副产品开发在大兴区的领先地位。与农业互动，展开休闲游、观光游、趣味游，串起旅游线路走产业融合发展的道路。目前大兴拥有北京西瓜博物馆一个，农具展览馆一个，规模种植、采摘园区 15 个，市级民俗村 1 个，民俗旅游接待户 106 户（实际具有接待能力的餐饮、采摘户 80 户左右），其中 3 600 多人从事旅游接待和经营工作。

三、庞各庄与新航城协同融合的关键举措

（一）找准引领点：共同设计特色产品

要充分利用周边政府和管委会的引导和推动作用。尤其是"三城"产业融合具有广阔的发展空间并可成为更为有利的发展条件，这就迫切需要庞各庄政府或管理部门充分利用在区域合作中的引导和推动作用，依照产业融合发展的路径，引导产业融合走可持续发展的道路。同时在区政府的指导下，完成周边产业融合的部署合作工作。庞各庄镇根据自己的比较优势加强合作，共同设计有区域特色的产品。这里重点关注农产品西瓜、梨、甜薯等，到 2020 年全镇将实现瓜田 2.7 万亩，果园 2 万亩，粮田 0.8 万亩，林地 3.2 万亩，菜田 2.4 万亩。

（二）找准着力点：临空产业配套服务

庞各庄要积极创造有利的发展环境。依据规划 300 平方公里北京新机场战略，庞各庄定位为"世界枢纽、中国门户、区域引擎、生态新城"，主要发展航空运输产业、航空物流业、临空高新技术产业、商务会展业、休闲旅游业等现代服务业。新航城将形成"一轴两核三区四组团"的产业空间布局。已公布的规划图显示，新机场周边的礼贤镇、庞各庄镇、魏善庄镇和安定镇也重新规划了定位，其中庞各庄镇定位为临空产业配套服务区；礼贤镇定位为临空商业服务配套区；魏善庄定位为临空产业创新总部区；安定镇定位为临空休闲旅游配套区。如果各镇能在产业上形成"优势互补，互利双赢"的使用机制，那么协同融合的目标和任务实现将会很顺利地进行，将打破地方保护主义的行政壁垒，构建有利于产业融合发展的环境。

（三）找准契合点：文化体育创意产业平台

庞各庄要充分发挥优势产业资源，相互融合。庞各庄西瓜产业发展基础厚重

而强势，观光资源丰厚且基础雄厚；新航城、大兴新城也具有厚重的高端产业基础，发展高端高附加值产业优势明显，这也是周边发展现代化产业的必由之路。周边镇资源各具特色和优势，可共同利用、借助各镇的专项文化体育创意产业平台，将各镇的资源优势融合，使周边的产业更好地互相补充、相互融合，合理地流动和有效地组合。

（四）找准突破点：创业人才、团队、平台

首先，庞各庄要建立和健全人才培养机制，大量吸引优秀人才，突破人才瓶颈，为推动庞各庄高端产业的融合与发展提供有力的智力支持，重点吸纳创业人才、团队、平台向庞各庄转移。其次，要深入挖掘高端产业人才，大力培育高技能人才和创新型人才，立足高校人才培养资源，加强创新创业基地建设，主动承担国家高端产业孵化任务。最后，周边镇可以共同建设高端产业人才实践基地和众创空间，培育各种管理人才，共同建设人才智库。

（五）找准共赢点：生态、旅游、文化、大气污染治理

全面落实新区京津冀地区大气污染防治行动计划，协调推广节能技术，转化一批节能减排成果，共同防治大气污染。同时，加快推动机场和临空经济区绿地系统的规划研究，围绕机场周边、京冀交界处等重点区域，实施大尺度城市森林建设，扩大环境容量和生态空间，并推进永定河绿色生态廊道治理，加快休闲步道规划落地，有效提升生态服务价值。未来五年庞各庄将紧紧抓住生态、旅游、文化、大气污染治理等方面的合作机遇，大力实施绿色崛起的攻坚工程，找到互利共赢的突破点和结合点，实现思想上融合、行动中融合、协同中融合、优化深度中融合、产业协作中融合及开放合作中融合。

汽车产品质量管理与创新探讨

于丽娟

摘　要：本文以汽车产品质量管理与创新为出发点，分析了国内外汽车产业发展及产品质量现状，分析了汽车产品质量宏观监管的相关问题，提出了进一步完善的措施；分析了汽车产品制造管理体系，指出应用射频识别技术可以实现汽车产品的全面质量管理，为汽车产业及企业的质量管理提供了创新思路。

关键词：汽车产品　质量管理　监管体系　射频技术

一、引言

产品质量反映一个国家的综合实力，是产业和企业核心竞争力的体现。当前是我国全面建设小康社会、加快推进社会主义现代化的关键时期，是深化改革开放、加快转变经济发展方式的攻坚时期。在这一重要时期，经济全球化更加深入发展，科技进步日新月异，产业分工和市场需求结构出现明显变化，以质量为核心要素的标准、人才、技术、市场、资源等竞争日趋激烈，满足人民群众日益增长的质量需求也对质量管理提出了更高要求。"质量就是生命"的理念逐渐成为共识，很多行业企业把以质取胜作为质量发展的核心理念，全面提高质量管理水平，发挥质量的战略性、基础性和支撑性作用，依靠质量创造市场竞争优势，增强产业、企业和产品的核心竞争力。

本文以汽车产品质量管理与创新为出发点，从汽车产业产品质量宏观监管和汽车产品制造过程的质量管理与创新两个角度，分析并提出完善宏观监管及创新过程管控的基本建议和方法。

二、汽车产业发展及产品质量现状

（一）汽车产业发展现状

汽车产业投资量大和规模经济要求高，与国民经济的很多部门联系紧密，对整个工业的发展具有很大的带动作用。随着工业化的进程，汽车产业在我国国民经济中占有越来越重要的地位。据中国汽车工业协会统计，2015 年我国汽车产销量保持世界第一，全年累计生产汽车 2 450.33 万辆，同比增长 3.25%；销售汽车 2 459.76 万辆，同比增长 4.68%，产销同比增长率较 2014 年分别下降了 4.05 和 1.92 个百分点。汽车消费已经成为拉动经济增长的主要力量。

然而，我国的汽车产业还存在很多问题。首先，与发达国家相比，我国汽车产业市场集中度仍然较低，多数企业没有达到最低有效的经济规模，因而不能充分利用规模经济带来的好处。其次，我国汽车产品的研发能力不足，只有个别企业具有自主开发能力，一些高档次的关键零部件，除少数企业的产品接近国际中等水平外，大多依赖进口。技术水平落后，难以形成技术产生的进入壁垒。再次，从价格水平看，由于受国家关税和地方政府的双重保护，企业竞争力不足，规模不经济，管理费用和销售费用高，材料支出成本高，导致汽车成本居高不下，生产和销售量较大的轿车国内市场销售价格远远高于国外同档次车型。最后，从服务质量看，我国汽车业与国际差距还很大。如订单生产在发达国家已是一种普遍的经营模式，而我国只是极个别的厂家可实现最初级的订单生产。汽车维修还处于初级阶段，很多汽车配件销售商的假冒伪劣现象较为严重。

（二）汽车产品质量现状

中国汽车质量网的汽车质量投诉分析报告反映了我国汽车质量的现状。报告中指出 2015 年一季度共接到消费者对汽车产品的有效投诉 10 362 宗，其中投诉质量问题的占总投诉量的 86%，服务问题占比 6%，综合问题占比 8%；涉及123 个汽车品牌，485 个车型。从投诉数量来看，不仅季度投诉量达历年之最，而且 3 月份的投诉量也创下了单月投诉纪录。与 2014 年相比同比增长 70.6%，环比增长 32.9%。在投诉的问题中，除发动机、变速箱异响问题依然较为集中外，发动机漏油及同款不同配置问题成为 2015 年一季度投诉的新热点。此外，发动机漏油、无法换挡、烧机油、车身漏水、轮胎起皮、车身生锈、后轴纵臂断裂隐患以及服务问题投诉数量则继续增加。

汽车产品质量关系到社会经济及产业的健康发展，关系到广大用户的切身利益，是保证企业占有市场、能够持续发展的重要手段。汽车产品质量涉及国家环保、安全法规和资源开发的经济性，需要政府或产业通过制定一系列相关政策加以管理和控制；同时汽车产品质量涉及汽车制造企业的核心管理问题，需要企业实施全面质量管理。当前暴露的各类汽车质量问题已经日渐成为公众瞩目的焦点，所以加强质量管理力度、促进产品质量水平的提升已经迫在眉睫。

三、汽车产品质量监管

（一）汽车产品质量监管

为了保障产品质量安全，必须对产品质量安全进行监管，需要政府主动利用其公共权利，发挥政府这只"看得见的手"的作用。产品质量监管体系一般包括法律法规、监管机构组成与职能分工、监管方式和手段、监管制度环境与选择及政府、厂商和消费者之间的博弈等。产品质量监管的主要方式有监督抽查和商品监测、行政许可、强制性认证、打假治劣、召回等。国际上有两种比较有代表性的质量管理模式："自行认证"并侧重于使用环节监管的美国模式和严格控制准入的欧洲模式。

监督抽查和商品监测是政府主管部门对产品进行抽查，以保证车辆的性能符合法规要求。如发现车辆不符合安全要求，就可向制造商通报，责令其纠正，并要求召回故障车辆。如车辆造成了交通事故，厂家将面临高额处罚性罚款，汽车企业对产品设计和生产过程中的质量控制不敢有丝毫懈怠。如果企业隐藏重大质量隐患或藏匿用户服务投诉，一经核实将面临处罚。召回制度为汽车制造企业设置了很高的故障成本，使企业更加重视产品质量并在设计和生产阶段的事前控制上进行更多投入，从而提高产品的整体质量水平。企业在产品质量预防鉴别上的追加投入不仅可以节约召回成本，还能使产品更具竞争力，获得更多的市场份额。

（二）国内汽车产品质量监管

我国汽车产品质量监管已制定了一系列政策，涉及有《产品质量法》、《消费者权益保护法》、《缺陷汽车召回管理条例》以及《关于加强汽车产品质量建设促进汽车产业健康发展的指导意见》等法律政策，主要是原则性、方向性的规定。《缺陷汽车召回管理条例》是针对汽车产品质量的监管政策，条例实施以来对汽车产品质量的提升起到了极大的促进作用。目前我国整车的质量管理体系已日趋完善，然而汽车关键零部件的质量问题一向是投诉的重点。一般来说，零部件采购成本占整车成本的70%，提升汽车产品质量水平的重中之重就是提升汽车零部件产品的质量。目前实施的质量监管法规很难深入到零部件行业，大多还停留在政策阶段，难以实现强制性管理。此外，多部门、多头管理也导致一致性监督管理无法落到实处。

纵观汽车工业发达的国家，一般都具有强大的汽车零部件工业和管理体系，因此，我国也必须在汽车零部件质量控制、供应商管理等方面加强管理。为此应重点完善几点：第一，推动汽车行业实现统一管理，为一致性监督管理、汽车召回等创造条件。第二，提高汽车产品监管政策等级，以国家大法的形式出现，体现国家的强制作用。第三，整车企业应强化自身供应环节的管理，政府推动强化零部件行业的管理，打击假冒伪劣产品，不断净化汽车产业源头。第四，不断完善汽车行业技术标准，提高第三方机构对质量问题的鉴定能力，为准入和流通管理提供充裕的技术支持。总之，只有质量管理方针明确，管理行为规范，管理制度统一，才能从战略高度引导汽车行业的发展，提升我国汽车产品质量水平。

四、汽车产品质量管理创新

（一）汽车产品制造管理体系

随着我国宏观监管体系的完善，大部分汽车制造企业设立了专门的生产制造管理和质量管理部门，建立了产品制造管理体系和产品质量管理体系。产品制造管理体系是研究汽车制造工程、汽车生产运作、车间管理的管理过程，是将精益生产原则、世界通用标准的管理体系融入这些管理过程中，并且制定这个管理过程的目标实现程度的度量方法。我国汽车产品制造管理体系形成途径包括随国外著名厂家如丰田、通用、福特等的进入所带来的制造管理体系，以及国内汽车制造厂商借用精益生产理念探索出的适合自己和赶超世界先进水平的管理方法。产品质量管理就是由研发、采购、制造、售后四个过程构成的统一的质量管理体系、统一的质量标准体系、快速响应的质量问题解决流程以及良好的管理质量问题协调机制。

（二）汽车产品质量创新管理

产品质量跟踪是目前国内外广泛采用的一种质量管理方法，它在市场调查、售后服务、质量改进、新产品研制开发及产品寿命周期质量监控等方面发挥着重要作用。建立质量跟踪管理系统，对质量信息进行科学的统计分析，可以找到质量数据中存在的规律，发现质量问题，客观评价质量水平及运行状况，实现质量诊断与协同监控，为质量改进寻求方向和有效途径。

汽车企业在制造、检测、仓储、物流、销售服务等方面具有大量的产品质量信息。为实现汽车质量信息的全面采集，采集的方法必须遵循方便快捷、高准确性和安全性等原则。射频识别技术（RFID，radio frequency identification）是20世纪90年代兴起的一种自动识别技术，它是一项利用射频信号通过空间耦合实现无接触信息传递并通过所传递的信息实现对目标进行识别的技术。RFID 技术的特点是非接触识读、可识别运动物体、高准确性和安全性、抗污染能力和耐久性强、可同时识别多个标签对象等。将 RFID 技术应用于汽车产品质量的信息采集中，无疑是很好的选择。

国外著名汽车制造企业如丰田、大众等在焊接、喷漆和装配等生产线上都采用了 RFID 技术来监控生产过程。国内汽车制造企业也逐步认识并应用到该项技术，如上海汽车制动系统有限公司在制动器生产流水线上采用了 RFID 技术。RFID 技术对生产线上的车体等给定一个独立的电子标签，通过读取标签，再与生产计划、排程排序相结合，实现对车辆的跟踪；在焊接生产线上，采用耐高温、防粉尘、防磁场、可重复使用的有源封装 RFID 标签，通过自动识别作业件来监控焊接生产作业；在喷漆车间采用防水、防漆 RFID 标签，对汽车零部件和整车进行监控，根据排程安排完成喷漆作业，同时减少污染；在装配生产线上，根据有供应链计划器编排出的生产计划、生产排程与排序，通过识别 RFID 标签，完成混流生产。

实现汽车质量跟踪，保证汽车质量管理体系的健壮性和持续性，需要从汽车产业链宏观角度考虑开环使用 RFID 技术于汽车制造与质量检测、整车物流、售后服务全过程，逐步扩充到汽车全面质量跟踪。

参考文献：

[1]2015 年我国汽车产销量保持世界第一[N]，[EB/OL]. 中国电子报，电子信息产业网. http://cyyw. cena. com. cn/2016 - 02/02/content_316035. htm,2016. 2. 2.

[2]中国汽车质量网 2015 年一季度投诉分析报告[N]，[EB/OL]. 中国汽车质量网. http://news. mydrivers. com/1/419/419649. htm,2015. 4. 24.

[3]姚佐平. 汽车制造管理创新研究[D]. 武汉理工大学,2006.

[4]王伟. 一汽自主产品质量管理创新研究[D]. 天津大学,2012.

福建霞浦上水畲族村旅游开发问题研究

兰昌贤

摘　要：本文介绍了畲族这个少数民族的基本情况，并就福建省霞浦县崇儒畲族乡上水村畲族旅游资源的特色及开发问题做了具体探讨。本文首先就上水村畲族文化历史积淀、文化内容的多样性、群众性和可参与性、生态环境的原生性、"石头寨"等方面分析了上水村畲族的旅游特色；其次针对旅游困境提出上水村旅游面临的传统文化遗失及后继乏人等五个问题；最后针对这五个问题逐一提出思路和对策。

关键词：上水　畲族　旅游

畲族是我国一个古老的游耕少数民族，自称"山哈"，人口总数 80 万左右，主要分布在福建、浙江、安徽、江西广东等省份，其中九成以上居住在福建和浙江两省，有四大姓氏，即蓝（兰）、雷、钟、盘，其中盘姓较少。

福建省宁德地区，亦称闽东，是全国最大的畲族的主要聚集地；福建畲族的 1/2、全国畲族的 1/4 都居住于此。宁德市霞浦县是畲族主要聚居县之一，畲族人口 4.4 万人，居全国各县市（区）第二位。霞浦畲族人民，创造了自身所特有的"以祖宗崇拜和多神崇拜为主干，以祖图和畲语畲歌为标志，兼具自然价值与人文价值、物质形态与精神形式相结合的区域民族文化。"霞浦县崇儒畲族乡上水村居住的都是畲民，该村位于海拔 350 多米的山坳中，距今已经有 300 多年的历史了。它是目前较为少见的纯畲族村寨，2013 年 9 月获评为中国传统村落，在畲族传统文化的传承上具有典型的代表意义。

畲族独特的民族习俗、民族文化艺术、民族建筑及其居住的特殊地理环境等，形成了鲜明的畲族民俗文化旅游特色。开发畲族旅游资源、发展民族地区旅游事业，对于畲族地区的经济繁荣和社会进步，推进民族地区全面小康社会建设都具有特殊的重要意义。本文就福建省霞浦县崇儒畲族乡上水村畲族旅游资源的特色及开发问题做一探讨。

一、上水村畲族旅游资源的特色

旅游资源是旅游产品的主要内容，一个国家或地区可以提供什么样的旅游产品，首先是由这个国家或地区可供开发的旅游资源状况决定的。上水村是著名的畲乡、生态之乡，有原汁原味的畲族风情，神秘动人的民间传说，是人们理想的游览观光、避暑度假、休闲游憩的生态旅游胜地。上水村旅游资源的特色主要体现在以下几个方面。

（一）畲族文化的历史积淀

上水村遗留下的古建筑，均是典型的闽东畲族建筑，有两座建于明代，其余大多数为清代中晚期。村中心还有一个石砌的方井，井深 2 米，相传是始祖齐满所凿，至今村民还坚持定期清洗古井。村中大多的古民居建筑，都有廊前斗拱、卷棚装饰，并雕刻有特殊的花卉图腾。其中有一处明代建筑风格的民居，还应用极其少见的木础，蕴含着畲族文化特色。除了保留有明清时代的古民居建筑，上水村同时还保留有明代古村道、油坊、宗祠、宫庙等具有畲族特色的建筑。

（二）畲族文化内容的多样性

文化内容的多样性，为旅游开发提供了丰富的素材。上水村还具有最典型的几种畲族特色文化：畲族斗笠竹编工艺、"三月三"传统畲歌会等。由于地处山区，多数村民仍保留有传统的生产方式，处于原生态待开发状态。除了花斗笠，上水村还保留着极其精美复杂的畲族服饰工艺、畲族土砻磨谷工艺等。"畲族斗笠制作技艺"2013 年 1 月被宁德市列入第四批市级非物质文化遗产名录。该村特色食品有畲族乌米饭、菅时粽、打糍粑和畲家米酒。

（三）群众性和可参与性

畲族最能集中体现民族风情的活动主要有对歌、婚丧礼仪、祭祖及各类民族节庆活动。这些多为全村或族中人共同参与的大型活动，其中的舞蹈、对歌、婚俗等某些内容可以很方便地包装成由游客直接参与的项目。

畲族的日常生活、劳动、娱乐、风俗及使用的许多独特的工具也可以通过畲家乐节目进行捆绑，让游客触摸使用和感受，适应了现代旅游参与性逐步增强的发展趋势。

（四）生态环境的原生性

畲族是依山而居的民族，上水村坐落在山坳里，森林环绕，夏天时异常凉爽，是人们理想的游览观光、避暑度假、休闲游憩的生态旅游胜地。得天独厚的生态环境为旅游业的发展奠定了坚实的基础。

（五）著名的"石头寨"

上水村坐落在海拔 350 多米的山坳中，四周山岭起伏，溪流纵横。一进村，可见两条小溪汇成一个"Y"字形水脉，堤岸均是石块铺就，严丝合缝。石桥、石路、石墙、石墩……这里满村皆是石头建筑，俨然进入了一个青色的世界。

二、上水村发展畲族民俗旅游所遇困境分析

（一）传统文化遗失，后继乏人

在上水村，畲语仍然是日常语言，但是随着畲汉通婚、年轻人出门打工的增多，他们的子女越来越多地只说普通话，对于畲语他们最多只能做到听懂这个程度，很多甚至都听不懂畲语了。在霞浦畲汉的家庭中，由于家庭成员大多说普通话或当地方言，所以他们的子女也多数只会说普通话或当地汉族方言。对于打工子弟来说，他们随父母出门在外，与外界都只能用普通话进行交流。同时，现在的畲民都开始重视孩子的教育，上水村有条件的人家都会把孩子送到城里的小学读书，这些孩子长期与汉族孩子共同学习，为了获得更多认同感，都会刻意地只说普通话。久而久之，年轻人尤其是儿童说畲语的就越来越少了。

随着畲族与其他民族生产生活交往的增多以及自由恋爱思想的普及，愈来愈多的畲族年轻人将择偶目光放在汉族等其他民族身上。在霞浦的大多数村庄，父母们都希望子女能找到合适的对象而不在乎是否是畲族。随着内婚制的打破，族内家庭民族同一性受到破坏，民族文化特征更难得到传承（周慧慧，2013）。随着畲族与外族通婚的增多，原有的畲族结婚仪式被放弃，比如不再穿着民族服饰结婚，在婚礼上不再安排对歌等。

前文提及的畲族语言的困境对于畲族对歌的影响也很大。就霞浦县而言，年轻一代连畲语都使用得越来越少，更谈不上具有艺术性的对歌活动。随着时间的流逝，会对歌的老一辈逐渐逝去，年轻人又无意学习，这就出现了传承人青黄不接的现象。畲族对歌本来是畲族人民生产生活中不可缺少的部分、最平常不过的生活现象，现如今却由于会唱对歌的人已经不多，只有一些中老年人还会唱，青年一代则很少有会唱的了，这种生活中的日常现象也渐渐消失了。

（二）文化传承受阻，文化内容多样性受损

现在的霞浦畲族村庄除了老年妇女还穿当地的传统服装——凤凰装外，中青年妇女都放弃穿着民族服装。20 世纪 80 年代及以前妇女在结婚时都要置办几套

凤凰装，有钱人家日常也会购买凤凰装。而今随着民族融合的加速，以及畲族妇女审美眼光的变化，愿意穿凤凰装的人越来越少了。另外，穿凤凰装须搭配凤凰髻，而凤凰髻的梳理十分费时费力，随着生活节奏的加快，畲族妇女不愿把时间花在梳理凤凰髻上（龚任界，2012）。随着畲族服装需求的减少，原先的民族服装手工艺人面临着无米下锅的处境，愿意学习畲族传统服饰制作的人也越来越少。不仅如此，只能通过传统工艺做成的制衣面料、丝线也随之断供。年老的畲族服饰手工艺人年龄不断增长，却没有年轻人愿意接班学习。被宁德市列入第四批市级非物质文化遗产名录的"畲族斗笠制作技艺"也后继无人，现今只有两名50岁以上的村民会编花斗笠。

（三）村容村貌和环境卫生

对于村容村貌和环境卫生问题，很多学者都没有提及，很大原因是学者们都认为村容村貌的改变会改变原生态的民族文化。其实，村中道路铺设、百年老宅复古修缮，一方面既改善了村民的居住生活条件，另一方面也有助于对古建筑的长期保护。关于环境卫生问题，上水村人畜污水仍然是直排到村中的溪水里，一方面污染环境，另一方面也造成蚊虫滋生。夏天上水村异常凉爽，而霞浦县整体气候炎热。凉爽的气候条件应该能吸引旅游者，但是由于蚊虫过多，很多游人被叮咬得不愿在该村久住，也使游客体验评价大大降低。

（四）缺乏长年可供持续的旅游热点和赢利模式

上水村每年游客最多的时候是"三月三"歌会。歌会当天游人如织，但是其他时间只有零零散散的游人，不能形成长年可持续的旅游热点。同时，上水村旅游缺乏赢利点，游人来到上水村只能看看风景和古居，对于上水村来说并没有从中获得直接收益。这么一来，村里的年轻人并没有获得就业机会，就只能出去打工。

（五）存在竞争村落，乡政府缺乏旅游景点布局

霞浦县溪南镇的半月里村和白露坑村也是畲族传统村落，2012年12月半月里村被国务院列为第一批国家级传统村落。该村坐落于霞浦县溪南镇东北部的葛洪山下，而葛洪山也是霞浦的一个知名旅游景点，因而该村具有地理上和传统文化上的双重竞争优势。另外，上水村离城关25公里，由于崇儒乡政府缺乏对旅游景点的布局理念，使得单单一个上水村在名气打响以前很难吸引游人去此地游玩一两天。

三、上水村畲族旅游资源开发的思路与对策

上水村旅游资源丰富，生态环境优良，随着我国旅游经济的快速发展和现代人"崇尚自然、追求健康"的旅游理念风行，该村旅游业的后发优势是显而易见的。因此，要明确旅游的产业地位，把发展旅游业列入政府工作的重心，采取政府主导的发展战略，切实研究旅游业的发展方向、重点布局、政策措施、体制机制创新等问题。

（一）明确旅游业的产业地位，确定旅游规划布局

旅游业的发展目标是：依托畲乡民族与民俗文化、生态文化之优势，以创建畲族旅游知名村落为目标，实现旅游业的跨越式发展。

旅游发展的规划布局为与崇儒乡政府附近的"兰亭山庄""溪西水库"相挂钩的景区布局，形成畲族风情、自然生态相辅相成、相得益彰的旅游产品结构。这样，游客既能在溪西水库垂钓玩水，又能在"兰亭山庄"看看人工花园，最后到上水村看看古居和自然风景。

（二）打响畲族风情品牌，推行精品战略

要打响这个品牌，一方面要抓好硬件建设，主要是加大村容村貌整治，村里的道路要整修，古宅要修缮，同时采取措施减少甚至消灭生活污水直排到溪水里。另一方面，要加强软件建设，要采取措施保护现有的珍贵的畲族文化传统，因为这才是上水村旅游业发展的核心竞争力。为实现这一点，就要鼓励青年人和儿童讲畲语，唱对歌，穿传统服装，并使得花斗笠和传统服饰制作后继有人。

（三）加强配套产业建设，提高旅游服务接待能力

配套产业是旅游业的重要组成部分。在"吃"上，要结合风情节目表演，以畲族喜宴、祭祖乌饭、山哈大餐和农耕饭为主题，推出系列色、香、味、形、名俱佳，具有明显畲乡特征的绿色食品菜系。在"住"上，要按旅游发展要求，适时发展满足旅客生活需求的畲民家庭旅馆。

（四）发展可持续旅游项目并使村民受益

针对单一的"三月三"旅游节，上水村可以开展多种旅游项目。上水村的油坊是霞浦县首家采用水力压榨的油坊，现在已经破落不堪，不能使用。这个油坊主要用来压榨茶油，茶油的原材料是油茶，本村及附近的栢洋乡都有大量种

植，因此原材料供应有保障。油坊在每年的大部分时间都可开工，可以吸引游客观看原生态榨油过程并出售茶油获利。村里还可开展土鸡鸭以及其他生态养殖吸引顾客就餐或购买带走。同时，上水的小溪也很有特色，可以开展漂流、垂钓等活动。这些项目都可以增加村民的就业和收入。

（五）采取切实有效的措施，抢救和保护畲族文化遗产

畲族文化是中华民族多元一体文化的重要组成部分，建议采取以下措施对其加强保护：第一，对畲族村的古建筑、古文物、古文化遗址、革命纪念地、古树名木等重点文物，由各级政府将其列为文物保护单位，依法保护。第二，对具备熟练掌握某种民间传统技艺、在当地有较大影响或者被公认为技艺精湛的人，由政府民族宗教事务及文化行政部门组织审核与命名。第三，在广泛、全面、深入进行抢救和征集、采集的同时，在占有大量第一手资料的基础上，组织专家学者开展对畲族文化的深入研究活动。第四，要把畲族优秀传统文化的主要内容编入地方乡土教材，列入中、小学教育教学计划。第五，采取有效措施整顿、恢复原有畲族文化站，对畲族文化站的人员、编制、场所和活动经费，给予必要的保障。

四、结语

霞浦旅游业的发展已进入一个新的阶段，从产业结构的调整到旅游产业的升级，从假日经济到休闲产业等各方面的发展都标志着霞浦旅游业进入了一个全面发展和全面创新的阶段（林晓婕，2010）。上水村畲族文化旅游产品的开发不仅有助于霞浦旅游业内部结构的调整，同时可在霞浦旅游产品的整合与创新等方面发挥巨大的作用，有利于霞浦旅游产业的发展。

参考文献：

[1]申闽生.绚丽多彩的霞浦非物质文化遗产[J].炎黄纵横,2013(1):47-49.

[2]林晓婕.浅析闽东畲族旅游文化资源的开发与利用[J].宜春学院学报,2010,32(3):52-54.

[3]龚任界.畲族服饰的现实困境与传承保护——以福建霞浦畲族服饰保护为例[J].内蒙古大学艺术学院学报,2012,9(4):19-22.

[4]吴茂青.畲族旅游资源的特色及其开发——以景宁畲族自治县为例[J].丽水学院学报,2007,29(6):70-74.

[5]蓝云飞.浙江畲族简述[J].浙江畲族文化研究,2007(4):5-15.

[6]周慧慧.闽东畲族汉化进程中的文化发展与遗失[D].福建师范大学,2013.

关于我国低碳港口发展思路的思考

孙德红　郑海霞　杨艳芳

摘　要：港口是生产性服务业，船舶和车辆在港内运输频繁。因此，要加快发展低碳港口，为低碳经济的发展做出贡献。本文根据低碳港口发展的要求和低碳港口发展现状，讨论了低碳港口建设和发展中遇到的主要问题并分析了原因，提出了发展思路和对策，包括制定低碳港口法规和建设标准、建立激励和约束机制、加强整体设计和规划、加大资金支持等。

关键词：低碳　低碳港口　制度　机制　对策

港口是现代服务业的重要组成部分，也是国际贸易的重要途径之一，是交通运输的枢纽。随着国民经济的发展，我国港口规模也在不断扩大。根据国家统计局的数据，2004—2013 年，沿海主要规模以上港口货物吞吐量持续增长，2014 年达到 124.52 亿吨；内河和沿海主要规模以上港口码头泊位数有逐年增加的趋势，2014 年内河和沿海港口泊位数量分别达到 25 871 个和 5 834 个。"十一五"期间的统计数据显示，港口经济增速与国民经济增速基本相当，年均增长8.2%。港口为地区经济发展也做出了重要贡献。以青岛港为例，1990—2012 年的 20 多年中，青岛港的吞吐量和集装箱吞吐量与青岛 GDP、三大产业 GDP 的相关系数均超过 0.93。同时，港口是耗能大户，港口的快速发展带来了碳排放的增加，港口对环境造成的负面影响日益显著：船舶燃油硫含量过高，污染严重；在船舶聚集的沿海港口地区，各类船舶气体排放的污染物非常可观。随着全球化趋势的加快和低碳经济的发展，港口在区域经济中的地位显得日益重要，创建低碳港口已经成为港口发展的重要趋势。低碳港口建设和港口经济发展应并行前进，即：既要取得良好的经济效益，同时要合理控制碳排放。

一、低碳经济的内涵

低碳经济的核心是较少温室气体排放，碳排放强度低。它以能源技术创新和制度创新为支撑，其实质是以提高能源利用效率和开发利用清洁能源、改善能源结构为核心的能源革命。它的基本特点是低能耗、低排放、高效能。它要求人类社会改变传统的经济发展方式、能源消费方式和生活方式。

二、低碳港口建设和发展现状

我国有 1 000 多个港口，其中亿吨港口有 30 多个。总体上看我国大多数中小港口目前低碳水平尚可，如镇江港，目前港区空气环境质量总体良好，大部分监测点能达到国家《环境空气质量标准》（GB 3095—2012）中二级标准的要求。但到 2020 年其主要货类包括煤炭、矿石和集装箱，散货占比较大且运输总量会上升，环保压力会增大。广州港的碳排放也较好，在国内低碳港口建设方面总体上居于领先地位，其 2013 年单位吞吐量碳排放强度为 3.06 吨 CO_2/万吨，达到了"十二五"规划的目标要求。

相比于国外港口来说，国内港口的低碳化水平不高。长期以来，港口操作设备使用的燃料仍以煤和石油为主，煤炭占港口一次能源消费的 65% 以上，使得碳排放一直保持在较高水平。集装箱的能源消耗占比达 80% 左右。近年来，我国深圳港、营口港、青岛港、盐田港、天津港、秦皇岛港、大连港、曹妃甸港、太仓港等港口相继开展了低碳港口建设，在技术方面进行了改造，取得了一定的进展，采用的低碳化措施多种多样，主要包括油改电和海铁联运（盐田港），同时也开展了国际技术合作（深圳港）。

三、低碳港口发展遇到的主要问题

（一）低碳发展观念不强，缺乏整体设计和规划

目前低碳港口建设和发展的氛围不浓，对其认识不深，观念不强，重视不够。在市场竞争日益激烈的今天，经济效益和绩效成为企业和员工关注的重点，碳排放这种负外部性问题受到的关注度较低，可以说让位于经济效益的提升，低碳港口发展的观点被淡化。

各个港口在发展低碳化的过程中，注重设立短期目标，比如 5 年内减排多少吨，呈现出重局部、重某个环节的减排，缺乏港区的整体减排设计和规划，起点低，考虑问题不够长远，有应付之嫌。

（二）资金支持不够

长期以来，受粗放型经济发展方式的影响，港口发展看重码头建设，看重货物吞吐量，在低碳化方面未予考虑和关注。由于港口基础设施在节能减排方面非

常薄弱，现在要建设和发展低碳港口必然使得企业的相关投资加大，而这部分投资的经济效益性并不明显；同时近几年水运市场形势低迷，港口竞争激烈，部分港口企业甚至出现亏损。低碳港口的建设和发展需要进行较大资金投入而经济效益相对不高，即投入产出比较低，这就需要降低企业其他方面的成本来增加企业建设低碳港口的积极性和动力。而现有的港口企业规模相对小而分散，管理成本高，使得企业的经营成本相对较高，给港口企业实施低碳港口建设造成了阻碍。所以，建设低碳港口，需要政府和社会给予相应的资金支持。

（三）低碳港口发展机制不完善

目前港口低碳建设缺乏压力和动力，原因之一在于缺乏发展的激励和约束机制。没有奖励等方式的激励机制激励企业积极主动地开展低碳建设，也没有考核约束的机制促进企业去建设和发展低碳港口。

（四）低碳港口法规和标准不健全

目前低碳港口方面的法规和标准不适应低碳港口发展的要求，一是缺乏低碳港口评估指标体系和标准，使得低碳港口的建设无标准可依，无从考核和监督管理。二是在市场经营准入上没有低碳方面的要求，不适应低碳港口生产经营的要求。

（五）企业低碳管理水平低下，缺乏完善的低碳管理系统

港口企业的能源管理水平较低，首先表现在货物装卸、堆放和输送作业过程不优化；二是各港区的产业功能布局不合理，比如散货运输分布在多个港区，污染较严重；三是能源结构不合理，清洁能源的利用比重非常低，部分港口甚至没有使用清洁能源；四是能耗和碳排放统计体系不完善，未实施信息化管理。

四、低碳港口发展的思路和对策

低碳港口发展思路基本可以用图1表示。

（一）树立并加强低碳发展观念，注重整体规划和设计

树立低碳价值观是创建和发展低碳港口的前提条件。低碳港口的建设和发展，需要港口内各个企业和员工的积极参与和支持。可借鉴日本经验，推出碳足迹、绿色积分、企业温室气体排放的可视化、低碳教育等综合计划，让港口内各个企业和员工了解生产流通等各环节可能产生的碳排放，组织探讨减少碳排放的细节和可能的方法等，使企业及员工意识到低碳发展的紧迫性和可行性，普及低碳发展观念，转变公众价值观，营造关注低碳港口建设的氛围。

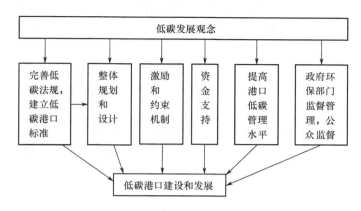

图1　低碳港口发展思路

进行短期减排目标考核很重要，但做好低碳港口发展的整体设计和规划更为重要，要避免头痛医头、脚痛医脚。设计的起点要高，要有前瞻性，做好评估和论证，规划设计好各功能区的布局和衔接，设计好港口生产组织系统，优化生产工艺，在规划中要通过提高港口运营效率、减少道路堵塞、节省交通运输耗能来构建低碳物流系统，降低碳排放。同时，部分规划要随着时间的推移和项目进展来不断调整和更新，实现低碳港口建设的动态发展。

（二）　加大资金支持

低碳港口建设需要政府资金的支持。国家各级政府要建立专项资金用于扶持低碳港口建设。银行要对港口企业的低碳投资如技术开发和引进提供融资支持，推进港口低碳技术和设备的引进和使用。鼓励民间投资者如慈善机构对低碳港口建设进行资助。鼓励港口企业和技术研发机构合作开发低碳港口技术和港口能源高效利用技术。

（三）　建立并完善低碳发展机制

低碳港口的建设和发展需要动力和压力，建立和完善激励机制和约束机制，使港口低碳化发展成为企业的必然选择，这是低碳港口发展的关键。首先，要完善激励机制，地方政府对于积极进行低碳投资的港口企业进行一定的奖励和补贴，或在低碳港口的投资和建设期及投资回收期给予税收优惠。其次，要引入约束机制，开征碳排放税以促使企业减少碳排放。在发展模式上，可以采用以点带面的低碳港口发展模式，对有条件的港口优先扶持使其先发展为低碳示范港口，并进行表彰，给予税收优惠，发挥其示范效应，从而加速国内港口的全面低碳化。

可以借鉴日本的经验,对邻近的港口进行合并。合并后的港口规模加大,更能发挥规模经济效应,降低了企业的平均成本,增加了业务量;同时也可以节省港口管理费用,降低港口企业的经营成本,从而调动港口企业推进港口低碳化的积极性。

(四) 加强法规和标准建设

首先要制定港口低碳方面的法规,从建设和市场准入上明确条件和要求。同时制定低碳港口建设标准和评估指标体系,制定实施强制性碳排放标准,明确规定和公布实施温室气体排放量的计算、报告和统计公布制度。以港口为单位,对温室气体排放量进行计算和报告,并向社会和公众公布,接受公众监督,使得低碳港口建设和发展有法规和标准可循。可以采用"压力—状态—响应模型"来构建低碳港口发展的评估指标体系,指标要简明、可量化、可比性强,便于纵向及横向对比,如大气污染物排放浓度限值、单位 GDP 碳排放限值、单位税收碳排放限值。

同时,港口和环保部门要根据低碳港口建设标准和评估指标及发展规划严格进行审查监督和规范,加强监管,严格执法,做到以考核促建设。

(五) 提高港口低碳管理水平

港口企业要因地制宜,改善能源消费结构,提高清洁能源消费比例,积极利用风能、水能、太阳能等能源来供暖供电,并加快发展,减少对石化能源的依赖。货物装卸、堆放和输送作业流程要优化设计和改造。引入智能物流信息化管理系统,塑造低能耗低碳的物流交通系统,保证物流的高效畅行,提高港口运营效率。引进人才,加强节能减排管理。港口行政管理部门要引导通过各港口之间的合作来完善各港区的产业功能布局。强化港口多种运输方式的衔接,引导推进多式联运。加强港区的植绿规划和实施,增加其"碳汇"(从空气中吸收 CO_2 并储存)效应。大力推广新能源应用和节能减排技术和设备。

参考文献:

[1]葛卫芬.低碳港口物流业发展的思考[J].经济体制改革,2011(1):171 - 173.

[2]杨书臣.近年日本创建低碳港口的特点及举措[J].港口经济,2011(7):53 - 55.

[3]徐胜,马艳敏.低碳港口构建标准及发展对策研究[J].中国港口,2013(6):6 - 8.

[4]孙玉琴,张可友.我国港口低碳经济发展现状与对策[J].水运管理,2012(6):19 - 22.

[5]瞿群臻,刘帅.绿色低碳港口评价研究[J].工业技术经济,2013(12):57 - 63.

[6]欧阳斌,王琳.中国绿色港口发展战略研究[J].中国港湾建设,2014(4):66 - 73.

欧盟发展低碳经济的历程分析

陈俊荣[①]

摘　要：欧盟将低碳经济看作一场"新的工业革命"，期望通过发展低碳经济带动欧盟经济向高能效、低排放的方向转型。本文梳理了欧盟发展低碳经济的历程，论述了欧盟的能源政策、环境政策和应对气候变化政策，提出了中国应该确立多重低碳经济发展目标，兼顾经济和环境的协调发展。

关键词：欧盟　低碳经济　能源政策

在气候变化问题日益严重、低碳经济成为发展潮流以及国内环境污染问题严重的情况下，中国也开始高度重视低碳经济的发展。但是中国低碳经济的发展还处于起步阶段，主要采取行政命令的手段，而且目标单一、政策缺乏协调性，因此，借鉴欧盟发展低碳经济的成功经验就显得尤为重要。本文梳理了欧盟发展低碳经济的历程，论述了欧盟的能源政策、环境政策、应对气候变化政策以及可持续发展政策。

一、初始阶段——传统能源政策的转变和环境政策的形成与发展（1970—1990）

尽管低碳经济的概念在 2003 年才提出，但是从低碳经济要求降低温室气体排放、提高能源效率和改善能源结构的内涵来看，欧盟发展低碳经济的历程可以追溯到 20 世纪 70 年代初欧盟传统能源政策的转变和环境政策的形成。

（一）传统能源政策的转变

欧共体的能源政策开始于 20 世纪 50 年代的《欧洲煤钢共同体条约》（1951）和《欧洲原子能共同体条约》（1957）。在 20 世纪 70 年代以前，欧共体的能源政策重点是建设共同市场。随着 20 世纪 70 年代初世界能源形势的严峻，欧共体的能源政策重点逐步转向了供给安全。

---

① 基金项目：北京联合大学新起点计划项目资助（项目编号：Sk10201512）。

1973 年，第一次能源危机的爆发给严重依赖进口石油的欧共体国家以沉重打击，彻底暴露了欧共体对外部能源高度依赖的脆弱性。欧共体各国意识到廉价石油的时代已经过去，欧共体必须改变能源供应模式，加大节能增效的力度、更多地使用本土资源和开发石油替代能源，以降低能源对外的依存度。

欧共体出台了一系列政策措施以保障其共同体的能源安全。1973 年，《共同体能源政策的指导方针和优先行动》指出要加强核能的开发利用。[①] 1974 年，《关于制定一项共同体能源政策新战略的决议》确定了发展共同体能源政策的原则。[②]《关于 1985 年共同体能源政策目标的决议》制定了共同体到 1985 年所要达到的能源政策目标，并指出要开发多样化的能源资源。1979 年，《关于 1990 年能源目标及成员国政策趋同的决议》为 1990 年的能源政策目标制定了一系列政策目标和指导方针。[③]

1973—1982 年，欧共体 12 国能效提高了 20%。但是随着 20 世纪 80 年代石油供应形势的缓和，欧共体国家政府和公众对能源供应问题的兴趣大减，燃料替换和节能增效工作出现了很大程度的减缓。1982—1986 年能效仅提高了 2% 左右。[④]

（二）环境政策的形成与发展

20 世纪 70 年代以前，环境政策由各成员国自主制定并实施。随着欧盟的不断发展壮大和人类对环境问题重视程度的不断加深，环境保护和治理逐渐成为欧盟的一个重要政策领域。从 1973 年起，欧共体开始推出一系列环境行动计划，表明环境政策在欧共体层面的确立。但是最初这些行动计划是指导性的，对成员国并不具有约束力。[⑤]

1973 年，欧共体通过了第一个环境行动计划（Environmental Action Program），首次提出将环境问题纳入共同体政策领域。[⑥] 1977 年，欧共体颁布了第二个环境行动计划（1977—1981），该计划本质上沿袭了第一个行动计划的目标和路径，并对其进行了扩展，强调欧共体环境政策中的预防政策，特别是要注

① European Commission. Guidelines and Priority Actions under the Community Energy Policy. SEC（73）1481. final，April 19，1973. Bulletin of the European Communities，Supplement 6 – 73.

② Council of the European Communities. Council Resolution of 17 September 1974 Concerning a New Energy Policy Strategy for the Community，O. J. C 153，09/07/1975.

③ 冯建中. 欧盟能源战略——走向低碳经济［M］. 北京：时事出版社 2010.

④ European Commission. The Main Findings of the Commission's Review of Member States' Energy Policies. The 1995 Community Energy Objectives. Communication from the Commission. COM（88）174 final Vol. I，May 3，1988.

⑤ 张健雄. 欧盟经济政策概论［M］. 北京：中国社会科学出版社，2006：343.

⑥ 王伟中. 从战略到行动：欧盟可持续发展研究［M］. 北京：社会科学文献出版社，2008：3.

意自然保护和自然资源的合理利用。

1982—1986 年，欧共体实施了第三个环境行动计划。与以上两个环境行动计划相比，该计划出现了两个转变：第一，开始将环境政策与统一市场的发展联系在一起，强调环境政策对统一市场的潜在风险和收益；第二，实现环境保护的路径发生了改变，从质量导向型转变为排放导向型。该计划提议制定排放限值，采用更好的过滤技术来减少终端的排放，其主要目标包括减少废弃物排放、提高资源利用效率和共同环境技术等。

1987 年，欧共体开始执行第四个环境行动计划（1987—1992）。1987 年通常被看作欧共体环境政策的转折点，因为从这一年开始环境保护在条约中有了独立的一章，一些早期的原则和政策被编成法典。

80 年代欧共体环境政策的一个显著特点是非常侧重清洁空气政策，这种政策的转变主要是由于德国的强大压力所致。德国政府决定要制定清洁空气政策，要求降低植物燃烧和汽车排出的废气。为了避免这项政策导致竞争力的扭曲，德国工业和政府成功地游说了欧共体制定相应的欧洲排放控制政策。并且，其他在环境政策领先的国家也成功地输出了国内的创新政策到欧共体层面。①

（三）分析总结

从 20 世纪七八十年代欧共体的能源政策来看，欧共体为了保证能源供给安全，采取了一系列政策措施开展能源技术研发、提高能源利用效率和开发利用可再生能源，这事实上起到了节约能源、提高能效、改善能源结构的效果。从环境政策来看，欧共体的环境保护路径经历了从质量导向型向排放导向型的转变，而且对于空气质量的重视程度不断加深，事实上已经包含了降低温室气体排放的内容。因此，这一阶段可以看成是欧共体发展低碳经济的初始阶段。

这一阶段的主要特征有：①欧共体的能源政策目标以保证供给安全为主，同时附加一些环境目标；②欧共体的能源安全观念不断深化，1979 年以前以降低能源的对外依存度为主，1979 年以后，欧共体的政策目标是试图摆脱经济增长对石油的依赖，实现经济增长和能源消费增长的脱钩；③欧共体尚未明确提出应对气候变化和降低温室气体排放的目标②，但其关于提高能源使用效率和改善能源结构的政策措施已经起到了发展低碳经济的作用；④欧共体的能源政策和环境

① European Environmental Bureau（EEB）. EU Environmental Policy Handbook：A Critical Analysis of EU Environmental Legislation.

② 欧委会在 1985 年的"政策研究综述"中提出将应对气候变化列入欧委会的议程，在 1988 年提出共同体应对气候变化最好的中期策略是提高能源效率和发展可再生能源。但是在 1990 年以前，欧共体尚未明确提出应对气候变化和降低温室气体排放的目标。

政策分离，但是两者之间又存在着很多交叉。

总而言之，这一阶段欧盟发展低碳经济的政策措施暗含在能源政策和环境政策当中，应对气候变化的目标尚不明朗，发展低碳经济的意图尚不明确。

二、形成阶段——环境政策和能源政策的结合，应对气候变化政策的提出（1990—2000）

1990 年，欧委会的能源政策和环境政策开始结合，同时欧共体明确提出应对气候变化和降低温室气体排放的目标，标志着欧盟的低碳经济发展进入了形成阶段。

（一）环境政策和能源政策的结合

1990 年 2 月 8 日，欧委会发表了《能源与环境》政策文件，发起了欧共体应对温室效应的讨论，并且第一次将环境问题纳入欧共体的能源政策加以考虑，标志着欧共体能源政策和环境政策的结合。该文件指出能源的生产和使用会对环境造成影响，特别是化石燃料的燃烧会导致 CO_2、CH_4、N_2O 等温室气体的排放。欧委会分析了能够降低 CO_2 等温室气体排放的能源政策选择，提出要提高能源利用效率、增加非化石能源的使用和考虑碳税的征收等。最后，欧委会提出了解决与能源相关的环境问题的四项计划：①提高能源技术（Thermie）；②节能行动计划（Special Action Program for Vigorous Energy Efficiency，SAVE）；③起草共同体能源工业行为规范；④建立由成员国专家组成的委员会，帮助欧委会研究能同时满足能源、环境和财税要求的成员国税收制度。[1]

（二）应对气候变化政策的提出

1990 年，欧洲理事会在都柏林会议中发出了明确温室气体减排指标的倡议。会后，与气候事务有关的欧委会各相关总司都加入了由欧委会环境总司、能源总司和税务总司牵头的气候问题大讨论。讨论的成果是欧委会提出了减少 10% ~ 20% CO_2 排放量的目标。同年 10 月欧共体环境部长和能源部长联席会议做出决议，指出共同体在 2000 年时应将温室气体的排放量稳定在 1990 年的水平。[2]

1992 年，欧盟出台了《共同体限制 CO_2 排放和提高能源效率战略》的政策

---

① Commission of the European Communities. Energy and the Environment，Communication from the Commission to the Council，COM（89）369 final，Brussels，February 8，1990：3，28 - 29.

② 傅聪. 欧盟应对气候变化治理研究 [D]. 中国社会科学院研究生院博士学位论文，2010（7）：32.

文件，建议理事会采取"一揽子措施"降低温室气体排放，措施包括能源效率框架指令（Framework Directive on Energy Efficiency，SAVE）、促进可再生能源发展行动、共同体温室气体排放的监测机制和碳/能源税指令。[1]

1997 年，欧盟签署了《京都议定书》，承诺在 2008 年至 2012 年间（《京都议定书》第一承诺期）将温室气体排放量减少 8%（相对于 1990 年的水平）。

（三）提高能源效率政策

1991 年，欧共体出台了"提高能源效率的行动计划"（Specific Actions for Vigorous Energy Efficiency，SAVE）即"SAVE 计划"。该计划的实施期 1991 年 11 月 1 日至 1995 年 12 月 31 日，预算为 3 500 万欧洲货币单位（其中 1991—1992 年的预算为 1 400 万欧洲货币单位），资金主要用于四个方面：①技术标准鉴定；②支持成员国提高能源效率方面的基础设施建设；③建设能效问题信息交流网络；④提高电能的利用效率。[2]

1996 年，欧盟启动了"SAVE Ⅱ计划"，该计划指出由于 1986 年石油价格回落，欧盟成员国在能源效率领域的努力有所减弱，欧盟远远没有达到 1986 年提出的"在 1995 年实现能源利用效率至少提高 20%"的目标，因此要增强欧盟成员国在能源使用管理上的主动性。"SAVE Ⅱ计划"的实施期为 1996 年 1 月 1 日至 2000 年 12 月 31 日，预算是 4 500 万欧洲货币单位，一方面用于加强已经存在的行动计划，另一方面用于四个新增行动：①监测国家和欧盟层面的能效提高进展情况；②采取特别行动支持成员国间在能源效率管理政策方面的融合；③采取特别行动提高地区和城市的能源管理水平；④在欧盟现有的战略规划中增设能源效率标准。[3]

1997 年《京都议定书》的签订使欧盟更加重视能源效率的提高。1998 年，欧盟通过了《欧共体能源效率：迈向一项能源合理使用的战略》，文件指出欧共体始于 1973 年能源危机的节约能源政策是为了保证供给安全，降低石油进口，以应对高能源价格。随着这些压力的消退，欧盟提高能源效率的努力将有更多的目标。[4]

① Commission of the European Communities. A Community Strategy to Limit Carbon Dioxide Emissions and to Improve Energy Efficiency. Communication from the Commission, COM (92) 246 final, Brussels, June 1, 1992：10.

② Council Decision of 29 October 1991 Concerning the Promotion of Energy Efficiency in the Community (Save programme), 91/565/EEC.

③ Commission of the European Communities. Communication from the Commission Concerning the Promotion of Energy Efficiency in the European Union (SAVE II Programme). COM (95) 225 final.

④ Commission of the European Communities. Energy Efficiency in the European Community – Towards a Strategy for the Rational Use of Energy, Brussels, 29/04/1998 COM (1998) 246 final.

（四）发展可再生能源政策

1992 年，欧委会出台了《发展可再生能源特别行动（ALTENER）》的政策文件（ALTENER 计划，从 1993 年 1 月 1 日开始执行），提出了欧共体 2005 年的减排目标：到 2005 年，要减少 CO_2 排放量 1.8 亿吨。[①]

1997 年，欧委会向理事会提交了《共同体发展可再生能源多年度计划（ALTENER Ⅱ）》，指出欧共体需要发展可再生能源的多种原因，包括环境保护、能源的供给安全、竞争力的提高、区域发展、社会和经济的凝聚以及促进就业。同年，欧盟通过了《未来的能源：可再生能源》白皮书，提出了 2010 年欧盟的可再生能源发展目标：将欧盟可再生能源占总能源消耗的比例从 1997 年的 6% 提高到 2010 年的 12%，将使用可再生能源作为原料的发电量从 1997 年的 14.3% 提高到 2010 年的 23.5%。[②]

（五）分析总结

在 1990—2000 年这 10 年间，气候变化问题受到了欧委会的高度关注，但是实现欧盟全面系统和大幅度的减排以及将 CO_2 减排指标在各成员国中进行分配仍然存在一定的困难。究其原因，有以下四个方面：第一，气候变化对部门和地区影响的因果关系仍存在科学上的不确定性；第二，由于经济发展水平、人均 CO_2 排放量和能源结构与需求的不同，在成员国间公平地实施减排措施存在一定难度；第三，一些成员国担心失去更多主权；第四，传统能源行业的反对。[③] 因此，这一时期欧盟发展低碳经济的重点是提高能源效率和发展可再生能源，这是因为其相关政策不容易遭受成员国反对，同时能够实现降低温室气体排放和增强能源供给安全的目标。

三、发展阶段——多项政策并举、全面发展低碳经济（2000 年以后）

2000 年之后，欧盟启动了一系列应对气候变化、降低温室气体排放、提高能源效率和发展可再生能源的政策措施，标志着欧盟全面系统地展开了低碳经济

---

① Commission of the European Communities. Specific Actions for Greater Penetration for Renewable Energy Sources（ALTENER），COM（92）180 final，Brussels，June 29，1992.

② European Commission. Communication from the Commission，Energy for the future：Renewable Sources of Energy，White Paper for a Community Strategy and Action Plan，COM（97）599 final，26/11/1997.

③ 傅聪. 欧盟应对气候变化治理研究［D］. 中国社会科学院研究生院，2010（7）：33.

的发展。

（一）应对气候变化的长期政策框架

2000 年，为了实现在《京都议定书》中承诺的温室气体减排目标，欧盟启动了《欧盟气候变化计划》（European Climate Change Programme，ECCP），主张用实际行动来防止未来平均温度升高超过 2℃。这标志着欧盟实施气候变化战略、发展低碳经济的全面开始。①

2005 年，欧盟启动了第二阶段的欧洲气候变化计划（ECCP II），该计划的首要任务是支持第一阶段 ECCP 计划制定的重点措施的实际执行，同时合并和新增了一些降低温室气体排放的事宜，由 6 个工作组负责，内容涉及以下五个方面：ECCP I 阶段回顾（分为交通、能源供应、能源需求、非二氧化碳气体和农业五个子工作组负责）、碳捕获和储存、轻型车辆的 CO_2 排放、航空的温室气体排放、气候变化影响的适应措施。②

2007 年，欧委会向欧盟理事会和欧洲议会提交了《欧洲能源政策》和《将全球气候变化限制在 2℃ 以内——通向 2020 年及之后的路径》的通告。《欧洲能源政策》通告提出了欧洲能源政策的三大要点是：应对气候变化、降低欧盟对外部烃类原料进口的外部脆弱性、促进增长和就业，并提出了欧盟降低温室气体排放的目标：到 2020 年，将温室气体排放量在 1990 年的基础上至少削减 20%（若其他发达国家相应减排，发展中国家也根据其责任和能力全力减排，欧盟的减排目标则为 30%）；到 2050 年，温室气体排放要比 1990 年减少 60% ~ 80%。③《将全球气候变化限制在 2℃ 以内——通向 2020 年及之后的路径》通告提出，到 2020 年，将欧盟的可再生能源在最终能源消费中的比例提高到 20%，将能源利用效率提高 20%，发展安全可靠的碳捕获和储存政策。④ 以上三个 2020 年要实现的 20% 的目标构成了欧盟的"20/20/20"气候能源目标。

（二）能源政策

在能源综合政策方面，2000 年欧委会公布了《迈向欧洲能源供给安全战略》绿皮书，指出欧盟 50% 的能源需求依赖进口，如不采取措施，在未来 20 ~ 30 年

---

① http：//www. euractiv. com/en/climate － environment/eu － climate － change － policies － linksdossier － 188215.

② http：//ec. europa. eu/clima/policies/eccp/second_ en. htm.

③ Commission of the European communities. An energy policy for Europe. Brussels，10/1/2007，COM（2007）1 final，5.

④ Commission of the European communities. Limiting Global Climate Change to 2 degrees Celsius – The way ahead for 2020 and beyond. Brussels，10/1/2007，COM（2007）2 final.

将达70%，会使欧盟面临能源供应、经济、社会和环境上的风险，因此欧盟要采取措施实现可持续的能源发展。2006年，欧盟发布了《欧洲可持续、有竞争力和安全的能源战略》绿皮书，该绿皮书是欧盟能源政策发展的一个里程碑。绿皮书提出了欧盟能源政策的三大目标，即可持续、竞争力和供给安全。

在提高能源效率方面，2000年欧盟出台了《欧共体提高能源效率行动计划》。该计划提出三项提高能效的机制：第一，将提高能源效率的措施融入其他欧盟非能源的政策和项目中。第二，加强现行成功的共同体能源政策措施。第三，新的共同体协调政策和措施。① 2005年，欧委会发布《能源效率绿皮书：用更少的资源做更多的事》，从欧盟、欧盟成员国、工业部门、交通部门、区域、对外战略六个方面提出了欧洲需采取的具体行动计划。② 2006年，欧委会公布了《能源效率行动计划：实现潜能》的通告，该计划提出了欧盟十大优先行动，包括：机械设备标签和最小化能源实施标准、建筑实施要求和低能源建筑、使电能的生产和传输更有效率、汽车燃料节能、对中小企业和能源服务企业提高能源效率投资的金融支持、促进欧盟新成员国能效的提高、税收的协调使用、提高节能意识、城市建成区的节能和促进世界共同节能。

在发展可再生能源方面，2000年欧盟启动了可再生能源起飞行动（2000—2003），旨在落实《未来的能源：可再生能源》白皮书（1997年）中提出的2010年欧盟的可再生能源提高到12%的阶段目标，即到2003年完成总目标的15%～25%。③ 2005年，欧委会发起了"可持续能源欧洲（2005—2008）——提高能源意识和改变能源状况"运动。④ 2007年，欧委会向欧盟理事会和欧洲议会提交了《可再生能源路线图——21世纪的可再生能源：创造更加可持续的未来》的通告，建议将"欧盟可再生能源在2020年的比例提高到20%"定为有法律约束的目标（其中生物燃料在交通汽油和柴油消费总量中的比例达到10%），并提出了实现这一目标的原则和路径。⑤ 2008年，欧盟公布了"气候变化和可再生能源一揽子执行措施"，该执行措施确定了各成员国的减排目标和可再生能源在最终能源中的比例。同年，欧盟排放贸易机制（EU ETS）已经覆盖了欧盟（27国）40%的温室气体排放量，未包含在EU ETS部门的温室气体排放量主要涉及

---

① Commission of the European Communication, Communication from the Commission to the Council, the European Parliament, the Economic and Social Committee and the Committee of the Regions. Action Plan to Improve Energy Efficiency in the European Community, Brussels, 26/04/2000, COM（2000）247 final.

② European Commission. "Doing More with Less: Green Paper on energy efficiency", 2005.

③ 冯建中. 欧盟能源战略——走向低碳经济［M］. 北京：时事出版社，2010：133－134.

④ European Commission. Sustainable Energy Europe Campaign 2005—2008——A European Campaign to Raise Awareness and Change the Landscape of Energy.

⑤ Commission of the European Communication. Renewable Energy Road Map——Renewable Energies in the 21st Century: Building a More Sustainable Future, Brussels, 10/1/2007, COM（2006）848 final.

交通、建筑、服务、农业和废弃物等部门。①

（三）分析总结

2000 年后，欧盟提出和启动了一系列关于低碳经济发展的目标和政策，其主要特点有以下两点：第一，目标的多样性。欧盟发展低碳经济的目标包括应对气候变化、保障能源供给安全、提高研发水平、促进经济增长和就业以及应对金融危机等。这使得欧盟低碳经济的发展已经不仅仅是一个环保议题，而是涉及欧盟能源和经济结构转型、实现长远可持续发展的重大战略举措。因此低碳经济对于欧盟未来发展的意义重大，欧盟也赋予了低碳经济发展更多的任务。第二，多种政策之间相互交叉、关联和结合，共同构成了欧盟发展低碳经济的战略框架。正是因为欧盟发展低碳经济目标的多样性，使得实现这些目标不可能仅仅采用单一的政策工具，因此欧盟采取了多个领域的政策。这些政策从总体上可以归纳为两大类：一类是关于低碳经济发展的目标政策，主要涉及欧盟的环境政策和能源政策；另一类是关于低碳经济发展的促进政策，主要是关于技术改进和制度创新，如碳税、温室气体排放贸易机制（ETS）。

四、欧盟发展低碳经济的过程评析以及对中国的启示

（一）欧盟发展低碳经济的过程评析

从欧盟发展低碳经济的历程来看，为了保障能源供给安全，从 20 世纪 70 年代开始，欧盟就开始转变传统能源政策，使得欧盟在低碳经济领域先行一步，积累了先进的低碳技术，提高了能源利用效率和发展了可再生能源。随着气候变化问题的日益严重，欧盟的能源政策和环境政策开始相互结合。目前，欧盟已经确立了低碳经济发展的多重目标体系，从而使温室气体减排目标与其他经济社会发展目标相互促进、协同发展。欧盟将发展低碳经济看作是一场"新的工业革命"，期望通过低碳经济带动欧盟经济向高能效、低排放的方向转型，进而实现欧盟经济的可持续发展。

欧盟将发展低碳经济视为转变未来经济增长方式的重要举措，力争通过发展低碳经济以带动欧盟的经济增长方式从高碳向低碳转变，② 即继续降低经济增长

---

① Package of Implementation Measures for the EU's Objectives on Climate Change and Renewable Energy for 2020 ［OL］. http：//ec. europa. eu/energy/climate_ actions/doc/2008_ res_ ia_ en. pdf.

② 高碳与低碳是相对而言的，欧盟的经济增长方式相对于中国等发展中国家是相对低碳的，但是与欧盟未来低碳经济的发展目标相比又是相对高碳的。

对化石能源等自然资源消耗的依赖，使经济增长更多地依靠低碳技术的进步和推广，以此来促进经济增长和就业[①]，实现经济的可持续发展。2010 年，欧盟委员会发布了"欧盟 2020 战略"，该战略清晰地表明了欧盟力图通过发展低碳经济转变经济发展方式的战略意图。该战略明确了气候变化和能源资源压力是欧盟面临的三大挑战之一，将可持续增长置于欧盟的三大战略重点之一，即要提高资源的使用效率、实现更加绿色和更有竞争力的经济体。将"20/20/20"气候能源目标作为衡量欧盟 2020 战略成功与否的主要指标之一。并且，还确定了欧盟发展低碳经济的主要措施，即两个"旗舰"协议，分别是"资源效率欧洲"和"全球化时代的工业政策"。"资源效率欧洲"指要减少经济增长对资源的使用，支持向低碳经济的转型，增加可再生能源资源使用以及提高运输部门的现代化水平和能源使用效率。"全球化时代的工业政策"指要优化商业环境，特别是中小企业的商业环境，支持建设稳固和可持续发展的工业基础以应对全球化。可以说"资源效率欧洲"和"全球化时代的工业政策"是指导欧盟这 10 年（2010 年至2020 年）努力发展低碳经济并促进欧盟经济发展方式转型的核心举措。

（二）欧盟低碳经济发展历程对中国的启示

从欧盟发展低碳经济的历程可以看出，最初欧盟提高能源效率和改善能源结构是出于能源安全的考虑，但却起到了降低温室气体排放和提高低碳技术的作用。随着气候变化问题的日益严重以及国际社会对其重视程度的不断加深，欧盟的政策重点从出于能源安全考虑的能源政策逐步向以多重目标共举的低碳经济政策转变。欧盟发展低碳经济目标的多样性体现在总体目标和环境目标的多样性上，这是值得中国借鉴的。

中国目前发展低碳经济的目标比较单一，主要是为了降低温室气体排放而节能减排，节能减排目标的制定没有与其他经济社会领域的目标相协调，没有形成完整统一和相互促进的低碳经济发展目标体系。而且，减排目标的分配往往是对各个地方政府和机关单位的行政命令，缺乏灵活性和成本收益的分析。因此，中国应当在全面分析和研究经济社会各个方面发展情况的基础上确立能够相互协调促进的发展低碳经济的多重目标体系（包括总体目标和各个子目标）。

欧盟的环境目标一般包括大气、水资源和固体废弃物三个方面。尽管欧盟很多国家已经经历了先污染后治理的历史阶段，现在的空气、水和土壤的质量都比较高，但是欧盟仍然在大力降低温室气体排放的同时，十分重视水、土壤等资源环境的保护，循环利用污水、固体废弃物等。

---

① 崔宏伟. 欧盟气候新政及其对欧洲一体化的推动 [J]. 欧洲研究，2010（6）：37.

中国在获得经济快速增长的同时，积累了严重的环境问题。当前，中国的江河湖泊、水库及引水工程、地下水、海洋长期处于被污染状态，导致人们生存所必需的合格的饮用水源日益匮匮。全国七大水系总体为中度污染，其中辽河、海河为重度污染。湖泊富营养化问题突出。如果在环境问题产生严重后果之后才制定和实施补救治理措施，那么其效果是非常有限的。中国应该未雨绸缪，以防止重大灾害的发生。对中国而言，大气污染防治和水利改革固然重要，但是水、土壤、固体废弃物等污染的治理也同样重要。中国在处理环境问题的工作中切不可顾此失彼，只简单强调节能减排和水利改革而忽视其他环境问题，因为各个环境目标之间是相互关联和影响的，污水和固体废弃物会导致土壤污染，土壤污染会影响植物的碳汇能力，进而影响空气中温室气体的密度；固体废弃物的焚烧会排放大量的温室气体；未来对污染的治理会消耗更多的能源，排放更多的温室气体。因此，中国的环境保护工作需要兼顾多重环境目标，尽快制定系列环境问题的综合治理方案。目前，中国更应该强调的是发展循环经济，因为循环经济的内涵不仅包括大气污染的防治，而且包含环境领域的诸多方面，不仅能够实现更大范围的环境保护目标，而且能够实现自然资源更加高效和合理的利用。

参考文献：

[1]European Commission. Guidelines and Priority Actions under the Community Energy Policy. SEC(73)1481. final, April 19,1973. Bulletin of the European Communities, Supplement 6 – 73.

[2]Council of the European Communities. Council Resolution of 17 September 1974 concerning a new energy policy strategy for the Community, O. J. C 153,09/07/1975.

[3]冯建中. 欧盟能源战略——走向低碳经济[M]. 北京：时事出版社,2010.

[4]European Commission. The Main Findings of the Commission's Review of Member States' Energy Policies. The 1995 Community Energy Objectives. Communication from the Commission. COM (88)174 final Vol. I, May 3,1988.

[5]张健雄. 欧盟经济政策概论[M]. 北京：中国社会科学出版社,2006:343.

[6]王伟中. 从战略到行动：欧盟可持续发展研究[M]. 北京：社会科学文献出版社,2008:3.

[7]European Environmental Bureau (EEB). EU Environmental Policy Handbook：A Critical Analysis of EU Environmental Legislation.

[8]Commission of the European Communities. A Community Strategy to Limit Carbon Dioxide Emissions and to Improve Energy Efficiency, Communication from the Commission, COM(92)246 final, Brussels, June 1,1992:10.

[9]COUNCIL DECISION of 29 October 1991 Concerning the Promotion of Energy Efficiency in the Community(SAVE programme),91/565/EEC.

[10]Commission of the European Communities. Communication from the Commission Concerning the Promotion of Energy Efficiency in the European Union(SAVE II Programme). COM(95)225 final.

[11] Commission of the European Communities. Energy Efficiency in the European Community – to wards a Strategy for the Rational Use of Energy, Brussels, 29/04/1998 COM(1998)246 final.

[12] Commission of the European Communities. Specific Actions for Greater Penetration for Renewable Energy Sources(ALTENER), COM(92)180 final, Brussels, June 29, 1992.

[13] European Commission. Communication from the Commission, Energy for the Future: Renewable Sources of Energy, White Paper for a Community Strategy and Action Plan, COM(97)599 final, 26/11/1997.

[14] Commission of the European communities. An Energy Policy for Europe. Brussels, 10/1/2007, COM(2007)1 final, 5.

[15] Commission of the European Communities. Limiting Global Climate Change to 2 Degrees Celsius—The Way ahead for 2020 and beyond, Brussels, 10/1/2007, COM(2007)2 final.

[16] Commission of the European Communication. Communication from the Commission to the Council, the European Parliament, the Economic and Social Committee and the Committee of the Regions. Action Plan to Improve Energy Efficiency in the European Community, Brussels, 26/04/2000, COM(2000)247 final.

[17] European Commission. Doing More with Less: Green Paper on Energy Efficiency. 2005.

[18] European Commission. Sustainable Energy Europe Campaign 2005—2008——A European Campaign to Raise Awareness and Change the Landscape of Energy.

[19] Commission of the European Communication. Renewable Energy Road Map——Renewable Energies in the 21st Century: Building a More Sustainable Future. Brussels, 10/1/2007, COM(2006) 848 final.

[20] Package of Implementation Measures for the EU's Objectives on Climate Change and Renewable Energy for 2020 [OL]. http://ec. europa. eu/energy/climate_actions/doc/2008_res_ia_en. pdf.

第二部分　企业金融与财务

私募股权投资促进中小企业发展的作用研究

房 燕

摘 要：私募股权投资作为一种金融创新产品成绩斐然，在经济发展中起到了培养多层次资本市场、拓宽企业融资渠道、促进中小企业的发展等一系列重要作用。对于成长型的中小企业来说，在国内A股市场公开发行股票、通过银行贷款融资和发行企业债券融资均存在较大困难的情况下，通过私募股权融资不仅可以有效解决其融资难问题，还能为中小企业的发展提供多方面的支持。本文研究的目的是力图为我国难以克服成长障碍的中小企业提供建议，希望中小企业能够通过私募股权投资促进其发展。

关键词：中小企业　私募股权投资　金融创新

近年来，私募股权投资在我国呈现出快速发展的趋势。私募股权投资基金的发展为企业融资提供了又一个渠道。随着大量信贷资金沉淀于银行系统无法流入实体经济，私募股权投资基金可以利用产业整合的能力提供稳定的中长期投资机会，为中小企业融资又开辟出一条新的路径。

一、私募股权 PK 传统融资方式

中小企业的传统融资方式可以概括为发行股票、公司债券融资、银行信贷这几种方式。发行股票具有筹资金额大、永久性、无到期日、用款限制宽松、可提高企业知名度等优势，但是对中小企业来说这一融资方式因受到了在财务方面投入太高的限制而很难实现。对于发行债券，中国发行公司债券现行的标准是注重企业已经具有的规模和投资收益，而对未来预期的成长与回报相对忽视。一般来说，中小企业难以满足企业规模、产业方向、机构担保等发债资格与条件的限制，因而这一渠道也是近乎封闭的。银行借贷的状况目前也没有太大改善，成长型的中小企业仍然面临较高的银行贷款门槛。商业银行的利差缩小将是一个趋势，这会促使商业银行大力拓展中间业务，同时在传统的存贷款业务上更谨慎地选择贷款对象，以保持银行利润的不断增长。这就导致成长型的中小企业通过银行贷款融资更加困难。而私募股权由于融资成本低、门槛低、无疑具有了最大的优势。

二、私募股权投资基金服务中小企业的必然性

广义上来说，凡是专注于非上市企业为赢利来源的私募基金管理人，都被归属为私人股权基金管理运营公司。私人股权基金包括专门投资于早期发展阶段或种子期企业的天使投资人、风险投资，比如成功投资盛大网络的日本软银；成长期企业的创业投资基金；又包括专门投资股价严重扭曲的上市企业，或参与管理层收购的收购基金，比如投资徐工机械的凯雷集团旗下的收购基金；还包括以提供企业上市前或收购兼并前短期过桥贷款的夹层投资基金和已处于偿还危机中的债券为主要投资标的的秃鹫基金。综上所述，私募股权基金投资的设计是：通过对处于上升阶段、高速成长的企业进行投资，使其达到更大的规模并取得良好的声誉，以便将其出售给另一家公司，或通过上市等进入正规的公开证券市场等手段退出企业，将投资变现。在这一层面，对于许多由于净资产不足而贷款无术的中小企业来说，私募股权基金的确是其融资的一个创新机遇。

（一）股权投资基金为中小企业直接融资提供新途径

在国际金融危机的冲击下，中小企业反应最强烈的问题就是融资难。来自工信部的统计显示，2008 年全国新增加中小企业贷款仅达 225 亿元，比上年只增长了 1.4%，而全国贷款则增加了 14.9%。2009 年第一季度，全国信贷规模总量增加了 4.8 万亿元，但中小企业贷款增加额度只占不到 5%。由此可以看出中小企业贷款增加没有与经济发展同步，这不仅表现为银行授予的信贷额度缩小，而且贷款成本也提高了很多，所以靠银行贷款已不能满足中小企业生存和发展的需要。同时，规模巨大的股权投资基金也希望通过投资高成长性的企业实现收益，所以，具有高成长性的中小型企业绝不可以被忽视。

（二）股权投资基金为中小企业带来更完善的服务

由于股权投资基金具有在多行业和领域的投资经验，还能为企业推荐适合的管理人才，协助企业进入新的市场和寻找新的战略伙伴，而这些支持对于中小企业的发展至关重要。对于中小企业而言，与股权投资基金的合作除了获得所需资金外，还能获得丰富的管理经验，获得前瞻性的战略性指导。

与投资银行的短期交易导向不同，股权投资基金对股权的持有期一般在 3～5 年，比较注重与企业同甘共苦，是一种特有的行为模式。由于与企业有着长期

合作关系，股权投资基金对企业的发展过程也有充分的了解，便于帮助企业完善其管理体系。此外，股权投资基金的运作方式也更加灵活，可以在很多地方弥补商业银行功能的局限。与商业银行只关注企业的过往业绩和资产总量不同，股权投资基金关注民营企业的成长性。商业银行一般要求企业有较大的规模和较强的赢利能力，这些条件不是所有企业都能具备的。但由于中小企业的成长性很好，因而能受到股权投资基金的青睐。另外，中小企业也不希望通过上市进行融资，主要是因为会造成股权分散及所有者对经营者的约束弱化，而在这方面股权投资基金显然具备一定的优势。

（三）为中小企业创造新的融资服务模式

在传统情况下，股权投资基金一般通过收取大量的商业计划书，或通过一些合作伙伴提供的信息寻找项目。这种模式的最大弊端是股权投资基金通常需要将大量的时间耗费在项目调查上，而最后能够投资的项目可能不到1%，这样既浪费了时间，又提高了运营成本。

综合看来，股权投资基金作为中小企业新的融资渠道将发挥极大的作用。一是对每个投资项目都设定自己的投资理念：一个对如何让投资在3～5年内增值的简洁清晰的方案。二是他们不会做过多的估值，只会瞄准某几个显示投资进度和价值增加的财务指标。他们会更注重现金流，并且对每个投资项目都制定特别的业绩评断标准。三是他们非常关注资产负债表，去挖掘一些价值被低估的资产，把固定资产转变为可融资的资源，并激进地管理他们的有形资产。四是他们会以其股东为中心。股权投资基金企业中的人员会做出理智的投资决策，在价格合适的时候进行买卖交易并且在业绩出现波动时进行革新管理。可见，这给中小企业带来了更大的灵活性，放宽了中小企业融资的多重限制条件。

（四）中小企业如何与私募股权投资对接

首先，要有好的团队和商业模式，有员工激励机制。其次，企业组织结构合理，建立现代企业财务制度。再次，简明而完整地向投资人全面展示企业的价值及投资亮点，其唯一目的在于吸引投资人的兴趣，并争取投资人邀请你进一步见面。其对投资人的功能与应征工作时的简历一样，即在争取面试机会。因此投资企业应具有技术创新精神和专业能力的高素质的管理团队，而管理团队的合作程度与其应变能力、管理技能、营销技能以及财务技能等，以及有无创业或者管理成功的经验都是重要的考查内容。

三、私募股权投资服务中小企业发展的建议

（一）建立健全股权投资基金管理办法

在完善股权投资基金管理政策方面，可以考虑以下几点：一是考虑下放地方核准备案权。目前，股权投资基金被要求在国家发改委批准备案，而大多股权投资基金的规模相对比较小，投资也较分散，如果都集中到国家一个部门申请备案恐怕不现实。因此，地方还是应该可以有核准备案权。二是突破机构投资者进入私募股权投资领域存在的制度约束。从国际上看，股权投资主要的机构投资人来源于保险、社保、银行、企业年金等。但我国由于政策的限制，保险、社保、银行、企业年金等还没能获准进入到股权投资基金领域。对于股权投资基金的来源问题，凡是有权投资工商企业股权的机构，原则上就应该有权投资股权投资基金。三是建立多渠道的股权投资退出机制。从目前股权投资的实际运作情况看，退出机制过于单一，基本上是以证券市场为主。而股市若处于低迷震荡状态，可能会对股权投资基金造成致命的影响。股权投资不同于证券市场和传统的实际投资，因此退出机制必须是多种多样的。可以考虑发挥北京、天津、上海等地的产权交易中心等机构的作用，建立多渠道的退出机制，以吸引更多的资金投资股权投资基金。

（二）亟待解决证券登记、税收优惠政策

随着创业板的推出、IPO即将重启等重大退出机制利好出台，人们对股权投资基金的参与热情再度高涨。但有限合伙制股权投资基金暂时不能享受该利好，因为有限合伙制企业是非法人主体，在国内无法设立证券账户，股权投资基金所投企业难以从国内证券市场退出。最近，国务院发布的《关于当前金融促进经济发展的若干意见》指出，要完善工商登记、机构投资者投资、证券登记和税收等相关政策，促进股权投资基金行业规范、健康地发展。有限合伙制股权投资基金关注的另一个焦点是税收优惠问题能否在股权投资基金管理办法中解决。

（三）大力发展有限合伙制股权投资

随着风险资本在我国的发展，公司制的弊端逐渐暴露出来。首先，我国目前的股权投资主要以国家投入资本的投资公司形式存在，失去了股权投资聚集多方资金进行投资的功能，这使得股权投资资本来源渠道狭窄，规模较小，实力较弱，不能满足股权投资充分融资和首先在融资层面分散风险的要求。其次，我国

现有的股权投资在组织结构上没有突破行政级别的约束，是以行政命令代替专业化管理水平。再次，资本公开募集比较困难。由于股权资本的投资方向是具有高风险的新兴行业，投资很可能失败，因而这种形式的投资一般不会引起中小投资者的兴趣，很难在短时间内募集成功。鉴于有限合伙制股权投资的优势和公司制股权投资在我国的现状，本文建议在继续规范股权投资公司的同时，积极探索适合我国国情的有限合伙制股权投资的发展之路。

（四）发展政府引导基金，培育投资文化和人才

股权投资基金在我国发展的投资文化有待培育，一些机构和资金控制人还不适应通过专业投资机构进行集合投资。市场并非没有资源，也不是不需要专业投资人，主要因为缺乏成熟的投资者，缺乏现代化的投资文化。由专业投资管理机构根据专业人士丰富的投资经验和规范的风险控制机制，采取集合投资、分散风险和长期投资理念，对于投资的安全性和投资收益必将更有保障。但投资文化的培育需要一个过程，更需要政府和一些成熟的投资者起到牵头推进作用，以吸引更多的机构和资金控制人投资股权投资基金，在政府的行业发展意图指导下和行业政策保护下推动行业的健康发展，保证基金的赢利性，从而推动中小企业的不断发展壮大，为社会提供更多的就业机会，为资本市场提供优秀的上市企业。

参考文献：

[1]吴晓灵.发展私募股权基金需要研究的几个问题[J].中国金融,2007(11).

[2]张合金,徐子尧.私募股权融资:融资方式的创新[J].财会月刊(综合),2007.

[3]李兵,冯兵等.私募股权投资基金:中国机会[M].北京:中国经济出版社,2008.

[4]刘降斌.区域科技型中小企业自主创新金融支持体系研究——基于面板数据单位根和协整的分析[J].金融研究,2008(12).

[5]周丹,王恩裕.私募股权基金存在性的经济学分析[J].金融理论与实践,2007(6):67-69.

[6]China Venture. China Private Equity Investment Report[R]. CV Source,2007.

影子银行对中小企业融资的影响研究

耿建芳

　　摘　要：影子银行作为目前金融体系的一部分，为金融市场提供了更多的金融选择，满足了更多的金融需求。本文在分析影子银行概念的基础上，介绍了影子银行的四种主要模式；通过阐述中小企业通过影子银行融资的现状，分析了影子银行对中小企业融资的积极影响和消极影响；在此基础上得出了中小企业通过影子银行融资存在的问题及对策。
　　关键词：影子银行　中小企业　融资

一、影子银行的概念

（一）国外影子银行的概念

　　"影子银行"的产生主要归功于保罗·麦克利雷，此概念是他首次提出并被广泛采用的。影子银行是指游离于正规银行监管体系之外的非银行机构，在某一角度也同银行发挥的功能相同。在2007年美国发生次贷危机时，影子银行体系逐渐进入人们的生活，同时也为全世界经济复苏起到了关键的作用。虽然影子银行在金融危机中发挥了负面的作用，但同样也具有其内在的价值。

（二）国内影子银行的概念

　　中国是否存在影子银行一直是备受争议的话题，以我国目前的金融制度来看，影子银行表现得还不够明显，但委托贷款、民间借贷等影子银行体系也确实在某种程度上承担着正规商业银行的功能。所以中国是存在影子银行的，只是在金融市场上国内影子银行的特征还不够明显。例如，中国的金融体系大部分都由政府控制，银监部门监控着大部分金融机构，由此看来中国似乎并不存在影子银行。但影子银行作为一种金融创新形式，在某些程度上又起到了传统商业银行的作用，是金融市场中不可或缺的一部分。

二、影子银行的主要模式

（一）银信理财合作

银信理财合作是我国最常见的影子银行表现形式，其流程为商业银行与信托公司达成一致意见，商业银行把钱贷给信托公司，信托公司再以各种融资形式转给各投资者，从中获取利润。影子银行不受监管，商业银行通过贷款给影子银行，并且从中转移风险，二者在其中都获取了利益，也保证了资金的流动性。

（二）民间借贷

民间借贷的参与主体包括小额贷款公司、民间借贷、融资性担保公司及企业等。民间借贷是指游离于监管之外、在某一区域形成较大的规模、容易引起区域内的金融风险的借贷形式。同时，民间借贷在法律上没有很明确的界限，所以在法律上存在漏洞。

（三）私募股权投资

私募股权投资是通过私募的形式对非上市公司进行的权益性投资，简单来说就是通过在证券市场运作募集资金，再以股票的形式出售。其特点是以非公开的方式面向少数机构投资者或个人，资金的流转都是基金管理人和投资者私下协商的，且投资方式也是以私募形式进行，对市场不公开操作。

（四）资产证券化

资产证券化在影子银行业务中表现显著，是把资金组合到一起然后再发行证券的一种融资方式。资产证券化市场并没有广泛开放，因此资产证券化并未形成高杠杆交易，风险处于可控状态。资产证券化的参与主体主要包括企业、商业银行、信托公司，主要形式包括银行信贷资产证券化以及企业资产证券化。

三、中小企业通过影子银行融资的现状分析

（一）中小企业利用私募股权投资融资的现状

私募股权投资为中小企业融资开辟了新的融资方式。国内新兴的民营企业具有审批手段简单、成长速度快、无历史遗留问题等特点，但其无强大的资金链支

持，所以私募股权投资成为他们最好的选择。近几年，国内一些企业在上市之前都进行过几次私募股权投资。例如，携程网成立于 1999 年初，曾获得了软银、晨兴、IDG 等风险投资商的 500 多万美元的资金。第二年，携程网接着收购了国内最大的传统订房中心——现代运通，此举吸引了众多的目光，凯雷集团就是其中的一个，凯雷集团看好其公司的发展又以 800 万美元获得携程网 30% 的股份。随后，凯雷集团利用自身的经验逐步发展携程网，使携程网各个方面达到国际标准，最终获得了携程网 14 倍的回报。

（二）中小企业通过资产证券化融资的现状

中小企业向商业银行贷款往往会面临门槛高和贷款程序复杂等问题，中小企业能否顺利融资往往取决于中小企业是否有效地进行担保抵押及其资信等级的高低。由于资产证券化本金和利息的清偿不是以企业全部法定资产为界，而是以证券化的资产为界限，所以中小企业进行资产证券化融资相对简单。另一方面，中小企业向银行贷款和发行债券时资产负债会增加，会导致资产负债率的上升。

（三）中小企业通过民间借贷的融资现状

我国中小企业长久以来从正规商业银行获取资金极其困难，民间借贷为中小企业融资解决了一个大难题。中国某企业家调查发布的 2012 年某季度千户企业经营调查报告显示，当前中小企业的资金状况极为紧张，所以中小企业选择民间借贷的比率相当高。从客观来说，民间借贷的借贷额度高、运用范围广，确实解决了中小企业融资难的问题，同时也对我国的经济发展做出了贡献。然而，民间借贷在发挥积极作用的同时也有一定的消极作用：除了脱离法律监管之外，其隐蔽性、自发性等还容易导致一系列的社会问题，使民间借贷产生负面影响。

四、影子银行对中小企业融资的影响分析

（一）积极影响

1. 金融市场提供更多的信用，弥补中小企业资金缺口

影子银行具有信用中介的功能，在融资中可以灵活地创造资金和转给他人，虽然不属于传统商业银行，但其信用中介功能也发挥了一定的作用。在商业银行的严格监管制度下，中小企业融资获得传统商业银行的支持很难，而融资难制约了中小企业的发展，影响了金融市场的稳定。影子银行在某些方面为中小企业提供了更多的信用，从中获取的资金很好地弥补了中小企业的资金缺口，促进了我

国实体经济的发展。

2. 丰富中小企业融资渠道，使投资结构多样化

影子银行在金融市场上具有丰富的融资渠道和多样的投资产品。对中小企业来说，影子银行为中小企业提供了更灵活的融资方式，使中小企业能够进行更好的融资。民间借贷的发展较好地丰富了中小企业的融资渠道，其操作便捷的特点能够及时解决中小企业缺乏资金和融资多样性的问题，在中小企业的发展中功不可没。

3. 缓解信贷市场信息不对称的问题

影子银行在一定程度上缓解了中小企业在融资过程中信息不对称的问题，对于中小企业而言无疑是多了一道保障。委托贷款大多都是针对有长期业务往来的合作商，由于借贷双方对彼此都有系统性的了解，所以贷方不用担心借方因信息不对称而给双方融资造成的影响，这样中小企业就进一步利用委托的方式缓解了双方信息不对称的问题。

（二）消极影响

1. 民间借贷发挥作用的局限性

民间借贷虽然在融资方面资金运用较为灵活，但也有其缺点，就是民间借贷大多都在一定的范围内进行，有明显的区域性特征。影子银行在进行交易时总被卡在一个极小的空间内进行交易。正因民间借贷有这样的区域性特点，在较大的经济规模中不能发挥其内在优势，所以仅限于作为融资的一种手段。

2. 委托贷款、民间借贷等缺乏监管

由于影子银行具有缺乏监管的特征，使中小企业融资又变得遥不可及。以委托贷款为例，影子银行虽然在功能上与传统商业银行相似，但不会像传统商业银行那样受到监管的制约，这显然给监管套利提供了机会。由于缺乏监管，很多规模大的企业会运用自身在资金上的优势在商业银行进行贷款，再把筹得的资金委托给中小企业。由于贷款利率完全由委托方掌控，所以中小企业的融资成本较高，无法从正常运营中获取利润。另一方面，民间借贷也同样给中小企业在融资过程中造成困扰。由于民间借贷缺乏监管，又没有规范性的法律法规，所以无形当中提高了中小企业融资的风险。

五、中小企业通过影子银行融资存在的问题

（一）政府对影子银行监管不到位

我国目前的金融监管都是由政府控制，政府负责监控影子银行的各种业务。

影子银行在成立初期都是由政府部门审核的，而政府只是审核了影子银行的成立资格，并没有对影子银行的金融活动进行监督。影子银行在经营过程中一旦出现问题，就会引起无法估量的风险。以民间借贷为例，民间借贷的出现有效地解决了区域性的资金短缺问题，但政府对其监管不到位，会对金融市场构成威胁。

（二）缺乏有效的融资对接渠道

中小企业在影子银行融资过程中信息不对称的问题很容易显现。财政部2009年对部分民营企业进行贷款，并对提供的报表和申报纳税表进行了对比，调查中仅有46.8%的民营企业通过了会计师事务所的审计，77.4%的民营企业两套报表不一致。所以要有效地对接融资渠道就必须先解决信息不对称的问题。

（三）融资成本过高

中小企业在传统商业银行融资中，由于没有相应的手续和能够帮助中小企业抵押的固定资产等原因，在传统银行贷款的能力不高。但很多中小企业为了解决公司的燃眉之急，都选择了民间借贷的方式来填补公司的资金缺口，虽然其贷款利率较高、风险性较大，但它能及时解决中小企业临时缺乏资金的问题。

融资成本高的影子银行业务无疑是民间借贷，在中小企业的融资成本上民间借贷的利率会比正规金融机构的利率高出很多，即使国家有关法律中规定小额贷款公司的借贷利率不能高于传统商业银行利率的4倍，但在实际操作中并不如此。以温州地区的利率指数为例，见图1、图2。

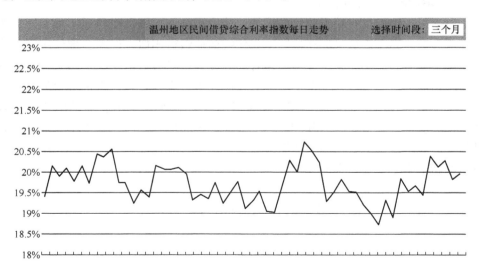

图1

温州银行人民币贷款利率表

温州市商业银行　温州银行首页　温州银行全国网点

请选择时间 ▾ 点击查看历史利率　　当前时间：2015-03-01

项目	年利率%
一、短期贷款	
六个月（含）	5.35
六个月至一年（含）	5.35
二、中长期贷款	
一至三年（含）	5.75
三年至五年（含）	5.75
五年以上	5.9
三、贴现	以再贴现利率为下限加点确定

图 2

通过图 1 和图 2 两张表格我们可以清楚地看到温州地区民间借贷的综合利率大概在 18.5% 到 21% 左右浮动，而温州银行人民币短期贷款利率为 4.35%，民间借贷的利率比当地人民银行的贷款利率高出 4 ~ 5 倍。如果中小企业选择了民间借贷，就必须要面对民间借贷的高融资成本。

（四）中介机构的不规范性

由于中小企业资产证券化的复杂性，运作涉及法律、审计、信用评级、资产评估等中介机构，这些中介机构存在着很多执业不规范、信誉低、独立性差等问题，致使中小企业难以保证资产证券化业务能正常进行。因此，中介机构的不规范性影响着影子银行的发展。

六、完善影子银行监管，缓解中小企业融资困难

（一）建立健全相关法律法规，加强影子银行监管

由于影子银行没有健全的法律法规，所以应当正确规范影子银行的业务活动，安排好影子银行的工作流程。影子银行并没有传统商业银行的规范性，所以影子银行更需要专业的法律法规去约束，达到与传统银行相同的监督业务。在完善影子银行各项监管法律的同时，也要好好利用法律来对其经营业务进行更好的

监管。在监管方面不仅自身在政策上进行监管，也要多吸取金融市场上各领域专业人士反馈的意见。

（二）推进中小企业征信系统建设，解决信息不对称问题

信息不对称问题是中小企业利用影子银行融资的关键，只有解决了信息不对称的问题，中小企业融资才更加便利。要意识到信息披露是信息不对称的关键，只有完善信息披露制度，信息不对称问题才能得以解决；另一方面，要对中小企业进行评级，评的级别越高，其信息披露越完善，这样不仅中小企业贷款变得更加简单，在一定程度上也获取了影子银行的信任。

（三）支持小贷、担保等非银行金融机构的发展

我们必须要肯定影子银行的发展对金融市场的作用，其在某种程度上推动着我国经济的发展，所以我们要支持影子银行的发展，适当减弱对影子银行的监管力度，使影子银行健康发展；另一方面，在鼓励非金融机构发展的同时也要颁布相应的法律法规，规范影子银行信息不对称的问题。

（四）逐步规范民间借贷，引导其发展走向正规途径

在我国的金融市场上，民间借贷在中小企业融资问题上发挥着巨大的作用。而要利用民间借贷进行融资就要使民间借贷变得更加合法化，经营活动更加规范化。要规范民间借贷的发展，首先要建立全面的法律法规，在经营活动上也要做出具体的规定，营造合理的融资制度。并且，还要紧密联系民间借贷机构，使民间借贷等机构通过法律途径变得更加正规，才能引导民间借贷的发展走向正规途径。在加强各项法律法规之后还要加强其监管制度，对民间借贷机构的内部管理和日常活动进行监督，有效控制民间借贷为中小企业融资带来的风险。

参考文献：

[1]巴曙松.加强对影子银行系统的监管[J].中国金融,2009(14).

[2]黄益平,常健,杨灵修.中国的影子银行会成为另一个次债[J].国际经济评论,2012(2).

[3]龚明华,张晓朴,文竹.影子银行的风险与监管[J].中国金融,2011(3).

[4]杜亚斌,顾海.影子银行体系与金融危机审计[J].经济研究,2010(1).

[5]易宪容."影子银行体系"信贷危机的金融分析[J].江海学刊,2009(3).

[6]王晓雅.次贷危机背景下影子银行体系特性及发展研究[J].生产力研究,2010.

中小企业互助担保融资探析

邢秀芹

摘　要： 长期以来，融资难一直困扰着我国中小企业的发展，许多极具成长性的中小企业，因为融资能力不足、外部支持欠缺而受困于资金难题，这种状况不利于经济的健康发展。信用担保体系的建立与完善，是缓解中小企业融资难问题的重要途径。本文分析了中小企业互助担保融资中存在的问题，提出了加强互助担保机构内控机制、建立和完善互助担保融资的资金补偿机制、建立健全互助担保融资风险分散机制、完善互助担保融资法律法规建设等建议。

关键词： 中小企业　互助担保　融资

近年来，我国浙江、山东、江苏等省市的很多产业集群（或产业园区）内，涌现出了中小企业互助担保融资模式，极大地改善了互助担保团体内成员的融资难问题，显示出了极强的生命力和活力，呈现出加速发展的趋势。但是，互助担保机构自身及外部环境存在的诸多问题却限制了其进一步的发展。本文将深入分析中小企业互助担保融资中存在的问题，并对不断完善互助担保融资提出建议，从而进一步推动我国中小企业的发展。

一、中小企业互助担保融资的优势

互助担保是指一些中小企业通过组建互助担保机构，为机构内的会员企业提供信用担保。互助担保机构是指在自愿和互利的基本原则下，中小企业为解决自身的信贷缺口问题共同出资组建的互助机构。互助性担保机构以成员企业缴纳的互助担保基金为基础，面向成员企业提供担保。

（一）融资信息优势

中小企业互助担保是建立在企业间信息共享、风险共担的基础之上的，担保决策要充分利用彼此的信息资源，减少信息调查成本，提高担保决策的准确性，减少风险发生的概率。通过参加互助担保，会员企业间增加了互动和交流，使集群融资的信息机制进一步得到强化，减少了信息不对称，也有效避免了逆向选择和道德风险。

（二）融资成本优势

在信用互助担保制度下，成员企业的贷款不再是以它本身的资产信用为还贷依据，而是以互助担保基金作为贷款担保，使银行获得了稳定有效的第二还款来源和保全措施，降低了信贷风险。银行要求的风险利率也随之降低，同时成员企业融资可免缴或少缴手续费、担保费等费用，从而降低了企业融资的财务成本。此外，由于贷款风险的降低有效地提高了银行对中小企业贷款的安全性，从而能够降低贷款的正式合约程度，简化审批程序和手续，从而降低企业融资的时间成本。

（三）融资关联优势

中小企业互助担保使中小企业以信用担保为目的更加紧密地联系在了一起，形成了一个利益共同体，容易形成群体信誉机制，同时还必须承担担保的连带法律责任。当某个企业存在经营困难时，其他企业出于风险分摊的考虑，会在自己的能力范围内给予各种形式的帮助，从而进一步增强了企业抵御市场风险的能力。

二、中小企业互助担保融资发展存在的问题

（一）互助担保资金规模小，中小企业受益面较窄

首先，由于参与互助担保机构的企业大都来源于中小企业集群内部，使得参与企业数量受到限制。另外，互助担保组织内的资金主要是由机构参与企业通过自愿互利的方式提供的，因此这也限制了基金资本的数量。其次，由于中小企业参与互助担保机构以及获得贷款的条件过于苛刻，降低了中小企业参与互助担保组织的积极性，使得受惠企业比例相对较低，互助担保基金对中小企业的支持力度较弱，不能满足众多中小企业的融资担保需求。

（二）互助担保内部控制机制不健全

由于大多数互助担保机构成立时间较短，仍处于发展的初级阶段，没有足够的资金去为被担保企业进行代偿，担保代偿能力比较差，因而抵御风险的能力较弱。从总体来看，互助担保机构的风险防范机制不健全。

一方面，由于专业人才的缺乏，互助担保机构对于受保企业反担保资产价值

的评估大多缺乏严格科学的操作程序和市场化标准，而主要依据担保公司业务人员的主观判断，容易出现反担保资产评估量化的随意性和虚假性，弱化担保机构利用反担保措施防范、控制风险的能力。另一方面，互助担保机构的性质决定了其担保对象锁定在会员企业范围之内，担保决策容易受到会员企业的左右，因而受保企业出现经营风险和还贷困难的概率较大，容易降低互助担保机构的风险控制能力。在互助担保机构的运行中，会员企业既有出资的义务，也有被担保的权利，某些会员企业即使经营状况稍差，也容易争取担保公司的担保。

（三） 互助担保补偿机制建设滞后

担保资金补偿机制一般分为内部补偿和外部补偿。在内部资金补偿方面，由于互助担保的基金收益仅限于为企业担保所收的担保费以及存于银行的基金利息收入，基金资本金内部补充不能得到切实保障，基金的风险收益严重不成比例；外部补偿机制方面，未能充分利用社会闲散资金，仅限于政府资金及合作企业资金的一次性投入，从而使互助担保在外部补充机制方面存在严重不足。从当前实际来看，内部补偿机制已经引起中小企业的重视，然而外部补偿机制的建设才刚刚开始，但不论是哪种补偿机制都面临着加快制度建设的问题。

（四） 互助担保机构与协作银行合作机制有待优化

互助担保机构在与银行的合作过程当中，处于相对不利的地位，造成互助担保机构的权利和义务很难对等。协作银行为了控制风险并提高收益，往往收取很高比例的保证金，有的甚至要求互助担保机构在签订互助担保协议前须预存资金，从而进一步加大了互助担保机构的资金压力，制约着互助担保机构的发展和业务开展。而且，大多数互助担保机构无法与协作银行达成风险共担的协议，互助担保机构往往全额承担融资贷款风险，从而进一步加大了互助担保机构的资金压力，制约着互助担保机构的发展和业务的开展。

（五） 法律环境不完善

从发达国家的经验看，健全有效的法律制度是互助担保有序发展的前提条件。目前，中国在总体上已形成了以担保行为立法为主要内容、以"保障债权"为立法宗旨的相对完整的担保法律体系。这套担保法律体系构成了包括互助担保在内的中小企业信用担保体系继续发展的重要基础。但是，现有的担保法律体系存在着过分保护债权人、对担保人权益保护不够等问题，妨碍着中小企业互助担保机构的健康发展。而且，《中华人民共和国担保法》出台于 1995 年，且不是专门面向中小企业信用担保机构。最近几年来，中国中小企业信用担保机构发展很快，现有的担保法难以针对中小企业信用担保实践中的问题（如担保机构的市场准入、担保范围、行为规范和担保各方的权利义务、外部监督管理等），提供专门的法律规范。

三、促进中小企业互助担保融资发展的建议

（一）加强互助担保机构内控机制

通过构建现代公司治理结构，通过专业人员运用科学方法在定性研究的基础上进行决策，保证担保机构按照市场化的原则运作，并在政府部门的有效监管下依法操作，保证决策的科学性和准确性；严格控制对企业的资信评估程序，由外聘的专家组成团队进行，或由专业的评估机构进行评估，提高评估的精确度；建立以信用评级制度、项目审核制度、反担保制度为主的事前控制措施，以控制担保代偿率（即损账率）、运行监测制度、强制再担保制度为主的事中控制措施，以风险准备金制度、债务追偿制度为主的事后控制措施。各项制度的流程应是一个完整有序的体系，各个阶段都要企业、担保机构、金融机构的严密配合，形成的资料和数据进行统一、分类、存档，以备随时调用；提高决策的准确性，完善互助担保机构内部风险防范和控制机制，提高对企业风险类型的识别能力。

（二）建立和完善互助担保融资的资金补偿机制

从国外经验来看，政府给予强有力的资金支持，能够为从根本上为解决中小企业融资担保问题提供基本保证，同时也能促使担保机构稳定发展。鉴于以上原因，西方发达国家的财政系统一般会对担保机构的资金进行持续补充，以强化担保机构抵抗风险的能力。我国应当建立健全以政府资金为主导的担保补偿机制，像西方发达国家那样将担保机构基金纳入预算，持续追加对担保机构的资金投入，为信用担保机构提供有力保障，以免除商业银行对中小企业贷款的担忧，促进中国中小企业的发展。担保机构也可按每年担保费和利息收入的一定比例提取一部分资金作为风险补偿基金，用于弥补担保机构的风险损失。此外，担保机构在保证企业担保所收的担保费以及存于银行的基金利息收入不变的同时，要大胆采取走出去战略，可以进行直接融资、担保费换股权、担保资金在金融市场的投资运作等实现经营多元化，为互助担保机构在资金补偿机制方面探索新的途径。

（三）建立健全互助担保融资风险分散机制

首先，积极促进担保机构与协作银行间的沟通和合作，建立两者间"风险共

担，利益共享"的机制。我国应当通过改善中小企业融资环境，制定有针对性的优惠政策，比如降低参与风险分担的协作银行的税率等，鼓励银行参与风险分担。

其次，加快建立担保机制、担保体系与再担保体系，通过再担保分担担保过程中的风险。再担保机构应当以各地的经济条件为基础，通过中央财政拨款和地方财政支持优先发展省市一级的再担保机构。同时，要逐步加快全国性再担保体系的建设，组建全国性的再担保网络实现全国中小企业担保资源共享，避免信息不对称造成的跨省市骗担保情况的产生。全国性的再担保体系应当建立在原有的地方性再担保机构的基础之上，主要以国家出资为主，侧重于全国再担保的风险控制，实现资源在全国的有效配置。

（四）完善互助担保融资法律法规建设

有法可依是互助担保得以顺利发展的重要保证。我国可以充分借鉴国外的成功经验，以《中小企业促进法》为指导，整合现有的《担保法》和《公司法》，尽快制定担保业法律规范，搭建起中小企业信用担保体系的基本框架。在新的与中小企业信用担保有关的立法中，不仅要体现保障债权的宗旨，更要把分散担保风险提升到与转移担保风险同等重要的地位，鼓励银行与担保机构共担风险。不仅要注意对担保机构的担保行为规范，更要重视担保机构的组织规范，体现对政策性担保机构、商业性担保机构、互助担保机构分类指导的原则。根据互助担保机构的特殊性，要结合修改《公司法》，就互助担保机构对其股东的担保行为规范进行专门的调整。

参考文献：

[1]雷金英.集群经济下中小企业互助担保融资模式探研[J].天津商业大学学报,2014(4)：47－52.

[2]李明.浅谈中小企业信用互助担保融资模式[J].发展,2011(1):71.

[3]罗霞.中小企业互助担保融资模式研究——以山东禹城为例[J].生产力研究,2011(8):186－187.

[4]蓝莹.集群下中小企业互助担保融资中存在的问题及对策分析[J].商场现代化,2012(17):62－63.

农村资金互助社发展问题探究

李雅宁

摘　要：本文从农村资金互助社的发展背景及现状出发，分析了资金互助社的运作机制，包括所有权结构、运营模式及治理机制等方面的内容，剖析了农村资金互助社当前存在的问题，最后提出农村资金互助社可持续发展的几点建议。

关键词：农村资金互助社　运作机制　治理机制

一、农村资金互助社概述

（一）农村资金互助社的发展背景

20 世纪 60 年代，代表农村金融体系合作性金融机构的农村合作基金会和农村信用社纷纷关闭和褪出合作性之后，农村资金互助社作为新的合作性金融机构担负了支持"三农"发展、推动农村经济增长的历史重任。截至 2015 年第一季度，资金互助社获得金融许可证的有 49 家，其他大多以非正规或试点形式存在。农村资金互助社具有规模小、组织精简化、贷款细致化的特点，能直接、有针对性地解决农户金融需求，且成本较低、手续较为简便。农村资金互助社弥补了传统农村金融供给不足、网点机构数量少、竞争不充分等问题，改进了农村金融服务，是传统正规金融体系的有益补充，满足了客户多元化和多层次的资金需求。

农村资金互助社是社区互助性银行类金融机构，属于合作性金融，主要目标不是利润最大化，而是以低成本满足社员的融资需求，入股自愿，民主管理，封闭运行。其内部设立社员大会、理事会、监事会和经营管理层"三会一层"，分别执行最高决策、执行、监督及经营管理工作。

（二）农村资金互助社的分类

（1）从是否具有扶贫性质的角度划分，分为不以扶贫为目的的、完全扶贫性质的、半扶贫性质的互助社。具有扶贫性质的部分资金由扶贫办出资；半扶贫性质的互助社既具有扶贫性质又开展经营活动。

（2）从监管角度划分，即从是否经银监会批准、工商部门登记注册，可以分为正规和非正规的金融组织两类，即是否挂牌成为国家正式注册的法人机构。

（3）从是否依赖于农村专业合作组织的角度划分，分为依托于或不依托于专业合作组织的资金互助社。内生于专业合作社的农民资金互助合作社以专业合作社（非资金）为依托，社员间存在的生产、经济上合作关系较强。

（4）从管理方式不同的角度划分，可以划分为基地（公司）托管模式和村两委管理模式。基地（公司）管理模式是作为独立于村两委的机构运作，但由村两委监管并予以指导。

（5）从发展驱动力量来源的角度划分，分为政府主导型、自发引导型及融合共生型等。政府主导型依赖于政府部门来进行经营管理和发展，而自发引导型更具自主性，农民积极性更强。

农村资金互助社与村镇银行、小额贷款公司为3类新型农村金融机构，除农村资金互助社是合作性金融以外，其他两类都是商业性金融。在我国持有金融许可证的农村资金互助社数量较少，大多以非正规或试点的形式存在。互助社全国分布分散，其中大多属于扶贫或半扶贫性质，以省财政厅和市扶贫办资助及社会捐赠为主要资金来源。在地理分布方面，49家农村资金互助社分布分散，主要位于我国东部，西部则很少。具体分布见表1。

表1　全国49家农村资金互助社分布　　单位：个

地区	数量	地区	数量
安徽	1	宁波	1
甘肃	4	青海	2
广西	3	山东	2
海南	3	山西	6
河北	1	四川	1
河南	3	新疆	1
黑龙江	6	浙江	7
吉林	4	重庆	2
内蒙古	2		

二、农村资金互助社的运作机制

(一) 农村资金互助社的所有权结构

农村资金互助合作社的资金来源包括：社员股金、社会捐赠、财政资金、金融机构借贷四类。社员股金是农户通过投入资金成为股东，对互助社有相应的股权，互助社获得股金。社会捐赠则是以无偿形式获得的，如公益基金会捐助、企业捐赠等。财政资金是中央财政厅、扶贫办或地方政府为支持地方发展而提供的资助。金融机构借贷则是以借贷方式有偿获得的短期资金。互助社资金所有权包括项目所有、村民所有和村集体所有。项目所有指在项目期间归项目管理机构控制，对于项目后如何处理没有规定或规定不清；村民所有是指互助资金所有权归全体村民；村民小组所有是指资金所有权为参加成员；村集体所有是将互助资金属于村集体财产，由村委会管理。股权结构一般由股东控股比例来衡量。国家相关法令规定，农村资金互助社的单个入股社员所有股权不能超过总股权的 10%，目的在于增强社员之间的制衡能力，实现真正的"合作"式组织，保障大多数社员的利益。

(二) 农村资金互助社运营模式

农村资金互助社的运作模式是依托政府和大银行支持，以资金互助合作为基础，以社会民间资本为主导，发展股权结构的多元化，构建农村资金互助组织，帮助乡镇企业和农户创业及进行农业生产经营。其运营模式包括独立运作模式、专业合作社的内生资金互助模式和金融机构代管模式。独立运作模式是独立的法人机构；依托专业合作社的内生资金互助模式是以一些农村生产合作、供销合作等专业合作组织为基础；金融机构代管模式是依附于其他金融机构的模式。

(三) 农村资金互助社的监督治理机制

农村互助资金合作社的主管部门为农村集体资产管理局，政府管理一定的合法经营活动，制定投资方向，保障利益相关者的合法权益，保证资金为全体成员共同所有，使自主管理、共同参与、民主决策的原则得到落实。农村资金互助社有完整的治理结构，外部有相关监管部门（包括银监会、省财政厅、市扶贫办及村两委）监督及引导，内部利用"三会一层"分权制衡，同时以互助小组作为传导组织，加强内部信息的交流及监控，以降低运作风险。

（四）农村资金互助社的运作

在资金运作方面，资金互助社可以借助社会和民间资金力量获得社会捐助，或者采用股份制形式融资，还可以通过大银行借贷和政府支持获取营运资金。资金进入互助社后在社员之间运作，解决社员的资金需求。

在利率方面，包括存入资金时社员得到的使用费率和获得互助资金时社员所支付的占用费率，使用费率与同期银行存款利率相同，占用费率方面规定利率下限，是同期同档次贷款基准利率的 0.9 倍。实践中利率上限参考农村信用社利率，为同期银行贷款基准利率的 2.3 倍。

利润分配方面，互助合作社的利润分配方案须经由社员代表大会审议批准后，再报于相关部门审批。利润分配顺序一般为：①弥补亏损；②法定盈余公积金（不少于 10%）；③呆账准备；④优先股红利；⑤任意盈余公积；⑥盈余返还及普通股红利分配。农民资金互助合作社一般按固定金额分红，在社员存入互助金满一年后除获得使用费率外，还可获得固定分红。除此之外，农民资金互助合作社必须按规定将剩余可分配盈余的 1/2 到 3/5 用于年底的二次分配。

三、农村资金互助社存在的问题

（一）资金不足且运作效率低下

农村资金互助社规模小，业务少，产品单一，运作效率低下，资金来源严重不足，因此无法满足农民多样化的资金需求。资金业务中贷多存少，机构小，风险大，储蓄资金少，资金需求大，其他金融机构的资金支持也很有限。互助社内部资金运作往往没有专业大金融机构的效率高，经营成本高、融资渠道窄、投资风险大、投资方向及对象受限等都制约着互助社的发展。

农村金融市场高风险、低利润率的现实短期内无法改变，城市金融市场无疑是理性投资者的最好选择。另一方面，在货币供给有限的情况下，大银行在激烈的竞争中占据优势，农民更愿意把资金投入银行，而农村资金互助社在资金竞争中力量不足，将受到很大威胁和挑战。在利率市场化趋势下，利差空间减小，资金互助社提高资金利用率更是迫在眉睫。

（二）内部治理和内控机制不完善

农村资金互助社的机制性缺陷体现在内部管理、融资方式、人才队伍和激励机制方面。资金互助社的正式化、规范化、制度化不强，内部治理结构不够完善，财务管理制度不够严格，会计核算制度不够健全，民主政策实施不够到位。封闭性的融资方式严重限制了互助社的资金来源，使互助社社员的借贷和盈利需求得不到满足。互助社的从业人员往往是非专业人士，缺乏一定的职业素质和技能。同时，互助社的分红比例有严格限定，削弱了农户参与的积极性，不利于其长远发展。

（三）风险防范和控制能力较弱

农村资金互助社会运营中存在以下四个方面的风险。

（1）经营风险。农村资金互助社作为微型金融机构，其自身结构和机制不完善，人员素质不高，区域性的特点决定了其经营范围和对象比较窄；同时农业生产自然风险高、投向农业的贷款资金周期长等，增加了资金互助社经营的不确定性，使经营风险难以防范和控制。此外，互助社得不到像传统金融机构所受到的民政部门、农工部门、工商部门的支持，还面临着作为惠农金融机构盈利性与公益性的双重目标冲突。

（2）政策风险。我国决策层长期奉行凯恩斯的经济干预政策，容易导致宏观经济政策的不连续性；与此同时，政府过度干预容易造成风险的积累。20世纪90年代，我国农村资金互助社迅猛发展后酿成巨大风险，后又被大规模迅速叫停，对农村金融造成了巨大伤害。其次，我国监管政策对新型农村组织的资金来源做了比较严格的限定，对其规模的扩张造成了束缚，使其风险承载能力大大降低。

（3）道德风险。由于信息不对称，资金互助社难以全面及时地了解借款人的偿债能力、生产经营、资金使用等相关信息，也无法对借款人形成全面有效的监管和约束，对借款人的道德风险无法预料和控制，这样可能会出现借款人使用虚假信息、恶意拖欠贷款、贷款投向虚假等问题。造成这一问题的主要原因在于互助社缺乏抵押担保机制和风险规避机制，农户自我担保能力很低，缺少资产抵押条件；农村信用担保体系也不完善，政府部门也没有建立相应的风险补偿机制。这些都加剧了资金互助社的风险。

（4）潜在风险。除上述风险外，农村资金互助社还面临社会风险、寻租风险、对其他资本的挤出效应风险、市场风险、破坏当地信用等风险。

四、农村互助社可持续发展的几点建议

（一）畅通外部融资渠道

农村资金互助社应该充分发挥国家财政政策及货币政策，利用政策优势扩大

外部融资渠道，改变封闭式的内部融资方式，探寻多种形式的资金来源方式。利用政策性银行及商业银行的各种支农方式，使互助社在安全稳定运行的基础上不断扩大资金实力，实现经营和服务的良性循环。

（二）提高资金管理和运作水平

实现资源有效配置的方法首先是明确资金所有权，互助资金的村集体所有容易被误解为村级集体组织所有、由村委会行使管理权，这种误解导致不能形成民主的管理模式，农户与互助社利益不直接挂钩，降低了村民的积极参与度与自主意识，不利于农民增加资金的投入与实行民主管理与监督。对于外部投入的资金，则以有偿贷款的形式，有利于互助社的长远发展、培养社员及管理者的责任意识、提高资金管理和运作水平。

（三）强化风险防范机制

首先，加强财务监督与管理。村民入股资金和国家专项配股资金实行专户管理，封闭运行；内部相应岗位、人员配备齐全，收支方式科学严格选择、手续完备，账务清楚；接受利益相关者和社会的监督和审计，向有关部门提交财务及工作报告，按要求进行社会公示等。其次，明确经营和风险管理指标。严格执行《巴塞尔协议》中对资本充足率、风险准备金率要求等的相关规定。再次，实时进行内部和外部审计，注意防范相关人员的道德风险及互助社运营风险。最后，建立风险准备金制度，根据项目预期风险提取损失准备或呆账准备。

（四）加强政府引导与监管

政府等相关监管部门应该充分发挥其引导和监管作用，慎重、持续、动态地采取监管措施，指导互助社完善治理结构，建立风险防范机制，严格规范内部管理，健全各项规章制度。对资金互助社货币政策予以财政政策的扶持，增加互助社支农贷款，发挥互助社合作性银行作用，引导农村金融市场的自主创新和改革，改变金融机构业务单一、功能缺位的现状，不断探索新的模式进行互助社间的联合与合作，明确各商业银行的支农责任，扩大支农领域，实现农村资金互助社与其他金融机构共同协调发展。

参考文献：

[1]周佳丽.浅析农村资金互助社的风险构成与防范策略[J].时代金融,2013,6(17):102－103.

[2]张庆亮,张前程.我国农村资金互助社监管问题探讨[J].管理学刊,2010(4):21－25.

[3]傅德汉,朱波,操基平.持有金融牌照的农村资金互助社:制度成本与运行绩效——安徽

太湖银燕农村资金互助社个案分析[J].金融纵横.2011(5):51-54.

[4]曲小刚,罗剑朝.农村资金互助社的运行绩效和影响因素——以内蒙古通宁市辽河镇融达农村资金互助社为例[J].农村经济,2013(4):61-65.

[5]马九杰,周向阳.农村资金互助社的所有权结构、治理机制与金融服务[J].江汉论坛,2013(5):59-65.

浅析人民币国际化之挑战

曹 敏

摘　要： 在全球经济一体化快速发展的时代背景下，一国货币的国际化越来越成为衡量一国经济和政治实力的标志。美国、欧洲、日本和英国在世界经济和政治上的强大影响力，源自与之相对应的现行以美元为主导，欧元、日元和英镑次之的国际货币体系。而中国在改革开放30多年来，经济有了突飞猛进的发展，平均经济增长在两位数左右，2010年中国更是取代日本成为全球第二大经济体以及全球最大的出口贸易国。然而，中国却仍然在使用他国货币作为主要的贸易计价结算货币，这与中国作为正在发展中的经济大国的地位很不相称。人民币作为中国主权货币的国际化对巩固和加强中国政治和经济的国际地位有着举足轻重的战略意义。

关键词： 人民币国际化　路径选择　跨境贸易

一、人民币国际化的背景

所谓人民币的国际化，就是要让人民币被普遍用于国际经济贸易金融活动之中，并且作为价值的一般承担者，从而成为别国的主要外汇储备货币。从货币的功能角度来看，国际货币就是要在国际范围内普遍成为商品和劳务的一般计价工具，成为贸易的结算工具以及国际通行的价值储藏手段。

纵观人民币国际化的路径，早在20世纪90年代，我国便开始与周边邻国使用人民币进行边境贸易结算。而人民币国际化迈开实质性的步伐却是在2009年我国先后与6个国家和地区的货币当局签署了总额达6 500亿元人民币的双边本币互换协议，以及2009年7月我国正式启动了跨境贸易人民币结算试点工作。

在过去的四年里，美元、日元、欧元和英镑这些现有强势货币的国际化路径为人民币国际化提供了一定程度的理论和经验指导。然而，由于时代背景和彼此国情的大相径庭，这些国际化的经验并不可复制，我们只能结合中国所处的特有国内外环境"摸着石头过河"，不断实践，来走出人民币特有的国际化之路。虽然从 2009 年 7 月起中国开始启动跨境贸易人民币结算试点，并在过去的四年里对离岸人民币结算范围不断拓宽，人民币跨境结算已从贸易领域拓展到 FDI（外商直接投资）和 ODI（对外直接投资），实现了从经常项目到部分资本项目的扩展。2009 年以来，我国政府取消了对人民币在经常账户交易中的限制，并逐步扩大其在资本账户交易的范围。2011 年 1 月和 2011 年 10 月，分别实现了我国企业对外直接投资和外商对我国直接投资的人民币结算。然而，在肯定人民币国际化有了实质性突破之余，我们还必须承认人民币仍然处于区域化而远未迈入国际化的初级阶段。在贸易计价结算领域，人民币主要在边境贸易以及跨境贸易人民币结算试点城市和企业中使用，规模和范围都非常有限。在金融资产计价交易领域，人民币业务主要集中在香港离岸市场，主要局限在存贷款和债券市场，且规模很小。而在储备货币领域，人民币也仅被周边少数几个小国（如越南、缅甸等）接受为储备货币，远未成为国际主流的储备货币而被广泛接受。

二、人民币国际化面临的主要挑战

如果想要进一步加强人民币国际化的深度和广度，我们必须清楚地认识到现行人民币国际化所面临的以下几个主要挑战。

第一，在国际贸易的计价和结算中，一国货币是否被广泛接受取决于贸易双方的谈判力量、商品类型、所处产业链的环节及外汇市场的发达程度等因素。通常在国际贸易中结算币种的选择呈现以下几个特征。

（1）发达国家与不发达国家之间的贸易倾向于以发达国家的货币来定价结算。这是因为发达国家拥有先进的核心技术，往往占据产业链上游，所出口的产品和服务具有多样性和高附加值的特征，从而使发达国家的出口企业具有先发优势和垄断力量，因而在决定贸易结算时比发展中国家的企业更具有谈判能力。而在中国现有的以低端加工贸易为主导的贸易结构中，大多数的出口企业都是依靠劳动力密集型和资源禀赋型的低端制造业，往往处于技术含量低从而获益最少的价值链低端。商业谈判的主动权也往往掌握在委托生产一方，使人民币在加工贸易方式下定价权力的取得较为困难（见表 1）。从贸易伙伴来看，中国的主要出口方向仍然是美国、日本、德国等发达国家，中国目前很难在主要的国际贸易伙伴中使用人民币来计价和结算（见图 1）。

表 1　按贸易方式分货物进出口比例

年份	一般贸易		加工贸易		其他贸易	
	出口	进口	出口	进口	出口	进口
1981—1985	92%	90%	8%	9%	0%	1%
1986—1990	66%	63%	32%	27%	2%	10%
1991—1995	50%	36%	48%	40%	3%	24%
1996—2000	42%	36%	56%	45%	3%	19%
2001—2005	41%	44%	55%	40%	3%	16%
2006—2010	45%	46%	50%	37%	5%	17%
2011—2012	48%	57%	43%	27%	9%	16%

＊数据来源：中国海关总署。

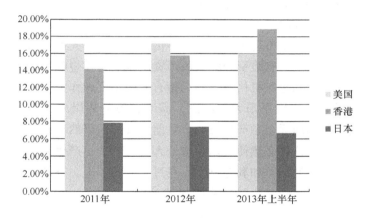

图 1　出口主要国别总值比例（排名前三者）

＊数据来源：中国海关总署。

（2）大宗商品或者原油等同质产品一般由若干主要国际货币来计价和结算。定价货币的选择主要取决于货币发行国的经济体需求和供给规模，大宗商品市场的效率和流动性以及金融市场的发达程度。大宗商品等在国际贸易结算中往往也采用主要国际货币作为媒介货币，因为这些国际货币发行国的外汇市场更有深度、广度以及更好的流动性，从而能使利用该国际货币结算的成本低于贸易双方任何一国货币的交易成本。尽管随着中国经济的快速增长，对大宗商品的需求也越来越大，然而中国却没有大宗商品的定价权，从而使人民币在国际大宗商品的交易中很难被接受。

国际贸易的大量初级产品和资产需要用一种主要的国际货币来标价，而该货币的选择则取决于发行国金融市场的深度和广度。同质初级产品的有效定价需求需要建立一个世界性的商品交易所来记录全球的商品供需情况，而具有发达金融市场的国家则在建立该交易所方面具有比较优势，同时也有利于发展商品期货市场。由于大宗商品的定价与货币发行国大宗商品市场的效率和流动性密不可分，美国也正是因为拥有全世界最具深度、最具流动性和效率的商品期货市场，才能吸引全世界的投资者参与用美元定价的大宗商品交易。而中国由于目前的资本账户尚存在一定管制，其他国家的买家和卖家不能自由地进入中国市场，从而不能吸引投资者使用人民币定价和结算大宗商品。

（3）人民币国际化的另一重要标志就是成为国际普遍接受的价值储藏手段。境外居民如果选择人民币资产作为价值储藏手段，中国金融法律的不完善以及金融市场的不健全无疑会消弱国外投资者对人民币的信心。香港作为最重要的人民币离岸市场，其广度与深度仍有待拓展。香港人民币离岸市场不应该仅是人民币的境外"蓄水池"，更应该形成人民币境外资本市场，为人民币持有者提供多样的投资渠道，向国内外居民提供具有高度安全性、流动性和赢利性的金融工具。然而现有香港人民币离岸市场金融产品种类仍不多，境外人民币持有者的投资选择仍然有限。由于缺乏具有吸引力的人民币资产以及有理想收益的人民币金融产品，导致国际投资者和金融机构没有动力持有人民币资产作为价值储藏的媒介。

（4）为了防止离岸人民币大量回流，需增加香港离岸人民币的存量，从而催生人民币更广泛的国际金融产品市场。目前监管部门仍然对人民币回流的渠道进行资本项目管制，这样必然使境内和境外人民币的价格产生差异，并随着境外人民币蓄积的增多而使汇差和利差增大。在过去的两年里，香港人民币市场 NDF 汇率和储蓄存款利率与内地市场已有明显的差别。一方面由于人民币升值预期，香港人民币 NDF 汇率长期走高于内地；另一方面，由于人民币在离岸市场的使用渠道狭窄，香港人民币市场利率又长期走低于内地。因此，这种在岸和离岸市场上的利差和汇差，使得内地企业期望在香港获得更低成本的人民币资金，而香港离岸人民币市场的投资人期望将人民币投资于回报率更高的内地市场。这些都使人民币回流内地的冲动加大，从而不仅增加了央行管理内地流动性过剩的货币政策的难度，也不利于实现增加香港离岸市场人民币蓄积的初衷。此外，离岸和在岸市场的利差和汇差诱发了国际资本的套利空间，导致相当大规模的虚假贸易以及热钱的频繁流动。

第二，从市场深度来看，目前离岸市场的人民币存量不足仍是人民币国际化最大的障碍之一。

离岸人民币市场的深入发展需要境内人民币不断地流出，以形成境外尤其是香港人民币流动性蓄积的稳定来源。而要达到这一点，就需要中国的国际收支至少或在经常项下或在资本项下稳定持续地发生逆差。只有这样，境外人民币的流动性才能维持，人民币国际使用的长期预期才能形成。从美元和日元的国际化经验来看，美国是靠长期的经常项下和资本项下的"双逆差"逐步树立了美元国际货币的霸主地位；而日本虽然在经常项下持续保持顺差，但通过大量对外投资的资本项下逆差，日元不断地向境外输出流动性，以助推日元国际化。然而，目前中国作为人口超级大国仍有过剩的劳动力，仍需要依靠劳动密集型出口行业来扩大就业，虽然产业结构落后但结构调整又需要较长周期，因此经济增速和就业保障在今后的一定时期内仍需要依靠出口来拉动，因而在经常项下难以形成逆差。再看资本项下的现实情况是中国的海外投资刚刚起步，国际经济形势又变化莫测，很多走出去的中国企业由于缺乏经验、不懂国际游戏规则而面临巨大的投资风险。更为重要的是，目前在中国境内投资回报率要高于海外，仍是外商不断投资中国之时，因此也很难形成持续的资本项下逆差。所以，目前境外离岸市场的人民币存量很大程度上来自于境内外企业的人民币收入留存以及国家央行层面的双边货币互换或者境外放款。

三、对人民币国际化的建议

通过上述分析，我们需要清楚地认识到人民币国际化是纷繁复杂并充满挑战的漫长历程。在推动人民币国际化方面，我们需要借鉴其他国际化货币的经验教训，立足于国内外的经济政治大环境，并密切结合中国金融改革、资本账户开放、利率汇率市场化等一系列改革，谨慎有序走出一条人民币国际化的务实路线。

首先，在经济模式上我们要坚持走可持续发展的道路，逐步提升产业结构，扩大内需，构建具有核心竞争力的贸易模式，使人民币成为重要的国际贸易结算和计价货币。

其次，不断完善国内金融制度和法律监管来加强国外投资者对人民币的信心。我们要稳步推进金融市场改革，加强金融市场的广度和深度建设，鼓励金融创新，并且完善人民币汇率形成机制，保持人民币的币值稳定，加快和完善香港人民币离岸市场的建设，使其成为人民币国际化的试验田和先行者，从而使人民币成为重要的国际投融资货币，并进一步成为国际普遍接受的价值储藏手段。

最后，我们要在国家层面加强人民币的国际合作，从区域化着手先加强与周边地区和发展中国家的人民币国际业务的合作，再逐步向发达国家推进以提升人民币的接受、使用程度，逐步使人民币成为各国央行用于国际支付和干预外汇市场的重要货币和外汇储备货币，最终真正改变中国"经济大国，货币小国"的地位，提升中国在国际政治、经济舞台上的地位！

完善现有以单一货币为核心的货币体系，谋求多元化发展以克服现有体系内在缺陷，已是国际社会的普遍共识。国际社会对日益崛起的人民币担当更重要的角色寄予较高期望，人民币该选择怎样的国际化路径也已是现阶段众多学者探讨的重点。

参考文献：

[1]李靖.中国资本账户自由化与汇率制度选择[M].北京:中国经济出版社,2006.

[2]何慧刚.人民币国际化:模式选择与路径安排[J].财经科学,2007(2):37-42.

[3]翁东玲.现行国际货币体系下人民币的区域化和国际化[J].福建论坛.人文社会科学版,2009(10):11-15.

[4]高海红.人民币成为区域货币的潜力[J].国际经济评论,2011(2):80-88.

[5]王元龙.人民币国际化的顶层设计与推进策略[J].金融与经济,2013(4):8-13.

上市公司真实活动盈余管理的动因及手段研究

王永萍

摘　要：盈余管理是上市公司的管理者通过会计手段或非会计手段以实现利益最大化的行为。盈余管理有应计盈余管理与真实活动盈余管理两个组成部分。由于应计盈余管理的可操作性降低，越来越多的企业管理者将目光从应计盈余管理投向了真实活动盈余管理。本文讨论了真实活动盈余管理的概念及特征，分析了真实活动盈余管理产生的原因、真实活动盈余管理的手段以及给企业带来的经济后果，并提出了治理的措施。

关键词：盈余管理　应计盈余管理　真实活动盈余管理　生产操控

盈余管理的研究始于 20 世纪 80 年代，管理者在编制财务报告和构建经济交易时，运用职业的判断改编财务报告，从而误导一些利益相关者对公司根本经济收益的理解或者影响根据报告中的会计数据形成的契约结果，由此盈余管理就产生了。盈余管理是上市公司的管理者通过会计手段或非会计手段以实现利益最大化的行为。

盈余管理有应计盈余管理与真实活动盈余管理两个组成部分。由于应计盈余管理的可操作性降低，越来越多的企业管理者将目光从应计盈余管理投向了真实活动盈余管理。

一、真实活动盈余管理的概念

真实活动盈余管理作为盈余管理的一种，是通过操纵真实的交易活动来影响会计报表上的会计信息，获得相关的利益以便提供给企业投资者或企业管理者等人员的过程。

真实活动盈余管理具有以下特征。

第一，真实活动盈余管理的对象并不仅仅是会计利润，这与人们对盈余管理的原有认知有很大不同。真实活动盈余管理不仅可以以改变企业的利润为根本目的而进行，也可以对会计利润无关的真实交易做出调整，这体现出真实活动盈余管理调整对象的多端性。

第二，真实活动盈余管理的表现形式是基于会计报表的，这些会计信息可以直接反馈给会计报表的使用者，另一方面也可以通过这些被披露的信息把真实活动盈余管理的结果反映给期望获得利益的受益人，可见真实活动盈余管理的表现形式未脱离会计报表的范畴。

第三，真实活动盈余管理是一种合法的行为，并且各国都未对真实活动盈余管理提出禁止的规定，它是一种符合企业会计准则的行为。

第四，从真实活动盈余管理的对象来看，它不仅仅存在于公司制的企业中，也存在于非公司制的企业中。现阶段学者们对真实活动盈余管理的研究主要体现在上市公司，几乎没有涉及非公司制企业的研究，但我们不应该因此而拒绝把非公司制企业作为研究对象。

二、真实活动盈余管理的产生原因

企业管理者真实活动盈余管理的操控很大程度上与会计准则的弹性空间相关。当公司会计弹性较大时，会倾向多用真实活动盈余管理；当公司会计弹性较小时，会倾向少用真实活动盈余管理。

与应计盈余管理相比较而言，真实活动盈余管理活动的时间更为灵活，手段更加隐蔽；另一方面，投资者等利益相关者对应计盈余管理的手段比较了解，而他们对真实活动盈余管理的防范几乎为零，这些原因促使管理者不得不开动脑筋，在新的盈余管理方法上做文章。

为了保证利益相关者的利益，以防由于管理者进行盈余管理活动而产生的损害，在双方签订契约时明确指出，除了限制会计利润等指标反映外，还增添了如"现金流量"等足以反映应计盈余管理活动的指标。由于以往管理者经常使用的应计盈余管理方法不能在账面上修改"现金流量"这一指标，导致真实活动盈余管理的优势进一步凸显出来，使得企业管理者更加热衷于使用这种手段。

三、真实活动盈余管理的具体手段

（一）生产操控

产品的生产成本包括固定成本和可变动成本，在一定的会计期间内在产的产品会分摊固定成本，此时管理者可以通过加大产品的产量使产品单位成本降低来增加盈余。企业管理者通过这种生产操控方式可以在确定销量的前提下轻而易举地提高当期收益，赢利较少的企业更倾向于使用这种手段进行真实活动盈余管理活动。

（二）非货币性资产交换、债务重组

由于非货币性资产交换和债务重组两项交易都会涉及公允价值，所以假设公允价值是以不偏不倚的中立状态存在的。《企业会计准则第 7 号——非货币性资产交换》中有规定"以公允价值计量时会有收益发生"；《企业会计准则第 12 号——债务重组》中规定"债务人必然有利得发生，甚至还有资产处置收益，甚至债权人也可借此实现收益。"上市公司，尤其是亏损的公司，可能会通过债务重组等交易手段带来的营业外收入实现扭亏为盈。

（三）费用操控

费用操控是企业管理者可以自主进行费用支出调整的行为。由于企业的经营类型不同，不同的企业具有不同的费用操控方式，如操控企业的应酬费用、卫生监督费用、律师费用、员工培训费用等。在较短的会计期间内管理者通过费用操控的方式可以增加企业赢利且效果明显，但是用长远的眼光来看，这种操控方式有可能会影响到企业未来的发展状况，损害到企业更多的利益及价值。可见，费用操控作为真实活动盈余管理的表现形式之一，体现了求近利而舍远利的特点。

（四）债券转换为股东权益

上市公司在筹集长期资本时需要考虑诸多因素，例如：筹集资金的成本、到期还款的压力等。当上市公司持有可转换公司债券时，公司就掌握了一种较好的融资方式，原因是可转换公司债券具有双重性质，既有债券性质，又有股票的性质。当上市公司的经营状况不容乐观时，可以将债券以按期转换为股东权益的方式，增加当期的利益流入，减少现金的流出。

（五）销售操控

销售操控指的是上市公司可以通过降价促销或降低条件来大幅度增加产品的销量并以此获得赢利等一系列行为。该行为虽然会给企业带来一时的利益，但也会带来很多"后遗症"。过分的降价促销活动会透支下一个会计周期市场的需求，同时放宽信用条件的行为会大大增加产生坏账损失的可能性，也会给企业带来大量的应收账款。

（六）关联方交易

关联方交易的定义为："关联方之间发生的转移资源或者义务的事项，而不论是否收取价款"。在我国关联方披露准则中，列示了十种算作通过关联方交易

对企业利益进行操纵的情形，这种严密的列示却给了企业管理者"钻空子"的机会，管理者可以通过除此十种以外的真实活动盈余管理活动来谋求利益。比如，当上市公司（ST、＊ST）面临退市风险时，关联方可以借助关联方交易真实活动盈余管理向上市公司输送利益，从而优化上市公司的经营业绩表现，帮助其实现保牌；当上市公司为获得股权再融资资格时，关联方也可借助关联方交易真实活动盈余管理向上市公司输送利益，帮助其实现保配、保发。

真实活动盈余管理除了以上几种表现形式以外，还有股票回购、处置资产、取得政府补助等具体手段。

四、上市公司真实活动盈余管理的经济后果分析

上市公司真实活动盈余管理所产生的经济后果必然是两面性的，它的产生既会带来积极的影响，也会带来消极的影响。

（一）真实活动盈余管理的积极作用

真实活动盈余管理是上市公司管理者的一种经济管理能力。作为上市公司的管理者，充当着契约中受委托提供服务的一方，就需要承担种种不可推卸的责任，譬如需要负责企业未来发展的保值和增值的工作，此外也肩负着对外披露会计信息的职责。但是，由于有时企业管理者做出的决策虽然合理合法，但在较短时期内不能达到投资者期望的利益目标，这时管理者就会产生深深的危机感，担心被委托方替换掉或影响自己的薪酬，从而进行合理的真实活动盈余管理活动来实现自身的利益。有时，真实活动盈余管理还可以暂时缓解企业的经济危机，降低企业破产的风险。

（二）真实活动盈余管理的消极作用

第一，假如上市公司的管理者为了增加赢利或为了躲避纳税，故意与交换方进行企业生产经营并不需要的非货币性资产的交换行为，会导致资产的浪费，从而引起企业未来的业绩后劲不足，很难得到提升。

第二，当上市公司管理者将债权转为股东权益时，企业当期会减少现金流出并且可以增加企业当期收益，但是由于企业进行股权融资的成本普遍高于债权融资的成本，这种企业付出高成本换来的当期收益就显得微不足道了。

第三，销售操控形式虽然可以通过大力降价促销和降低信用标准来保证稳定的销售量，但是这一做法会使企业下一会计周期的市场需求降低，销售量骤减并有可能造成坏账的增加。

五、上市公司真实活动盈余管理的治理

对于上市公司而言，真实活动盈余管理是一把"双刃剑"，应将其控制在适度的范围内。

（一）改变企业对外披露会计信息制度

现行的法律条款中不乏对需披露对象内容的罗列，而根本没有关于违背了披露的要求将做何处罚的制度，这就造成了管理人员的侥幸心理。企业管理人员认为如果按照要求实事求是地进行披露，自己可能会面对更多的惩罚；而不照实披露反而对自己没有损失，所以少披露、不披露的现象只增不减。

（二）完善上市公司股权结构

现行的上市公司，存在着控股股东，一股独大，中小股东没有发言权。应该适当地分散股权，加强公司治理结构，发挥董事会、监事会的积极作用。

（三）强化注册会计师审计监督

相比较企业内部的监督，会计师在审计过程中更有可能识破隐藏在会计报告中已发生的真实活动盈余管理活动。现在会计师事务所的审计水平良莠不齐，高水平的审计就是对会计信息高质量的监督、甄别，因此提升注册会计师的专业水平极为关键。除了会计师专业水平的提升以外，还需加强会计师对职业道德规范的认识。

（四）完善现行会计准则

会计准则的制定与修订对于上市公司真实活动盈余管理具有一定的影响作用。应减少会计准则的弹性，不给真实活动盈余管理以可乘之机。

（五）提升利益相关者的专业素养

无论采取哪种治理措施，都无法根绝这种行为。利益相关者只有尽可能地学习专业知识，提升自己的会计信息甄别能力，才能更好地保护自己的利益。

参考文献：

[1]陈威燕.盈余管理研究综述[J].新西部,2011(4).

[2]肖家翔.盈余管理研究新方向:真实活动盈余管理[J].财会通信,2012(5).

[3]王翠婷,陈波.会计准则变迁与上市公司盈余管理手段选择[D].中南财经政法大学,2013.

[4]李琴.盈余管理行为产生的前提条件分析[J].中国管理信息化,2009(20).

规范我国上市公司关联方交易
定价政策披露的策略

李秀芹

摘　　要： 我国新会计准则虽然将定价政策信息披露作为最低披露要求，但是，并未对定价政策的披露进行详细的规范。如何对关联方交易定价政策信息披露进行规范，是我国关联方披露准则应该研究的内容。本文分析了我国上市公司关联方交易定价政策信息披露的现状和存在的问题，并对其原因进行了探讨，提出了规范关联方交易定价政策信息披露的具体措施。

关键词： 关联方交易　定价政策　规范

一、我国上市公司关联方交易定价政策披露的现状

1997 年我国财政部颁布了第一个关于关联方交易的会计准则——《企业会计准则——关联方关系及其交易的披露》。2006 年颁布了修订后的《企业会计准则第 36 号——关联方披露》。关联方交易是指关联方之间转移资源、劳务或义务的行为，而不论是否收取价款。关联方交易普遍存在于我国上市公司中。我国上市公司关联方交易的总体状况见表 1 与表 2。

表 1　我国上市公司关联方交易数量统计表　　　　单位：个

项目	2010 年	2011 年	2012 年	2013 年
关联方交易数量（临时公告）	773	844	1 099	1 668
关联方交易数量（年报）	1 423	1 647	1 702	2 225
我国境内上市公司数量	2 171	2 450	2 601	2 595
关联方交易数量（年报）占上市公司数量比重	65. 55%	67. 22%	65. 44%	85. 74%
关联方交易数量（临时公告）占关联方交易数量（年报）比重	54. 32%	51. 24%	64. 57%	74. 97%

资料来源：证监会证券市场快报。

表2　我国上市公司关联方交易金额统计表　　　单位：万元

项目	2010 年	2011 年	2012 年	2013 年
关联方交易金额（临时公告）	90 299 039	90 110 226	290 405 361	190 213 943
关联方交易金额（年报）	1 517 347 570	764 252 262	3 015 561 894	5 432 468 842
关联方交易金额（临时公告）占关联方交易金额（年报）比重	5.95%	11.79%	9.63%	3.50%

资料来源：证监会证券市场快报。

　　由表1和表2可以看出，2010—2013 年我国上市公司关联方交易数量逐年增加，关联方交易数量占上市公司数量比重均在 65% 以上。2010—2013 年我国上市公司发生的关联交易临时披露数量都在 50% 以上，但其临时披露的关联交易金额占其总金额的比例不足 12%。可见我国上市公司存在关联方交易信息披露不及时、不完整、形式重于实质的问题。

　　我国上市公司关联方交易定价政策披露的现状如图1和图2所示。本部分数据主要从国泰安信息技术有限公司的我国上市公司关联交易数据库中选取 2010—2013 年所有沪深证券交易所上市公司的年度报告，通过 EXCEL 软件计算所得。

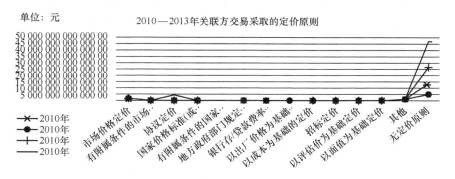

图1　定价原则占关联交易金额的比例

图2　无定价原则占关联交易金额的比重

统计结果表明如下。

（1）我国上市公司关联方交易定价政策以无定价原则居首位。利用市场价格定价、协议定价、其他定价方式的关联方交易金额逐年增加，但增幅较小。2010年无定价原则占关联交易金额的比重高达90.83%，2011年有所下降；2012年增加至88.96%，2013年稍有下降，但仍然高达86.53%。从整体上看，我国以无定价原则发生关联交易占比居高不下。

（2）从披露的质量来看，定价原则过多，有市场价、有附属条件的市场价、协议价等模糊披露关联方交易的定价政策。有些上市公司仅披露了成本价、出厂价、招标价等定价政策，但对这些定价与市场正常交易价格有何区别却没有提及；对资产重组中的定价披露，有的公司仅说明了重组过程中资产转让或收购使用的是协议价，没有同时说明具体的定价标准。显然，这种披露方式不能满足财务报表使用者对关联方交易的信息需求。

二、关联方交易定价政策披露存在问题的原因

企业与非关联方之间的交易一般是按照公允市价进行的，由于投资企业对被投资企业的财务经营决策有着重大的影响，关联方之间交易可能不会按与非关联方之间交易的金额进行，关联方之间交易的定价较为灵活，往往高于或低于公允市价。目前，绝大多数上市公司对关联方交易定价政策的信息披露非常模糊，披露所能传递的信息十分有限，信息使用者往往无法对关联交易做出正确判断。之所以会出现这样的情况，主要原因如下。

一是进行盈余操纵。上市公司为了取得配股权等目的，借助关联方交易来使公司的财务状况和经营业绩更加好看，也就是盈余操纵。很多上市公司都采用协议定价的方法来确定关联方交易的价格，因为其定价的基础是建立在双方协商的前提下而不考虑市场的因素，只要关联方之间达成默契就可以来完成交易。关联方交易的定价如果高于市场价格，会导致上市公司收入和利润的虚增。

二是担心披露相关的定价政策信息会泄露公司的商业秘密。因为关联方交易定价的披露会涉及公司的成本、销售等方面的信息，而这些往往都是公司的商业秘密，一旦被竞争对手知晓，可能会对公司造成不必要的损失，因此上市公司往往不愿意主动披露关联方交易中详细的价格信息。

三是企业会计准则不完善。目前我国企业会计准则关于上市公司关联方交易定价政策披露方面的规定还很不完善。我国企业会计准则虽然将定价政策信息披露作为最低披露要求，但并未对定价政策的披露进行详细的规范。无论是准则还是指南都没有要求企业披露决定上市公司定价政策的基本因素及其与市价的可比

性，致使一些上市公司在具体操作中无所适从，而有些上市公司则据以逃避披露监管。事实上，关联方交易定价是关联方交易中的核心问题，关联方交易的信息披露尤其应侧重披露关联方交易定价信息。

三、规范关联方交易定价政策披露的措施

目前国际上大多数准则制定机构和证券监管机构要求上市公司在财务报告中详细披露关联方交易定价的要素。如加拿大，企业不但要披露关联交易所使用的计量基础，而且鼓励披露有关交易价格如何决定的信息，以帮助使用者评估企业关联交易的影响。对于以账面价值计量的交易，应揭示其账面价值与交易价值的差异。《英国财务报告准则指南》也认为，理解财务报表所必要的关联交易的其他要素，包括了对重要资产转移金额与正常市场价格之间差异的说明。香港联交所则要求发行 H 股的上市公司，若发生非国家政策或计划规定的、与关联方的交易，如控股股东向上市公司提供原材料、水电等，企业不仅要有足够的披露，而且需要公司确认这样的安排是否符合企业的利益。规范我国关联方交易定价政策披露的具体措施如下。

（一）对关联方交易定价政策的披露进行详细规范

关联方交易定价政策信息披露具有一定的特殊性。一方面，企业关联方交易定价方法呈现多样性、复杂化的特征；另一方面，关联方交易价格涉及企业的商业机密，如果完全揭露价格差异，企业可能不予执行，进而影响准则的实际执行效力。因此，企业会计准则对于关联方交易定价政策信息披露的规范应该是提供定价政策的参考标准，要求企业对价格公允性的相关信息进行披露，以有助于财务报告使用者做出合理的决策。

1. 关于定价方法的披露方面

要求上市公司在财务报告中详细披露关联方交易转移定价的基本要素，包括关联方交易定价制定的方法，如成本价、市价、再售价格、净利润率或毛利率，以及选择该方法的理由。如果是按照评估方法确定金额的情况，公司也应该说明具体的定价方法，是采用现行市价法，还是收益现值法等，并对价格确定的影响因素进行详细的解释。

2. 关于价格公允性的披露方面

上市公司承担对交易价格与公允价值比较的责任。要求上市公司在财务报告中详细披露交易价格与公允价值的差异及对财务报表的影响等信息。对于可以取得公允价值的关联方交易，公司应该披露交易价格与公允价值的差别，并对定价

政策的影响因素予以解释。对于无法取得公允价值的情况，应该结合税务部门和注册会计师对关联方交易的认定进行披露。如果没有确凿证据证明交易是公允的，公司应该披露交易是非公允的，并且对定价政策影响因素予以详细说明。

3. 关于涉密信息的披露

因在关联方交易定价政策披露时涉及公司的商业秘密，并可能导致竞争劣势的信息，所以公司在进行成本效益权衡后，认为披露不符合成本效益原则的，可以向证券监管机构或其他机构申请披露豁免。对于重大的关联交易，可借鉴香港联交所的做法，规定由股东大会批准，并将发生的关联方交易的详细信息报证交所。

（二）加强注册会计师对关联方交易的审计

注册会计师要确定公司是否在财务报告中充分、公允地披露了关联方交易的基本要素尤其是关联方交易价格，审查公司的关联方交易是否符合公平原则，是否存在利用关联方交易定价来转入或转出利润的现象。注册会计师应实施各种必要的程序来证实定价政策披露的真实性及完整性，了解上市公司交易的目的及其价格是怎样确定的；检查与其相关的各种发票、协议书、合同内容以及其他的相关文件；核对双方之间的财务及经营业绩等。

相对于其他业务审计而言，关联方交易的审计难度较大，对注册会计师的职业道德与职业技能水平的要求也较高。因此，对于弄虚作假、审计不严的注册会计师及操作不正当的会计师事务所要加大处罚力度，保证注册会计师的执业质量，提高审计水平。

（三）加强上市公司的公司治理

首先，制订完备的大股东制衡体系，完善关联方交易表决权公允决策制度，加强中小股东的参与权和决策权；健全上市公司的电子投票制度，鼓励中小股东行使自己的投票权。其次，确保监事会工作的独立性，以加强监事的财务监督职能，提高上市公司会计信息的质量。上市公司通过完善公司治理来规范关联方交易的定价政策，防止大股东利用关联方交易掏空公司的资产，或者转移公司的资产。

总之，关联方交易行为的不确定性和交易价格的非市场性和多样性，使其定价政策成为交易的核心内容，也是上市公司进行资金转移和盈余管理的重要途径。充分披露关联方交易的定价政策，有助于财务报表使用者充分了解关联方交易对企业财务状况、经营成果和现金流量的影响程度，从而做出合理的决策。因此，我国企业会计准则进一步规范关联方交易的定价政策信息的披露是当务之急。

参考文献：

[1]郑瑛,张冬梅.关联方交易及其信息披露问题探讨[J].商业会计,2015,2(4):89 – 91.

[2]张彦宏.规范关联方交易定价政策会计信息披露的思路和策略[J].现代经济信息,2012,5(2):207 – 208.

[3]曹聪会.关联方交易定价政策会计信息披露动机分析[J].科技创新与应用,2012,8(21):279 – 280.

[4]财政部.企业会计准则[M].上海:立信会计出版社,2015.

P2P 网络借贷平台的发展现状及监管探析

孙尧斌

摘　要：P2P 网络借贷不依赖于传统的金融机构，而是通过互联网平台实现借贷双方的直接交易，属于直接金融范畴。其对于缓解中小企业融资困难，推动大众创业、万众创新的新局面，起到了积极的推动作用。然而，P2P 网络借贷在我国的蓬勃发展中，与之相伴也出现了一些非常突出的问题，如缺乏明确的监管规则、不少平台搞资金池、非法集资、信息披露不对称、风险控制体系不健全等。面对这一极具创新且缺乏监管的新金融业态，本文通过具体分析我国 P2P 网络借贷行业的发展现状及存在的突出问题，有针对性地提出了相应的监管政策建议。由于本人才学疏浅，只能在此抛砖引玉，希望能对推动 P2P 网络借贷行业的健康有序发展尽一点微薄之力。

关键词：P2P　网络借贷　风险控制　监管

一、P2P 网络借贷平台发展历程

P2P 网络借贷，英文全称为 Peer to Peer，中文翻译为"人人贷"。P2P 借贷首创于英国，其核心是愿意将闲置资金出借的个人以及有贷款需求的个人或企业，将信息发布在第三方网络平台上，进行自行配对。是利用互联网的技术便利和成本优势实现金融脱媒的融资活动。

关于 P2P 网络借贷概念的界定及内涵，今年刚发布的《关于促进互联网金融健康发展的指导意见》做出了明确的阐述：P2P 网络借贷即个体网络借贷，是指个体和个体之间通过互联网平台实现的直接借贷。在个体网络借贷平台上发生的直接借贷行为属于民间借贷范畴，受合同法、民法通则等法律法规以及最高人民法院相关司法解释规范。个体网络借贷要坚持平台功能，为投资方和融资方提供信息交互、撮合、资信评估等中介服务。个体网络借贷机构要明确其信息中介性质，主要为借贷双方的直接借贷提供信息服务，不得提供增信服务，不得非法集资。

自 2007 年国内第一家 P2P 平台拍拍贷出现以来，P2P 借贷在我国发展经历了以下四个阶段。

第一阶段 2007—2012 年（以信用借款为主的初始发展期）；

第二阶段 2012—2013 年（以地域借款为主的快速扩张期）；

第三阶段 2013—2014 年（以自融高息为主的风险爆发期）；

第四阶段 2014 年至今（以规范监管为主的政策调整期）。

二、P2P 网络借贷平台发展现状

自 2007 年国外网络借贷平台模式引入中国以来，国内 P2P 网络借贷平台如雨后春笋般蓬勃发展、百花齐放。综观其在国内的发展状况，P2P 平台数量、月成交金额及投资人数量的增长都是爆发式的，其对于缓解中小企业融资困难、响应国家提出的"大众创业、万众创新"政策起到了非常重要的推动作用。当前，中国已超越美国成为全球最大的 P2P 交易市场，互联网金融研究机构——网贷之家发布的《P2P 网贷行业 2015 年 11 月月报》数据显示，截至 11 月底，全国正常运营平台为 2 612 家，11 月新增问题平台 79 家，累计问题平台数量达 1 157 家。截至 11 月底，2015 年问题平台涉及的投资人约为 15.7 万人，涉及贷款余额 82.7 亿元。P2P 网贷行业贷款余额增至 4 005.43 亿元。仅 2015 年 1 月到 10 月，P2P 问题平台共计 711 家，频繁地出现跑路失联、提现困难、停业或经侦介入等突出问题。

P2P 网络借贷平台作为一种新兴的金融业态，在鼓励其创新发展的同时，行业的监管也亟待加强，实践中对 P2P 平台监管的有益探索主要有以下进展。

银监会总结出的四条红线：一是要明确平台的中介性质，二是要明确平台本身不得提供担保，三是不得将归集资金搞资金池，四是不得非法吸收公众资金。

2013 年 12 月 3 日，中国支付清算协会互联网金融专业委员会正式成立。在成立大会上，包括银行、证券、第三方支付及 P2P 平台的 75 家机构共同参与并审议通过了《互联网金融专业委员会章程》《互联网金融自律公约》，中国平安保险（集团）股份有限公司董事长马明哲当选为委员会主任。首批发起成员中的 10 家 P2P 平台分别为拍拍贷、翼龙贷、宜信、开鑫贷、红领创投、人人贷、陆金所、合力贷、第一 P2P 和融 360。

2015 年 7 月 18 日，人民银行等十个部门发布《关于促进互联网金融健康发展的指导意见》，对互联网金融监管也提出了相应的基本探讨。

三、P2P 网络借贷平台发展中存在的突出问题

（一）P2P 网贷平台定位不清晰

很多平台没有坚持借贷平台的中介服务功能，变相提供增信服务，变相吸收

公众存款，搞资金池，非法集资。现实中很多平台变相搞资金池，从事非法集资业务，加之平台又缺乏相应的风险管理机制，导致资金期限错配，不良呆坏账过多，最终跑路或出现兑付危机。这一乱状，说到底，根源在于借贷平台定位偏离了中介服务功能的方向。

（二）监管规则缺失

过去的几年，P2P 网贷行业一直处于"无准入门槛、无行业标准、无监管机构"的"三无"状态，导致该行业在快速发展的同时事故频发。2014 年年初，国务院明确了银监会为 P2P 借贷平台的管理机构，银监会也摸索出了 P2P 借贷平台监管的四条红线，但可操作、可实际执行的互联网金融监管细则还是没有出台。规则的迟迟不出，也许是监管层对于互联网金融业态的默许与鼓励；但面对行业的乱象丛生，适当的规范与监管是必不可缺的。相信最晚到 2015 年年底或 2016 年年初，千呼万唤的互联网金融监管细则就会出台。整个行业也会进入稳定的规范发展期。

（三）国内信用体系建设滞后

国内信用体系不完善，很多小微企业及借款人信用信息不全，甚至在央行征信系统中没有记录，借贷平台只能借助于大数据获得借款人的相关信息。由于无法实现信用风险控制，P2P 贷款的运营成本明显偏高，且在风险的识别能力上存在明显不足，导致企业融资总成本过高，容易诱发逆向选择。

（四）中介平台的信息披露不透明，借贷双方信息不对称

很多借贷平台捏造虚假项目投资信息、人为操纵资金、转变投资方向、肆意提高借贷利率水平、拒绝向投资者披露重大关键信息等行为，是 P2P 网络借贷平台常有的违法违规操作。中介机构在资金流向方面的各种不良行为，将对整个网络借贷平台的信誉造成严重冲击，从而影响借贷市场的正常运转，令信息不透明，易导致平台的危机一触即发。

（五）资金托管问题

当前除少数几家平台外，绝大多数 P2P 借贷平台采取"第三方支付＋银行"的存管模式，也就是平台与第三方支付公司合作托管，再由第三方支付公司在银行开户。这种模式下，P2P 企业仍然有可能接触到资金，因此借贷平台搞资金池、非法融资的事件层出不穷。更有违法犯罪者组建的借贷平台，实际上连与第三方支付公司合作托管都没有，而演变为赤裸裸的诈骗公司。

（六）平台风险控制机制落后

借贷平台属于民间融资公司，对高端人才吸引力不足。很多借贷平台缺乏相关从业经验的金融人员，团队经营管理不善，风控制度落后，平台贷款呆、坏账过多，从而陷入了困境；或者由于平台长期资金期限、金额错配，容易出现提现困难、无力支撑的状况。

四、P2P 网络借贷平台监管的完善建议

（一）严格坚持 P2P 借贷平台的中介服务定位功能

应坚决响应十部委发布的《关于促进互联网金融健康发展的指导意见》中对于 P2P 做出的明确界定，坚持平台的中介服务定位功能。平台主要为借贷双方的直接借贷提供信息服务，不得提供增信服务，不得非法集资。现实中，很多平台出现的搞资金池、非法集资的风险，就是因为没有坚持平台的中介服务性质，只想趁着监管办法出台前，浑水摸鱼捞一票，卷款逃跑。

（二）尽快出台互联网金融的监管规则

对于这个行业监管的探索，2011 年 8 月 23 日，银监会办公厅下发过《关于人人贷有关风险提示的通知》。此后，随着行业的发展，2014 年年初，国务院明确由银监会牵头来承担对 P2P 监管的研究。2014 年以来，银监会多次召集多家国内知名的 P2P 平台负责人召开座谈会，就 P2P 行业的准入、制度选择、资金托管方式等内容征求意见。

银监会相关负责人也发表过对 P2P 平台监管的基本要求，明确应设定 P2P 借贷业务的四条红线：一是要明确平台的中介性；二是明确平台本身不得提供担保；三是不得搞资金池；四是不得非法吸收公众存款。

2015 年 7 月 18 日，人民银行等十部门发布《关于促进互联网金融健康发展的指导意见》，对互联网金融监管也提出了基本指导意见。

业界普遍希望将要出台的监管规则能对行业注册资金、从业高管专业背景及从业年限、信息披露、资金托管、风险管理等方面做出更具操作性的具体规定。

（三）加快互联网征信建设步伐，进一步完善征信体系

很多 P2P 网贷平台自身并没有强大的客户征信数据支撑，信用信息主要来自央行的征信系统。实践中，建议国家一方面应尽快使水、电、煤气等公用事业单

位信息及工商、司法等部门信息联网，并纳入央行的征信系统记录；另一方面应充分利用大数据，加快互联网征信体系建设，建议尽快协调、互联及共享京东、苏宁云商、蚂蚁金服及腾讯等互联网公司的大数据征信系统，形成一个全国统一的互联网征信系统大平台，形成全民共享、共建。使广大 P2P 借贷平台能利用互联网征信系统规避风险，改善经营环境。

（四）完善信息披露制度

信息披露应规定信息披露的对象范围；信息披露的主要内容包括借款人的基本信息、借款公司的经营方针、经营范围的重大变化、引进风投、重大债务、重大诉讼仲裁、借款人的借款用途、期限、抵押担保、还款方式、还款风险提示等方面；平台还应向监管者披露平台的运作模式、平台的经营状况、资金托管状况、管理团队构成、项目担保信息情况等。

（五）应设定过渡期，全行业逐步引入资金银行托管制度

P2P 借贷平台与银行直接签署存管协议是大势所趋。对于银行存管模式的规定，P2P 监管细则中应要求 P2P 企业与银行直接签署资金存管协议。这对于目前仍由"第三方支付＋银行"合作存管的模式来说，必将形成一定的冲击效应。但对整个 P2P 行业来说，必将是具有里程碑意义的标志性事件。截至目前，国内已有建设银行、民生银行、广发银行、招商银行、徽商银行、中信银行、浦发银行等 17 家银行推出了 P2P 平台的资金合作业务。

（六）完善 P2P 平台的信用风险管理制度

对于定位为中介服务的平台，网贷平台运营方只负责平台运营，资金托管则给银行，风险管理交给融资性担保公司。这种"三权分立"的风控模式，让三方权力和利益互相钳制，最大限度地保证了投资者的利益。对于提供担保服务的平台，与担保公司合作是一种有效控制风险产生的方法。担保公司经过第一层的审查评定后会把借款人的家庭情况、企业信息、银行流水、是否有逾期等相关情况反馈给平台，网贷公司启动贷前综合调查，根据借款人的基本信息、以往的信用记录、还款能力等多项指标进行综合评价，分类出不同的信用等级，再根据不同的信用等级授信。

风险管理的另一个重要问题就是风险备用金问题，一般平台与借贷双方约定，如果债务人按期未履行还款，平台以风险备用金偿付债权人的本息。风险备用金来源于平台向债务人所收取的服务费，属于平台支配。平台以风险备用金向债权人清偿后，取得了债权人的权利，可以向债务人追偿。

此外，还应健全贷前、贷后管理制度，形成快速的风险处置机制，综合运用经济、法律及其他手段进行催收，力争把不良贷款损失控制在最小范围。

参考文献：

[1]王怡.试析 P2P 小额信贷行业立法的调整范围[J].中南林业科技大学学报(社会科学版),2014(2).

[2]杨路明,王德彬.互联网金融研究趋势分析[J].金融纵横,2014(7).

[3]付萱.P2P 网络贷款:民间金融新生力量之路[J].财会通讯,2013(17).

[4]单彬彬.P2P 网络借贷平台的监管建议[J].山西省政法管理干部学院学报,2014(2).

[5]彭江莱.P2P 网络信贷平台资金安全监管的法律问题研究[J].法制与社会,2013(31).

[6]王怡.中国 P2P 小额信贷企业的法律规制[J].湖南农业大学学报(社会科学版),2013(6).

[7]陈丽琴.P2P 交易法律问题研究[J].产业与科技论坛,2013(12).

[8]王宁.法律对我国 P2P 网络借贷平台发展的必要性及意义[J].经营管理者,2014(16).

[9]彭进,杨峥嵘.小微企业民间融资法律风险及其防范——基于 P2P 网络借贷模式[J].湖南商学院学报,2014(2).

[10]刘宇梅.P2P 网络借贷法律问题探讨[J].法治论坛,2013(1).

[11]冯果,蒋莎莎.论我国 P2P 网络贷款平台的异化及其监管[J].法商研究,2013(5).

[12]张欣.中国 P2P 小额信贷中介服务行业法律监管研究[J].浙江工商大学学报,2013(6).

保险消费者权益保护的法律问题浅议

苏艳芝

摘　要：保险消费者权益被侵害的现象时有出现，消费者的合法权益不能得到有效的保护，影响了保险行业的健康发展。本文通过对保险市场消费者权益被侵害的表现来分析消费者权益受侵害的原因，并给出相应的解决措施。

关键词：保险消费者　权益侵害　保护

在保险行业中，保险销售误导、保险理赔惜赔、该赔不赔、拖延赔付等情况时有发生，导致消费者权益受损，从而严重影响了保险业的健康发展。如何保护消费者权益，是保险监管机构的法定职责，也是保险监管的终极目的，更是保险行业践行科学发展观的必然要求。由于保险人在销售环节与理赔环节截然不同的态度，使得消费者对于保险公司、保险产品的信任度日趋降低。也因为此，当前的保险市场上出现了一种非常奇怪的现象，一方面消费者对于保险的需求日益增加，而另一方面保险公司的信誉却到了岌岌可危的地步。"保险就是骗人的"这一说法在很多消费者的意识里普遍存在。如何去修正消费者对保险的错误认识、如何更好地保护消费者的合法权益是保险行业健康发展不得不面临的重大问题。

一、保险消费者权益被侵犯的主要表现形式

（一）不尽如实告知义务，侵犯保险消费者对合同条款的知情权

《消费者权益保护法》规定，消费者享有知悉其所购买使用的商品或者所接受服务的真实情况的权利。《保险法》第 17 条规定："订立保险合同，采用保险人提供的格式条款的，保险人向投保人提供的投保单应当附格式条款，保险人应当向投保人说明合同的内容。对保险合同中免除保险人责任的条款，保险人在订立合同时应当在投保单、保险单或者其他保险凭证上做出足以引起投保人注意的提示，并对该条款的内容以书面或者口头形式向投保人做出明确说明；未作提示或者明确说明的，该条款不产生效力。"这也明确了保险公司对投保人具有明确说明的义务。由于保险产品设计的复杂性和专业性强，保险合同中包含了大量专

业术语，所以保险公司需要向投保人提供清晰的说明和解释。但从市场情况看，保险公司对产品进行的宣传和介绍，多是单方面夸大新型产品的收益，对免责条款避而不谈，出现了引诱客户购买不适合的产品等销售误导现象，对保险消费者知情权造成了非常严重的侵害。

（二）夸大保险责任，诱导消费者购买保险产品

笔者的朋友曾经历过保险业务员夸大其保险责任、诱导购买保险的事件。那是一款年金保险，业务员在和消费者面谈时，对消费者承诺，保险合同签订生效之后会从第二年开始，每年返还合同保险金额的20%作为生存年金的给付。因为还有其他保险责任，消费者觉得保险产品很好就买下了。等到第二年，保险公司并没有如业务员所说返还合同中保险金额的20%。于是消费者再找到业务员，业务员竞争不承认曾经的承诺，尽管消费者留有当初的录音，业务员还是不承认。于是消费者投诉到保险公司，保险公司却帮着业务员说话，说保险合同条款中根本就没有从第二年开始每年返还合同保险金额的20%作为生存年金的给付的责任说明，认为客户是无理取闹，不接受消费者的投诉。这种夸大保险责任的销售行为每天都在保险市场中上演。

（三）混淆金融产品，误导消费者购买保险产品

混淆金融产品，这类表现一般发生在银行作为中介进行销售保险的过程中。保险公司委托银行代理销售保险产品，有销售资格的银行柜员在遇到消费者存取银行款项时会介绍保险产品给消费者，但是在销售时不会直接声明这是保险产品。具体情况是在和客户介绍产品时强调如果把钱存到这个账户，到期领到多少钱，而这个到期领到的数额听着很诱人，消费者往往听后就同意了。很多人是过了一段时间想把钱取出来时才被告知，如果提前支取将会损失很多利益，也是到这个时候才知道自己的钱是被用来买了保险产品。

（四）理赔人员业务不精，侵犯保险消费者求偿权

曾经遇到过这样一个真实的案例，一个女客户来 A 保险公司索赔，因她的老公在交通事故中死亡。她老公生前在三家保险公司分别购买了意外伤害保险，死亡保险金额分别为 A 公司 15 万元，B 公司 10 万元，C 公司 15 万元。女客户首先来到了 A 保险公司索赔，她也如实陈述了另外两家保险公司的存在。A 保险公司的业务员告诉女客户，A 保险公司可以赔付，但是因为有三家保险公司承担保险责任，所以要求女客户只能在一家保险公司索赔，如果另外两家保险公司已经进行了死亡赔偿，A 保险公司将不再进行赔偿。稍有保险知识的人都知道，因为人

的生命无价，死亡保险的赔偿不存在重复保险分担的问题，也不存在代位求偿问题。被保险人购买了多少保险金额，保险公司就要按照保险金额在保险事故发生时赔付多少。在这个案例中，A、B、C 三家保险公司应该按照各自承保的保险金额支付客户保险金。可见，由于保险公司理赔人员对保险经营规则及业务的不精通，致使出现拒赔、少赔的案件很多，这都极大地侵犯了消费者的求偿权。

（五）侵犯消费者的隐私权，随意将客户信息泄露

消费者在和保险公司签订保险合同时，会将大量个人信息资料转移给保险公司，如果保险公司将这些信息泄露给第三方，就构成了对消费者隐私权的侵犯。当今社会生活中，保险消费者信息被泄露的例子有很多，造成很多消费者被大量的保险营销电话所骚扰，让其不胜其烦。《保险法》第 116 条规定，保险公司及其工作人员在保险业务活动中不得泄露在业务活动中知悉的投保人、被保险人的商业秘密；第 131 条规定，保险代理人、保险经纪人及其从业人员在办理保险业务活动中不得泄露在业务活动中知悉的保险人、投保人、被保险人的商业秘密。所以，保险公司必须遵守《保险法》中的相关规定。

二、保险消费者权益被侵犯的主要原因

（一）保险消费者的受教育机制不足

保险消费者作为保险合同的一方当事人，对保险基础知识的掌握严重不足，因此对保险产品所涉及条款内容的理解更无从说起，对保险的相关政策法规以及纠纷处理程序等信息，更是知之甚少。保险知识本身具有很强的专业性，大部分消费者是不了解的，有很多消费者即使想了解一些保险的相关知识，也不知道去哪里了解和咨询。和消费者接触最多的是保险代理人和营销员，但是这些代理人和营销员更多的只是介绍保险产品的一些责任，对保险知识的讲解少之又少，社会上又没有对消费者的教育机制，或者有一些，也不为消费者所知晓。这一切都导致消费者在消费保险商品的过程中，使自己所购买的保险产品的自主选择权、保险求偿权等重要权益难以得到有效保障。

（二）保险公司工作人员的保险知识及技术不精湛，侵犯消费者权益

保险从业人员大部分不是保险专业出身，而保险公司又对其培训不足，使其对保险知识的理解不到位，在保险经营过程中惜赔、该赔而拒赔的现象大量存在。这不但侵犯了保险消费者的权益，也损害了保险的行业形象，给保险行业的

声誉带来了恶劣影响。造成了消费者"保险就是骗人"的错误认知。

（三）保险营销的机制不健全，保险代理人道德风险较高

保险代理人的薪资构成主要就是业务提成，每签成一笔保险业务，在保险犹豫期过后就会有所收保费的一定比例的业务提成。如果没有业务，那么也就没有收入。在这样的营销机制下，保险营销人员为了自己的收入，为了尽快销售出保险产品，在给消费者介绍保险产品的时候，往往夸大保险产品的责任，误导消费者。尽管《保险法》第131条规定"保险代理人、保险经纪人及其从业人员在办理保险业务活动中不得欺骗保险人、投保人、被保险人或者受益人"，但是保险消费者举证很难，再加上本身对保险产品的不理解，很难维护自己的权益。

三、提高保险消费者权益保护的建议

（一）保险行业协会应充分发挥作用，搭建保险消费者教育的平台

保险消费者的教育工作社会性强、实践性强，又需要着眼保险业发展的阶段特征和市场实际，因此由保险行业协会来做此事更能让消费者接受。保险行业协会通过积极创建有效的平台载体，推动保险消费者教育工作逐步落实，对于保险消费者权益的保护具有非常大的实践意义，可以让消费者在想了解保险知识及法律规定的时候，知道去哪里找寻。这也是搭建消费者教育平台的重要意义。

（二）完善对保险代理人的监督管理，加强相关法律建设

应完善保险代理人用人机制，加强对代理人的法制培训，降低保险代理人在营销过程中的道德风险，尽量避免误导、诱导、欺骗消费者的事情发生；完善对代理人不合规营销的惩罚措施，不姑息养奸。《保险法》尽管对保险代理人的行为有法律约束，但是没有可执行性的细节规定，所以需要对一些营销环节进行司法解释的界定，以约束保险代理人的行为。

（三）高等院校以第三方的身份进行保险知识及法律常识的宣传，提高消费者的自我保护能力

高等院校不属于保险公司，在宣传保险法律知识的时候能够更客观，消费者更能接受。开放式大学的发展，不是仅仅将校园的大门打开，允许社会人士进入校园参观，而是应该打开大学校园的知识大门，让普通的消费者有机会利用大学校园的资源，使用到高校的知识宝库，使高校为社会服务的职能也能够更好地发挥。高校可以定期做保险法及保险法司法解释的宣讲，让消费者更好地理解法律

知识，并能够运用这些知识保护自己的权益；也可以组织进行保险知识进社区的宣传活动，帮助消费者解答保险消费中的问题。

（四）加强对保险公司营销和理赔环节的监督

保险监督管理部门要在充分把握保险法律条文的基础上，严格监督保险公司在营销环节上诱骗及夸大保险责任的行为，惩罚保险公司无视法律条文的规定而拒赔、惜赔、延赔的现象。要加大对保险营销队伍关于保险知识及保险法律的培训工作，严格执行《保险法》的相关规定，提高保险营销人员的素质，以促进保险市场的健康发展。

参考文献：

[1]保险监督管理委员会.治理寿险销售误导与消费者权益保护的研究[J].消费者保护理论研究,2014(4).

[2]保险监督管理委员会.我国保险消费者教育模式研究[J].消费者保护理论研究,2014(4).

[3]保险监督管理委员会.借鉴国际经验构建我国保险消费者教育体系[J].消费者保护理论研究,2014(4).

[4]保险监督管理委员会,周新发.关于保险消费者知识的调研报告——以北京市为例[J].消费者保护理论研究,2014(5).

国有事业单位管理体制及
会计核算制度改革探讨

曲喜和

摘　要：随着国有事业单位管理体制改革的不断深入，国有事业单位会计制度运行的客观环境也发生了较大变化。自国家财政部颁布实施新的《事业单位会计准则》及《事业单位会计制度》以来，经过两年多的会计核算实践，笔者认为，在国有事业单位管理体制和会计核算方面仍存在较多问题。本文从事业单位管理体制的改革出发，对如何完善我国事业单位管理体制和会计核算制度进行了探索。

关键词：事业单位　管理体制　会计核算

一、国有事业单位的管理体制和现行会计核算制度产生的背景

事业单位是指国家以社会公益为目的、由国家机关举办或者其他组织利用国有资产举办的从事教育、科技、文化、卫生等活动的社会服务组织。它们不以赢利为目的，是一些国家机构的分支。一般指以增进社会福利，满足社会文化、教育、科学、卫生等方面需要，以提供各种社会服务为直接目的的社会组织。我国国有事业单位规模庞大，据不完全统计，全国国有事业单位职工人数超过 3 035 万人，是国家公务员的 4.3 倍，且长期以来形成了种类繁多、性质多样的特点。我国当前正处于全面建设小康社会的关键时期，加快发展社会事业、满足人民群众公益服务需求的任务更加艰巨。面对新形势、新要求，我国社会事业发展相对滞后，一些事业单位功能定位不清，政事不分，事企不分，机制不活；公益服务供给总量不足，供给方式单一，资源配置不合理，质量和效率不高；支持公益服务的政策措施还不够完善。这些问题在很大程度上影响了公益事业的健康发展。在此形势下，2011 年，国务院颁布了关于分类推进事业单位改革的指导意见，明确了现有事业单位类别的划分，要求依据分类对现有事业单位进行清理和规范；同时在清理规范基础上，按照社会功能将现有事业单位划分为三个类别：对承担行政职能的，逐步将其行政职能划归行政机构或转为行政机构；对从事生产

经营活动的，逐步将其转为企业；对从事公益服务的，继续将其保留在事业单位序列并强化其公益属性。根据职责任务、服务对象和资源配置方式等情况，将从事公益服务的事业单位细分为两类，包括不能或不宜由市场配置资源的，如承担义务教育、基础性科研、公共文化、公共卫生及基层的基本医疗服务等基本公益服务的单位；以及可部分由市场配置资源的，如承担高等教育、非营利医疗等公益服务的单位。伴随事业单位管理体制的改革和完善，2012 年 12 月，财政部修订通过了新的《事业单位会计准则》及《事业单位会计制度》，并于 2013 年 1 月 1 日起正式实施。新事业单位会计准则适应了财政改革和事业单位财务管理改革的需要，更好地满足了事业单位财务、预算、资产、成本等方面管理的需求，有助于事业单位提高其公益服务水平，促进事业单位的健康、可持续发展。

二、国有事业单位的管理体制和会计核算制度存在的问题

（一）国有事业单位政事不分、事企不分的问题仍未解决

1. 政事不分

由于历史的原因，在特定的历史背景条件下，我国陆续产生了许多具有行政职能的政府直属事业单位，这些单位与国家行政机关无论在人事管理上还是在工作职能上都非常相似，这些单位尤其在中央部委其规模几乎不亚于行政部门。虽然国家已经提出了逐步将其职能划归行政机构或转为行政机构的设想，但是在目前在我国行政机构本已十分庞大、本身尚需精简的情况下，具体操作起来其难度可想而知。因此，到目前为止，此项工作尚无进展。

2. 政企不分

对于国家事业单位中具有生产经营性质的单位，如出版、规划设计、文艺演出等类似机构，国家早就明确此类单位实行企业化管理，适用企业会计制度，现在又提出了逐步将其转化为企业的设想。这个问题理论上说应该没有难度，这些单位目前已无国家拨款，基本上实现了自收自支、自求平衡，如果转为国有企业，划归国资部门管理应该是顺理成章的事情。但是，到现在为止，此类事业单位转制的问题仍无实质进展。

之所以存在上述问题，主要有以下几个方面的原因。

（1）对事业单位改革在认识上存在偏颇。对改革减轻财政负担的作用看得比较重，对提高公共服务供给能力的意义理解不深。

（2）既得利益主体对事业单位改革存在抵触情绪。对于主管部门来说，很难割舍与事业单位的联系。对事业单位来说，政事分开和事企分开意味着权与利

的失去。

（3）事业单位分类改革异常复杂。行政管理型、生产经营型和社会公益型的分类标准不清晰，不少单位实际上扮演着多重角色。事业单位改革无论是政策制定还是实际操作，都有很大的难度。

（二）公益性国有事业单位公益性不强，难以满足社会公共服务的需要

长期以来，我国在事业单位改革方面，也许是出于减轻财政压力的需要，始终存在一个误区，即对事业单位提出自我创收的要求，要求事业单位不能单纯依赖国家财政拨款。这一点在事业单位会计制度设计上有明显的体现，如设置"事业收入""经营收入"科目，用以核算事业单位的自我创收；设置"财政补助收入"科目，用以核算国家财政拨款。这样便明显把国家财政拨款置于次要的补助地位。基于这样的要求，各类公益性的事业单位也在不断强化其创收职能。比如，教育机构经常出现高收费、乱收费的问题；医疗机构看病贵，百姓就医难的问题越来越突出；科研机构为了追求经济利益，重应用性研究轻基础性研究的问题比较严重；高等学校为了满足科研成果、科研经费创收的考核压力，教师也普遍存在重科研、轻教学的问题。可以说，我国公共事业单位在满足社会公共需要方面压力不大、积极性不高，公共服务质量低下的问题愈来愈突出。

（三）会计核算制度不适应国有事业单位改革的需要

2013 年实施的新的事业单位会计制度，在满足财政资金管理需要以及完善和提高事业单位会计信息质量方面做了相应的改革，如增加了零余额账户用款额度、财政应返还额度等会计科目及相关核算内容，以便正确反映国家财政资金的使用情况；增加了累计折旧、累计摊销、非流动资产基金等科目，以便更加准确地反映事业单位长期资产的真实价值；单独设立资产负债表，剔除了原来资产负债表中的收入和支出项目。对收入支出表按照收入、支出或者费用的构成和非财政补助结余分配情况分项列示，比较清晰地反映出收入与支出的内在联系。

但是，新的事业单位会计准则和制度在经营性业务核算方面仍然沿袭了旧的事业单位改革理念，国家提出的分类清理、规范事业单位的改革发展思路并没有得以体现。在会计制度设计上不仅没有突出国有事业单位公共服务的特点，反而在一定程度上进一步强化了事业单位企业化经营的做法，加快了向企业会计制度靠拢的步伐，其客观效果只能是更加剧了事业单位事企不分的问题。其主要表现在以下两个方面：①对部分经营性业务和某些行业事业单位的会计核算（如科学、测绘、地质、勘探以及医院等行业事业单位）按规定可以采用权责发生制；②新增短期投资、长期投资科目，加强事业单位对外投资的核算。另外，事业单

位会计准则对事业单位专用基金的提取和使用未做明确、具体的规定，不利于操作执行。

三、国有事业单位的管理体制和会计核算制度改革的思考

（一）尽快实施国务院关于分类推进事业单位改革的指导意见

通过对国有事业单位的规范和调整，理顺事业单位管理体制，彻底实现国有事业单位社会公共服务职能的转变。对于具有行政职能的政府直属事业单位，按其职能性质，确实有必要保留的，调整后并入政府行政机关序列，不再按事业单位管理，会计核算执行行政单位会计制度；对于没有必要存在的机构，应予以撤销，人员做相应分流处理。

对于主要以生产经营业务或从事有偿服务业务为主的事业单位，取消其事业单位编制，转为国有企业，纳入国有资产管理部门管理，执行企业会计制度。

（二）剥离公共事业单位的生产经营业务，回归国有事业单位的公共性本质

公共性是国有事业单位的本质特性，尤其是教育、科学、文化、卫生等行业，直接体现着全体公民的公共利益、公共物品和公共需求。公共性的基本特征为：资源和财产分配的公正性，收益或损失的社会性，提供服务的非营利性和非竞争性，所有权和财产权的不可转让性，组织行为的公开性和限制性，资助和消费的强制性。因此，凡是具有满足社会共同需要性质的事务，就应该由国家兴办、由财政资金全额供给；凡是不具有满足社会共同需要性质的事务，就不属于国家事业职能的范围。

根据上述原则，对于国有事业单位原来所从事的带有明显生产经营性质的业务，应该从事业单位中剥离出来。确有发展前途的，可以国有独资企业的形式进行注册，划归政府国有资产管理部门管理，或在国有资产管理部门的监督下进行转制或出售，相应的企业管理人员不再享受事业单位人员待遇，取消其事业单位编制。这样，可以彻底改变事业单位事企不分的问题，让事业单位的相关负责人员完全与企业脱钩，既可以全力以赴做好社会公共服务事业，又可以杜绝官员通过介入企业管理获取不正当利益。

（三）改革国有事业单位会计准则和会计制度，提高事业单位会计核算质量

根据国有事业单位管理体制改革的需要，建立符合国有事业单位社会公共服务职能特点的事业单位会计准则和会计制度，并重点改革以下几方面内容。

第一，明确规定事业单位会计核算采用收付实现制。事业单位会计要素包括资产、负债、净资产、收入、支出。

第二，取消"经营收入"、"经营支出"和"经营结余"科目。

第三，取消"无形资产""累计摊销""短期投资""长期投资""应缴税费"等根据企业经营特点而设置的会计科目。

事业单位不从事生产经营业务，无须拥有和使用无形资产。其拥有的土地使用权属于国家无偿划拨，不需要纳入资产进行核算；改革后的事业单位不允许从事对外投资获利的经营性业务，如发生购买国债业务，可参照行政单位通过设置"有价证券"科目进行核算；向社会提供公共服务业务的事业单位，无须缴纳各种流转税和企业所得税，对于缴纳的车船税、房产税，可直接通过"事业支出"科目核算。

参考文献：

[1]财政部.事业单位会计准则[S].财政部令第72号,2012.

[2]中共中央、国务院关于分类推进事业单位改革的指导意见,2011.

[3]财政部.事业单位会计制度[S].财会[2012]22号,2012.

[4]曹海清.论事业单位会计存在的问题及对策[J].财会研究,2010(12).

[5]姚天.对事业单位会计改革的思考[J].会计师,2012(10).

[6]蔡能霞.改进事业单位会计核算的建议[J].财会通信,2010(9).

贸易型企业黄金、白银租赁业务
会计处理问题探析

韩瑞宾

摘　要： 我国的黄金、白银租赁业务近年来发展迅速，规模不断扩大。作为新型的融投资方式，其发展相对还不成熟，但却是一个不可忽视的市场行为。而我国对黄金、白银租赁的运作模式并没有统一的监管和规范，现行会计准则和会计制度也未对企业黄金租赁业务的会计核算做出具体规定。本文对贸易型企业租赁的黄金、白银是否可以如同正常的黄金、白银购销业务确认存货和营业收入等问题做出讨论，并提出相应的会计处理方式。

关键词： 黄金　白银　租赁　会计处理

一、相关问题的提出

所谓黄金、白银租赁，指的是银行向符合一定条件的公司出租黄金、白银，并按照合同约定收取租赁费用，公司到期归还等量同质黄金、白银的业务。与普通租赁所不同的是，公司租赁黄金、白银大多并非为了使用，而是为了融资，即公司将租入的黄金、白银卖出变现，获取融资款，到期日才再以现金买入等量同质黄金、白银归还给银行，银行所收取的租赁费就相当于相关黄金卖出所得融资款的利息。

假设 A 公司的白银业务以两种方式开展：一种是与供应商签订产品购销合同，按正常商品购销确认存货、营业收入，开增值税发票，按商品销售收入报税。另一种是，与银行签订白银租赁合同，租赁期满时，该公司需向银行归还同等重量、规格、成色的白银；租赁期内，该公司按季度向银行交付租赁费。

白银由银行交付给企业时，有两种方式：①出租人（银行）通过上海白银交易所会员服务系统完成租借申报，以实现白银从出租人名下过户到承租人名下；②交付日，出租人（银行）委托仓库将白银实物从出租人名下过户到承租人名下，承租人必须先与仓库建立仓储保管关系。A 公司租入白银后，可能立即在市场上卖出，也可能用于交付客户。租入的白银在销售时开具增值税发票，计算销项税额；归还时，采购的白银也能取得增值税发票，进项税额可抵扣。

那么有问题提出：对于贸易型企业，租赁和销售租入的黄金、白银是否可以如同正常的白银购销业务一样确认存货和营业收入？

二、"具有商业实质的非货币性资产交换（互换）业务模式"及其会计处理

部分观点认为，黄金租赁业务不符合交易性金融负债的定义，也没有任何依据，进而"租、还"金之间的差额在"公允价值变动损益"中核算也就没有基础。且黄金、白银"租、还"金之间的差额并不适用在"投资收益"中核算。投资收益是企业对外投资的结果，一般与"长期股权投资""交易性金融资产""持有至到期投资"等相对应。而租金业务是一项融货业务，显然跟"投资"没有任何逻辑对应关系。

因此，应该把租入的黄金、白银放在存货中（陶岩峰，2010），并设置"租入标准金"二级会计科目进行核算。在其他应付款科目中反映公司租入标准黄金的初始数量和金额。归还时，根据初始应付标准黄金、白银单价和库存单价差额产生的损益，调整主营业务成本和存货科目。年度终了，对滚存的租入标准黄金和应付标准黄金、白银账面余额，按期末黄金、白银库存单价与租入初始单价之差与租金数量之积，调整其科目余额。

本文认为，如果承租企业需要取得黄金白银实物资产作为存货，通过加工、营销等经营活动实现销售，之后再向出租方归还黄金、白银的实物资产，则应按照"具有商业实质的非货币性资产交换（互换）业务模式"处理。其主要会计处理如下。

（1）借入黄金、白银时：

借：存货

　　贷：应付账款（暂估）

存货和应付账款（暂估）的记账金额为预计交付日黄金、白银（即换出资产）的公允价值；不能预计的，为接收日黄金、白银（即换入资产）的公允价值。

（2）在归还黄金、白银前，应付账款（暂估）按摊余成本计量进行后续计量。

（3）发生手续费（或租赁费等）时：

借：财务费用

　　贷：银行存款

（4）归还黄金、白银时（不作销售处理，差额冲减当期营业成本）：

①自有黄金、白银归还时：

借：应付账款（暂估）

　　贷：存货

②外购黄金、白银归还时需要增加：

借：存货

　　贷：银行存款

差额冲减当期营业成本：

借（贷）：营业成本

　　贷（借）：存货

三、"借款业务模式"及其会计处理

实务中一些企业在租借黄金、白银入库时，按租赁开始时的计息定盘价借记存货科目，贷记"短期借款——应付标准黄金（白银）"科目（张莉，2012），黄金、白银价波动带来的损益计入当期损益；归还时，期初借入的黄金与归还的黄金差额由生产过程的黄金、白银产品承担，用以调整主营业务成本和存货科目，同时结转公允价值变动损益账户。

本文认为，如果承租企业并不需要黄金、白银实物资产，即承租企业在借入黄金、白银后立即销售取得资金，且租赁合同条款规定到期日以固定价格向银行买相同数量和规格的黄金、白银来归还，则该租赁合同应当视同"借款业务模式"，其主要会计处理应当如下。

（1）借入黄金、白银后即销售取得资金时：

借：银行存款

　　贷：短期/长期借款

（2）将取得的货币资金与按预计交付白银的实际价值进行比较，属于短期借款的，其差额计入当期财务费用；属于长期借款的，其差额可以分摊计入财务费用（即长期借款折现）。

借（贷）：财务费用

　　贷（借）：短期/长期借款

（3）发生手续费（或租赁费等）时：

借：财务费用

　　贷：银行存款

（4）到期归还黄金、白银：

①如果用自产的黄金、白银归还：

借：短期/长期借款

　　贷：营业收入

同时结转销售成本：

借：营业成本

　　贷：存货

②购入黄金、白银归还银行时：

借：短期/长期借款

　　贷：银行存款

四、"金融衍生品投资业务模式"及其会计处理

一些学者认为，黄金租赁应视同金融工具，应该按照其实质进行判断（邹庆宝，2010），而不应该按照其形式。黄金租赁形式上看是一种融资行为，实质上是一种融资和投资相结合、以投资行为为主的经济业务，因此应该作为金融工具来核算，适用于《企业会计准则——金融工具确认和计量》、《企业会计准则——金融资产转移》、《企业会计准则——套期保值》和《企业会计准则——金融工具列报》更为合适。

其中根据"企业会计准则第1号存货、第22号金融工具确认和计量"对企业黄金租赁业务形成的相关资产、负债进行确认、计量（鲍琼、李恒、丁恒花，2011年），其理由如下。

第一，租借双方通过上海黄金交易所会员服务系统进行了黄金过户，企业已经提取黄金现货。企业在租赁期间对所租借的黄金具备占有、使用、收益和处置的权利。企业使用黄金时，租借黄金在实物上是没有办法与自有黄金互相分开的。租借的黄金满足企业会计准则对资产的定义以及会计上确认资产的条件。

第二，根据企业与银行签订的"黄金租借业务总协议"，如果黄金市场价格上涨，使得企业租借的黄金市场价值超过银行信用额度的一定比例（如95%），银行有权要求企业提前归还超出部分的黄金或者提供其他银行认为有效的抵押担保。这是企业承担租借黄金价格波动风险的一种表现。

第三，租赁到期日，企业必须归还相同质量及数量的黄金。中国银行规定，归还的黄金必须是交易所指定冶炼厂生产的标准金锭，通过上海黄金交易所进行黄金的物权转移。就是说企业想用自己加工的金锭归还银行基本上是不现实的，只能使用货币资金通过上海黄金交易所购买并归还。租借黄金必然导致经济利益流出，满足企业会计准则对负债的定义以及会计上确认负债的条件。

本文认为，此种业务模式的本质是，如果承租企业租赁黄金、白银的目的是为了短期内出售交易、赚取差价，那么在这种情况下，承租企业对于向银行借入的黄金、白银，并未控制该实物资产，也未承担该实物资产相关的重大风险和报酬，则不满足存货的定义，不作为自身的存货；以出售日黄金、白银市价为基础收取的现金或其他金融资产，和以到期日黄金、白银市价为基础支付的现金或其他金融资产之间的差额，即承租企业因合同而产生的现时权利或义务的最终价值。也就是说，在到期日，向银行交换黄金、白银后，承租企业是以净额对合同所产生的权利和义务进行了结算；承租企业所获得的资产或负债，是收取或支付现金或其他金融资产的权利和义务，而不是标的资产（黄金、白银）本身，承租企业需要确认的，是收取或支付现金或其他金融资产的权利和义务。即该黄金、白银租赁合同实质上属于一项满足金融工具的"非金融项目合同"，则该租赁合同属于"金融衍生品投资业务模式"。其主要会计处理如下。

（1）借入黄金、白银尚未对外销售时：

借：交易性金融资产

　　贷：交易性金融负债

（2）出售黄金、白银取得资金时：

借：银行存款

　　贷：交易性金融资产

（3）期末黄金、白银价格变动时计入"公允价值变动损益"科目：

借（贷）：公允价值变动损益

　　贷（贷）：交易性金融负债

（4）发生手续费（或租赁费等）时：

借：财务费用

　　贷：银行存款

（5）到期归还黄金、白银时：

①如果用自产的黄金、白银归还：

先将期初的交易性金融负债账面值按照归还日的黄金、白银市价调整至归还日的交易性金融负债，然后：

借：交易性金融负债

　　贷：主营业务收入

同时结转销售成本：

借：主营业务成本

　　贷：存货

②如果购买黄金、白银归还：

先将期初的交易性金融负债账面值按照归还日的黄金、白银市价调整至归还日的交易性金融负债，然后：

借：交易性金融资产
　　贷：银行存款
借：交易性金融负债
　　贷：交易性金融资产

五、结论

黄金、白银租赁实质上具有多种业务模式的特点，这也决定了完全要求每一企业按照某一模式处理并不完全合适，可以根据实际情况采取相应的方式处理。

第一，黄金、白银租赁不属于《企业会计准则第 22 号》规定的范畴，归入交易性金融资产的依据不足。

还金义务作为交易金融负债或短期借款核算关于未来应偿还借金金额，企业作为"交易性金融负债"核算。根据《企业会计准则第 22 号——金融工具确认和计量》规定，金融负债满足下列条件之一的，应当划分为交易性金融负债：第一，承担该金融负债的目的，主要是为了近期内出售或回购；第二，属于进行集中管理的可辨认金融工具组合的一部分，且有客观证据表明企业近期采用短期获利方式对该组合进行管理的属于衍生工具。但是，被指定且为有效套期工具的衍生工具、属于财务担保合同的衍生工具、与在活跃市场中没有报价且其公允价值不能可靠计量的权益工具投资挂钩并须通过交付该权益工具结算的衍生工具除外。从上述定义看，黄金租赁不属于其规定的范畴，归入交易性金融资产的依据不足。

第二，归还金额列入短期借款科目核算不完全合适。

有的企业做短期借款核算，短期借款是指企业为维持正常的生产经营所需的资金或为抵偿某项债务而向银行或其他金融机构等外单位借入的、还款期限在一年以下（含一年）的各种借款。企业黄金租赁借入的是黄金、白银，而非货币资金，而且该业务属于银行的表外业务，不纳入企业的借款信息，显然还金金额列入短期借款科目核算不完全合适。

第三，企业租入黄金、白银不符合公允价值变动的定义范围。

黄金、白银租赁费及借还价差作为投资收益或公允价值变动损益处理投资收益是对外投资所取得的利润、股利和债券利息等收入减去投资损失后的净收益或损失。投资收益是对外投资的结果，一般与"长期股权投资""交易性金融资产"等业务相对应。而黄金、白银租赁是对黄金的买卖交割，与对外投资无相关性。公允价值变动损益是指企业以各种资产，如投资性房地产、债务重组、非货币交换、交易性金融资产等公允价值变动形成的应计入当期损益的利得或损失。企业租入黄金、白银已出售或随着生产流程进行转移使用，显然不符合公允价值变动的定义范围。

实际上，对于企业而言，购入黄金、白银即为采购入库，单位应按照存货的收发存进行结转。偿还黄金、白银即为销售，应根据收款金额确认销售收入，根据库存结转销售成本，其差价直接通过销售收入及销售成本反映。因为借金还金业务实质上是融资业务，因此，黄金、白银租赁费计入财务费用较为合理。按照租约协议总价的百分比计算，在租约期限内，平均计入各级财务费用。

参考文献：

[1]张莉.企业黄金租赁业务会计核算探讨[J].商业会计,2012(10):24-25.

[2]鲍琼,李恒,丁恒花.浅析黄金租赁业务的会计处理[J].中国注册会计师,2011(6):97-99.

[3]邹庆宝.关于黄金租赁交易业务处理探讨[J].齐鲁珠坛,2010(2):8-11.

[4]陶岩峰.企业黄金租赁业务会计核算的探讨[J].新会计,2010(12):33-34,66.

[5]刘红谊.贸易型公司黄金租赁业务相关会计问题之我见[J].国际商务财会,2015(9):72-76.

[6]王江扬.企业黄金租赁业务会计处理探讨[J].财经界(学术版),2015(19):282-283.

合同能源管理会计核算探析

李俊林

摘　要： 合同能源管理是近年来比较创新的业务模式，但在我国现行的企业会计准则中，没有对此业务的会计核算进行过直接的规定，导致在会计实务中出现了多种会计处理方式，影响了会计信息的质量。本文以一具体公司为例，讨论了在会计实务中的各种会计处理方式，分析了各自处理的具体利弊，提出了在当前条件下对合同能源管理业务模式进行会计处理的相对较好的具体方式。

关键词： 合同能源　核算　租赁

合同能源管理是近年来比较创新的业务模式，其业务特点大致为：企业与客户签订合同，向客户提供节能设备，并负责设备的运行维护。在合同期内，客户基于产生的节能效益按约定比例支付给企业。企业在合同期内享有节能设备的所有权，合同期满后设备的所有权无偿转移给客户。关于此类业务的会计核算方式，由于我国现行的企业会计准则中没有对此业务的会计核算进行过直接的规定，实务中出现了多种做法，有的参考 BOT 进行会计核算，有的将其判断为分期收款销售商品。到底什么是合同能源管理？理论界有哪些研究成果？实务中究竟该如何处理？这些都是本文讨论的主要内容。

一、合同能源管理概述

"合同能源管理（EPC）是指节能服务公司通过与用能单位签订节能服务合同，以契约形式事先约定通过节能项目帮助用能单位实现其节能目标。节能服务公司为实现节能目标向用能客户提供节能改造的相关服务，用能客户以未来节约的部分节能收益作为支付节能服务公司项目投资和取得收益的商业化节能服务机制。"合同能源管理起源于 20 世纪 70 年代，是基于世界石油危机爆发后所引发的人们对节约能源的重新认识应运而生的。

2012 年 2 月，根据"哥本哈根会议"精神，我国工信部公布《工业节能"十二五"规划》，正式提出 6 000 亿工业节能计划，展示了我国节能服务产业的巨大发展空间。作为合同能源管理的重要载体，节能服务公司的经济业务也随之迅猛发展。但由于我国对合同能源管理的研究刚刚起步，现有的研究成果大都集中在合同能源管理的运作模式、项目风险以及融资问题等方面，目前我国现行的企业会计准则也没有专门针对合同能源管理如何进行会计核算的规范，所以实务中对于这种创新业务模式的会计核算方式五花八门，学术界已有的研究成果也不是很多。

李全（2013）在分析了节能服务公司基本模式和特点的基础上，重点介绍了我国当前合同能源管理的操作流程，提出集团下属节能服务公司在给集团或其他企业提供节能服务时，收入的确认和计量主要应遵循租赁的会计准则入账，对于此类节能服务公司应为主营业务收入，但是如何确认并没有详细论述。刘俊峰（2011）认为合同能源管理按 BOT 模式进行会计处理存在不妥之处，主要是不符合《国际财务报告解释公告第 12 号——服务特许权协议》的相关规定。财政部会计准则委员会委员徐新华（2012）指出，我国目前实务中关于合同能源管理的会计处理方式存在较大分歧。为使参与我国合同能源管理机制的企业能够提供可比的财务信息，他提出应当将节能服务公司与用能企业签订的合同分为节能设备的建设和节能服务的提供两方面进行会计处理，但对于如何对其进行统一则没有进行进一步的分析。

以上研究表明，随着合同能源管理业务的凸显，国内学者对合同能源管理会计核算所应采用的方式意见不尽统一，还有待于进一步探讨。在此，本文想通过一个具体的案例，对我国合同能源管理的会计核算过程进行分析，以期为我国实务界更好地进行相应的会计核算提供建议。

二、合同能源管理进行会计核算的具体分析

某节能公司将一批节能路灯销售给某路桥集团，假设销售给该路桥集团的单价是 50 元，销售数量 1 000 个。由于该批路灯采用了先进的节能技术，其成本价为 100 元/个，市场上同型号产品的公允价值为 150 元/个。同时双方又在合同中约定，销售方在未来 5 年内可按实测的电费节省额的一定比例分享收益。5 年后，该批路灯的所有权转归路桥集团所有。该合同属不可撤销合同，不管实际是否能节约电费，该批路灯都不会退回。又假定从该节能公司以往销售的同类型路灯的情况来看，该批路灯的使用寿命、节能效率表现稳定，5 年内进行电价调整的可能性较小。那么，如何进行会计处理？

对于上述案例，会计实务界大多是按 BOT 模式、分期收款销售商品以及基于预计收益进行折旧处理的，对此我本人认为不够妥当，具体分析如下。

（一） 合同能源管理按 BOT 模式进行会计核算与相关要求不符

本人认为，合同能源管理按 BOT 模式进行会计核算是不符合准则相关要求的，一是《企业会计准则解释第 2 号》规定的 BOT 要求"合同授予方为政府及其有关部门或政府授权进行招标的企业"，按照《国际财务报告解释公告第 12 号——服务特许权协议》，BOT 是一种"公共—私营"服务特许协议。而合同能源管理业务是一种"私营—私营"协议，所以不适用上述规定。二是在参照 BOT 进行会计处理时需要确认一项无形资产——特许权。在 BOT 业务中，特许权是真实存在的，即政府部门授予公司特许经营的权力。而在合同能源管理中，如果确认特许权，就变成用能单位给了节能服务公司为他提供服务的权力，与合同能源管理的实质含义不符。三是如果参照 BOT 进行处理，用能单位要确认一项固定资产。但项目合同期内与该资产相关的风险报酬并未从节能服务公司转移给用能单位，故不符合固定资产的定义，用能单位不能将其确认为本单位的固定资产。

（二） 合同能源管理的核算也不能简单套用存货准则

本人认为，合同能源管理性质上不属于分期收款销售商品。分期收款销售商品的过程中，商品所有权已随商品转移给客户而发生了变化，商品相关的风险报酬也已经转移给了客户，分期收款只是客户借以商业信用的模式进行融资。但合同能源管理业务中，相关设备通过不同方式转移给客户后，节能服务公司保留了相关设备的所有权，而且还需要在服务过程中进行设备的建设、运行和维护，其相关的风险和收益并未转移。所以，并不属于简单的分期收款销售商品。

（三） 合同能源管理所形成的设备等不应基于预计收益进行折旧处理

本人认为，公司进行合同能源管理所形成的设备等可以作为节能服务公司相关的固定资产入账，但不应基于预计收益进行折旧处理。在合同能源管理中，节能服务公司并没有转移设备的所有权；在合同改造期间，服务公司负责为节能服务的节能诊断、设备的相关维修改造等提供服务，节能服务的相关收益和风险也仍然由服务公司承担；同时，节能服务公司按节能效益收取费用，能够实现经济利益的流入。

三、合同能源管理进行会计核算的具体建议

通过上述分析进行综合判断，本人认为，合同能源管理参照我国现有的租赁

准则进行会计处理较为合理。一方面，合同能源管理特征与租赁特征有很大的趋同性，即都具有所有权与使用权相分离、融资与融物相统一等特征，这就使其参照租赁准则进行会计处理具备了可能性；另一方面，合同能源管理符合《国际财务报告准则》中对租赁应考虑的两个因素的要求：在合同能源管理业务中，能源管理合同的履行需依赖特定资产（即节能技改设备）；在节能效益分享期内虽然该设备所有权仍属于节能服务公司，所有权和主要风险并未转移，但是由于该设备属于为用能单位定制，受到用能单位的限制，使用权实质上已经转移给用能单位。因此，目前，我个人认为合同能源管理可视为租赁的特殊表现形式，可参照《企业会计准则第 21 号——租赁》进行会计处理。在实际工作中可根据节能项目的具体情况和企业的不同情况，分别参照经营租赁和融资租赁对其进行会计核算。

（一）合同能源管理按经营租赁与融资租赁的确认条件

首先，在能源管理合同约定的效益分享期内，节能设备主要风险报酬并未发生转移，仍归属于节能服务公司，所以合同能源管理可认定为经营租赁，参照经营租赁进行会计处理。

其次，《企业会计准则第 21 号——租赁》第 6 条列举了五项融资租赁的确认标准，符合一项或数项标准的即可认定为融资租赁。合同能源管理在以下几方面均符合条件：①合同能源管理在项目合同期满时，节能项目资产的所有权无偿转移给用能单位。符合融资租赁认定条件"在租赁期届满时，租赁资产的所有权转移给承租人"。②能源管理合同约定的分享效益期限占节能项目资产寿命比例较小，所以用能单位拥有节能项目资产使用寿命的绝大部分。符合融资租赁认定条件"即使资产的所有权不转移，但租赁期占租赁资产尚可使用年限的大部分"。③节能项目资产为用能单位量身定做，一般不通用。符合融资租赁认定条件"租赁资产性质特殊，如果不做较大改动，只有承租人才能使用"。所以，合同能源管理也可以认定为融资租赁的一种特殊表现形式，参照融资租赁进行会计处理。

（二）合同能源管理按租赁进行会计核算的具体方法

合同能源管理如果参照经营租赁进行会计核算，节能服务公司收到的节能分配收益应确认为当期收入，节能项目资产等初始投资据实确认为固定资产或其他长期资产，在合同约定效益分享期内全额分摊，不预留残值，无偿转移时按固定资产清理进行会计处理。用能单位支付节能收益确认为当期成本费用，接收节能服务公司无偿转移的节能项目资产不做任何账务处理，但需设置"合同能源管理节能项目资产"备查簿做备查登记，以反映和监督节能项目资产的使用、接受和结存情况，并在财务报告中披露。

合同能源管理如果参照融资租赁进行会计核算，会计核算难点是节能效益分享款金额的确定。因为合同能源管理尤其是节能效益分享型的合同能源管理只约定分享比例和分享期限，并没有明确的分享金额。在实务中，可以以双方确认的节能项目验收时节能测试的节能效益作为节能效益分享的基础（即租金），节能服务公司以其计算节能项目内含报酬率和未实现的收益，并设置"递延收益"核算待分配的节能收益；用能单位以其折现值和节能项目资产公允价值较低者确认节能项目资产成本，可设置"固定资产—合同能源管理项目资产"科目进行核算，在受益期内计提折旧。对于以后各期实际节能效益与其差额，双方均直接确认为当期损益。另外，合同能源管理一般不会约定折现率，但一般情况下用能单位能获得节能服务公司项目内含报酬率，因此，应采用节能服务公司项目内含报酬率作为折现率。如果因特殊情况不能获得，可采用同期银行贷款利率。

（三） 两种不同会计核算方式的利弊分析

按经营租赁进行会计处理，会计处理简单并且与财税〔2010〕110 号文中规定的税务处理一致，不需要进行所得税纳税调整。但此种处理方式会造成用能单位的收入和费用不配比：在效益分享期支付了全部费用，但确认的收入只占其所应获得节能收入的一小部分；而在项目合同结束时，基本不再支付成本费用，但这时确认的收入却占其节能收入的绝大部分。此外，此种方式没有考虑前期大量支付的货币的时间价值。

参照融资租赁进行会计处理，符合会计确认的权责发生制基础，考虑了货币的时间价值，不管节能服务公司还是用能单位，节能项目所带来的收入和发生的费用都能做到比较均衡配比。但不利之处是融资租赁会计处理需要计算项目内含报酬率或选择折现率，会计处理比较复杂；此外与财税〔2010〕110 号文中规定的税务处理要求不一致，需要进行纳税调整。

从节能项目规模角度看，经营租赁方式比较适用于各期节能效益不稳定、投资额较小、项目效益分享期较短或效益分享期占节能设备寿命比例较大的合同能源管理项目；融资租赁方式比较适用于投资额较大、各期节能效益比较稳定、项目效益分享期较长或效益分享期占节能设备寿命比例较小的合同能源管理项目。企业可结合项目特征，选择适合自己企业的方式进行会计处理。

前述案例，实务中可以参照《企业会计准则第 21 号——租赁》准则进行处理。由于路灯的照明时间有明确的规定，同时其产品技术性能稳定，电价调整的可能性又较小，故可以根据其照明时间、耗电功率预计将来要支付的电费节能收益，且 5 年后该批路灯的所有权要转归路桥集团所有，该合同已实质上转移了出租方的全部风险和报酬。可以按照融资租赁来进行会计处理。

具体如下：路桥集团在技改完成后先根据路灯功率和照明时间、电价、节能量换算比例预计以后每年需要支付的电费节省收益，并将其看作是每年支付的租金。最低租赁付款额包括预先支付给节能公司的价款 50 000 元以及每年的租金，以适当的折现率求得最低租赁付款额现值，假设为 140 000 元。

而市场上同类型路灯的公允价值为 150 000 元，则以最低租赁付款额现值作为该批路灯的入账价值，反之则以公允价值作为路灯的入账价值，并按预计使用寿命计提折旧。最低租赁付款额与固定资产入账价值间的差额，作为未确认融资费用，采用实际利率法在以后会计期间分摊。对于节能公司来说，也应按照融资租赁的模式来进行会计处理，具体不再展开。

参考文献：

[1]段小萍.低碳经济情境的合同能源管理与融资偏好[J].改革,2013(5):120－126.

[2]李全.刍议基于合同能源管理的财务处理[J].财政研究,2013(11):13－17.

[3]刘俊峰.合同能源管理会计处理有关问题探讨[J].财务与会计,2011(12):19－25.

[4]徐华新.我国合同能源管理相关会计问题研究——基于企业节能效益分享型业务的分析[J].会计之友,2012(24):22－26.

外币计价建造合同收入确认及相关问题探讨

邵俊波

摘　要： 随着我国"走出去"的企业越来越多，以外币计价的建造合同在会计核算中日显重要。尤其是外币计价建造合同收入的确认，会计准则里没有明确规定，实务中对参考外币业务准则和建造合同准则有不同的理解和探索。基于遵循会计信息质量的客观公允要求及其重要性原则，本文讨论了实务中收入确认要解决的基本问题，分析了解决问题的思路和方法，提出了既符合现行国情又能公允地反映企业财务状况和经营成果的收入确认会计处理方法。

关键词： 外币建造合同　工程结算　工程施工　汇兑损益

近几年来，我国机械加工、航空、船舶制造、高铁建设、石油石化、路桥水电等专业化的建筑施工企业走出国门的数量迅速增加，建造合同跨越周期长，单位产品价值大，且随着人民币汇率的重大调整，涉外的建造合同中收入如何确认、汇兑损益如何计算等问题也日显重要。如何客观公允地反映相关会计信息且符合会计准则的基本要求，成为目前涉外建筑施工及加工企业面临的一个问题。

一、外币建造合同准则规定和实务中的做法

外币计价的建造合同目前在现行的会计准则里并没有直接规定其做法，与此相关的业务只能参照外币业务准则和建造合同准则来处理。

（一）我国现有会计准则对建造合同和外币折算的规定

根据《企业会计准则第 15 号——建造合同》的规定，在资产负债表日，建造合同的结果能够可靠估计的，应当根据完工百分比法确认合同收入和合同费用。完工百分比法，是指根据合同完工进度确认收入与费用的方法。根据《企业会计准则第 19 号——外币折算》的规定，外币交易应当在初始确认时，采用交易发生日的即期汇率将外币金额折算为记账本位币金额；也可以采用按照系统合理的方法确定的、与交易发生日即期汇率近似的汇率折算。利润表中的收入和费用项目，采用交易发生日的即期汇率折算；也可以采用按照系统合理的方法确定

的、与交易发生日即期汇率近似的汇率折算。

（二）实务中的两种做法

因为建造合同施工和结算不同步的特点，基于权责发生制原则，会计处理是分成两条线的，一条线按合同约定确认工程结算，同时按实际工程支出计入工程施工—合同成本；另一条线按照合同总收入和总成本乘以完工进度来分期确认主营业务收入和主营业务成本，二者相挤作为工程施工—合同毛利，金额体现在每期利润表里。而每个资产负债表日工程结算与工程施工（包括合同成本和合同毛利）之差列示在资产负债表里，借方差额作为存货，贷方差额作为预收账款。建造合同结束时，两者对冲应无余额（一方是合同总收入，一方是合同总成本与合同总毛利之和）。

如果是外币计价的建造合同，主要解决何时选择何种汇率、汇兑损益如何计算等问题，实务中有以下两种不同的做法。

第一种，应收账款和工程结算按应收账款确认时的即期汇率记账，收入和工程施工（毛利）按收入确认时即期汇率记账，由于收入确认的若干时点和应收账款确认的若干时点不同导致的汇率折合差异被挤入工程施工（毛利）中，由此产生的工程施工和工程结算之间的差异在最后结平时，计入财务费用。

第二种，应收账款和工程结算按应收账款确认时的即期汇率记账，收入和工程施工（毛利）由已确认的应收账款（及工程结算）折合的人民币金额确定，累计工程结算折合为人民币的金额作为建造合同的累计收入（人民币本位币金额）。也就是不确认汇兑损益，将其全部挤入毛利。

二、外币计价建造合同收入确认要解决的问题

外币计价的建造合同，因为其建造合同的特点，且要考虑外币折算的时点和汇率，主要涉及以下几个问题。

（一）涉及的会计核算问题

（1）"工程结算""工程施工—合同成本"，用哪个时点的汇率进行折算，是否会受汇率变动影响。

（2）主营业务收入和主营业务成本如何确认，完工进度如何计算。

（3）工程结算与工程施工对冲时，会因为收款进度和收入确认不同步，选择了不同时点的汇率进行折算，因此两者可能会有差额，该差额应如何处理。

（二）解决思路分析

综合参考准则里的相关规定和实务中的两种观点，考虑到工程结算的特点及汇率变动的影响，本文认为解决上述问题的思路如下。

（1）"工程结算"账户作为非货币性项目，不确认汇率变动影响。建造合同准则中对"工程结算"的界定是作为"工程施工"的备抵账户，如果工程施工有借方差额，在资产负债表内以存货列示；如果有贷方差额，则作为预收账款。因此，如果是外币建造合同的话，该科目属于非货币性项目，在每个具有收款权利日以当期汇率折算为本位币入账后，不再受汇率变动影响，实际收款时汇率变动影响将计入应收账款的汇兑损益中。"工程施工—合同成本"应按各项成本和费用实际发生时的当期记账汇率折算成本位币来入账，同样是非货币性项目，以后会计期间无须因为汇率变动再进行调整。

（2）完工进度计算时应采用合同币种金额。一是可以与合同预算保持一致；二是与提供给业主的工程进度报告相对应，从而与工程结算保持一致；三是计算当期应确认收入时，避免预计合同总收入乘以完工进度而重复确认汇率变动。主营业务收入由预计合同总收入乘以完工进度而得；当期主营业务收入为根据完工进度累计确认的主营业务收入减去之前已确认的主营业务收入得出。汇率变动的影响体现在了预计合同总收入的计算上，即预计合同总收入＝已计入工程结算科目合同币种金额×即期汇率＋尚待结算合同币种金额×即期汇率。主营业务成本由预计合同总成本乘以完工进度而得。由此看出，汇率变动的影响将体现在两者相挤后产生的合同毛利中，随着施工进度分期确认。

（3）汇率变动影响必须分期确认。如果外币建造合同结束时一次性通过工程结算和工程施工的对冲，将差额全部计入财务费用，不符合权责发生制原则。而且一般建造合同持续时间会超过一年，和借款费用一样，不应将汇率变动全部费用化。一次性计入财务费用也会导致合同结束时的会计损益剧烈变动，可能对所得税计算带来不利影响。为了保证工程竣工时工程结算与工程施工对冲后无余额，在最后一期确认收入时，以累计各期的"工程结算"本位币金额来确定最终的"主营业务收入"金额，从而倒挤出最后一期确认的主营业务收入。主营业务收入虽然是企业按照完工进度自行确认的，但从总的金额来说，各期主营业务收入之和必然与工程结算相等。这种做法，既解决了汇率变动影响分期确认的问题，同时也解决了工程竣工时工程结算和工程施工对冲的问题。

三、案例分析

一家公司于2012年6月1日承揽了100万美元的建造合同，建造期2年。合同规定 2014 年 6 月 5 日为收款日，当天汇率为 6；2014 年 6 月 10 日收到款项，当日汇率为 6.2；6 月 30 日确定收入，汇率为 6.5；建造过程中发生的成本为 500 万元人民币，建造合同确认收入和结算进度不同。公司记账本位币为人民币。

此案例来自于某事务所客户的真实资料。仅对该案例而言，收入与成本确认应与完工进度一致且分期确认，不应等到项目结束时再确认。因此，收入成本确认这一条线，应按照施工进度分期确认。因无法获得更详细的资料，所以无法进行更翔实的举例，但参照上述解决思路，用合同币种计算完工进度，主营业务收入、主营业务成本均按此进度和即期汇率来确认已不是难事。此外，项目建设和结算过程中的汇率变动影响分期计入合同毛利中，不应计入财务费用，符合权责发生制原则，与借款费用资本化理念相似。最后，规定收款权利日与实际收款日汇率变动影响作为汇兑损益计入财务费用，也符合货币性项目确认和计算汇兑损益的要求。

四、结论

外币计价建造合同因不同项目的施工周期、建造过程、结算时点和方式可能各不相同，确实无法对其收入确认和相关问题做特别详细的规定。但综合上述分析，既要考虑准则相关规定，在保证会计信息客观公允的同时，也要尽量节约核算成本。因此，对其收入确认和相关问题的解决方案总结如下。

（1）工程结算时确认的应收账款因为收款权利日和实际收款日汇率变动带来的汇兑损益计入财务费用。其他非货币性项目的折算差额将随着主营业务收入和主营业务成本的确认分期体现在合同毛利中，类似于借款费用的资本化，不应等项目竣工时一次计入财务费用。

（2）"工程结算"和"工程施工—合同成本"都按发生时的当期汇率折算为本位币，之后不再因汇率变动而调整。

（3）完工进度的计算按合同币种金额，不需要折算成本位币来计算。

（4）主营业务收入和主营业务成本按合同预计总收入和总成本（合同币种金额×变化后的即期汇率，体现了汇率变动的影响）与完工进度相乘得出。

（5）在最后一期确认收入时，以累计各期的"工程结算"本位币金额来确定最终的"主营业务收入"金额，从而倒挤出最后一期主营业务收入，以保证工程结算和工程施工对冲无余额。

上述做法遵循了权责发生制原则，在保证客观公允的同时，能尽量简化核算过程。

参考文献:

[1]王洪英.外币建造合同的会计处理[J].国际商业财会,2015(2):52-53.

[2]胡秀梅,陈世千.浅析建筑施工企业外币建造合同收入折算的方法[J].企业导报,2015(17):30-31.

[3]曹自刚,何牧林.外币建造合同业务及会计核算方法的思考[J].国际工程与劳务,2015(11):68-70.

[4]朱瑞民.建造合同业务的会计核算方法研究[D].北京交通大学,2013:18-36.

营业税改增值税对电信业的影响及对策

贾丽智

摘　要：电信业已于 2014 年 6 月 1 日起被纳入营业税改征增值税试点范围。本文立足于电信企业，围绕热点问题"营业税改征增值税"展开探讨，分析了"营业税改征增值税"对我国电信企业产生的影响，提出电信企业应对"营业税改征增值税"的策略，希望为我国电信企业的发展提供思路与借鉴。

关键词：电信业　营业税改征增值税　试点改革

随着营业税改征增值税的进一步扩围，电信业经国务院批准，已于 2014 年 6 月 1 日起，被纳入营业税改征增值税试点范围。电信业作为基础服务业，不仅业务非常复杂，而且创新性很强，营业税改征增值税试点会对其产生哪些影响？电信业及它的上下游企业将如何应对？这些问题对相关企业的长远发展至关重要。

一、新政策解读

在境内提供电信业服务的单位和个人，应当按照《财政部、国家税务总局关于将电信业纳入营业税改征增值税试点的通知》（财税〔2014〕43 号）的规定缴纳增值税，不再缴纳营业税。

该 43 号文有以下几项规定。

（1）电信业实行两档税率 11% 和 6% 并行。提供基础电信服务的纳税义务人，享受 11% 的税率；提供增值电信服务的纳税义务人，享受 6% 的税率；向中华人民共和国境外单位提供电信业服务的纳税义务人，免征增值税。之所以对提供基础电信服务的纳税义务人，设置 11% 的税率，是考虑到提供基础电信服务要构建通信基础设施，硬件投入非常大，有比较多的进项税额可以抵扣。另外，不同的业务，其物质耗费体现出不同的特点，分档征收可以保证税收相对公平，使得纳税义务人的税负更加合理。按差异税率征收体现了税制设计的科学化和精细化，但这样会使得电信企业在业务拆分时面临很多挑战，还会使得电信企业对系统改造的要求和业务转型的要求也相应提高。

（2）"买一赠一"等业务需要分别核算。纳税义务人在提供电信业服务的同时，如果附带赠送用户识别卡、电信终端等货物或者其他电信业服务的，应将其取得的全部价款和价外费用进行分别核算，按各自适用的税率计算缴纳增值税。

（3）特服号可以继续实行差额征税。例如：中国移动通信集团公司、中国联合网络通信集团有限公司、中国电信集团公司及其成员单位通过手机短信公益特服号为符合条件的公益性群众团体接受捐款提供的服务，其销售额等于其取得的全部价款和价外费用减除支付给公益性机构捐款后的余额。例如：某电信公司通过国家规定的手机短信公益特服号，给符合条件的公益性群众团体提供接受捐款服务，取得价税合计收入 606 万元，其中支付给公益性群众团体的捐款为 500 万元。那么，应缴纳的增值税 ＝ （606 － 500） ÷1.06 ×6％ ＝ 6 （万元）。

（4）以积分兑换形式赠送的电信业服务，不征收增值税。例如：某电信公司以积分兑换的形式赠送电信业服务，给客户免费提供电信服务价税合计 400 万元。那么，这 400 万元免征增值税。但如果赠送的不是电信业服务，而是实物类奖品，则按视同销售处理。例如，某电信公司以积分兑换的形式赠送礼物给客户，价税合计为 400 万元。那么，应缴纳的增值税 ＝400 ÷ （1 ＋17％） ×17％ ＝ 58.12 （万元）。

二、营业税改征增值税对电信业产生的影响

（一）对税负的影响

短期来看，可以从收入和成本费用两方面来分析。由于增值税的价税分离会出现营业收入下降。成本费用方面，可抵扣项目主要包括终端等货物成本、广告费、水电费、维修费、咨询费、燃油费等，可抵扣项目不多。这是因为，有一部分支出项目如人工成本，根据税法不能抵扣增值税进项税额；有一部分支出项目如建筑安装、金融保险，仍属于营业税应税范围。还有一部分支出项目无法全额抵扣增值税进项税，是因为公司合作方不是增值税一般纳税人，无法取得增值税专用发票。另外，资本开支方面，当期投资所取得的进项税额抵扣带来的折旧降低将在以后逐步体现。这些营业税改征增值税的措施使得电信业收入下降的幅度大于成本下降的幅度，进而影响其利润水平。因此，营业税改征增值税后电信企业的净利润有一定幅度的下降；同时，由于受到电信企业的营业税、增值税、企业所得税等影响，电信企业的综合税负有所下降，所以营业税改征增值税有助于改善电信企业的现金流。

长期来看，随着电信公司多年来持续推进的战略转型的深化、收入结构的不断改善、资产的正常更替、固定资产投资进项税额抵扣带来折旧减少效应的逐期

显现及国家增值税改革范围逐步扩大至其他行业，营业税改征增值税对电信公司营业收入的负面影响程度将会逐步减弱，对成本费用的下调影响会逐步增强。

（二）促进电信业固定资产的更新换代

电信设备的更新换代将越来越频繁。工信部已经公布了第一批高耗能老旧电信设备淘汰目录，电信企业肯定会根据自己的实际情况，对现有的高耗能老旧电信设备进行更新换代。电信网络的升级改造，需要购置大量的新设备。另外，三大运营商中国移动、中国联通、中国电信都已经取得了 4G 牌照，为了拓展 4G 用户，提高 4G 用户的渗透率，他们必须加大投资力度、加快 4G 网络建设，加快 4G 基站设备和服务的采购。截至 2015 年 6 月底中国移动全网 4G 基站数量已达到 94 万个。电信业纳入营业税改征增值税试点后，这些设备投资将可以抵扣进项税额。

（三）促进电信企业业务形态的变化

一直以来，电信企业都是混业经营，既销售终端设备又提供网络服务，类似的混合销售行为按税法规定统一以营业额为计税依据，按邮电通信业 3% 的税率征收营业税。营业税改征增值税后，手机等终端设备的销售被认定为销售货物，需按照 17% 的增值额征收增值税，因此运营商普遍更倾向于将手机销售做成"平进平出"，通过赠送手机来带动话费业务。运营商未来的主要销售模式将转变为以"充话费送手机""包月上网送机顶盒"等为主。

（四）促进电信业上下游企业的发展

将电信业纳入营业税改征增值税的试点范围，有利于进一步完善增值税抵扣链条。对于此前已经改革的领域有巩固和促进的"承前"作用。例如：已经纳入改革的快递业的寻呼中心、影视制作和技术咨询等都需要大量消耗电信业务，电信业被纳入营业税改征增值税范围后，这些电信服务费用就可以抵扣，将有更多的企业从改革中获益。同时由于电信业全国性、网络化的特点，对于尚未纳入改革的行业具有经验示范的"启后"作用。

三、电信业应对营业税改征增值税试点的策略

电信企业应密切关注营业税改征增值税的最新政策，及时了解政策细节，与税务机关密切联系，积极沟通，深入研究相关政策，努力应对。应及时优化业务与管理流程，进行系统再造，加强对相关人员的培训，不断提升增值税管理水

平，建立一套新的适应增值税的运营管理模式，努力争取降低"营业税改征增值税"对公司可能造成的负面影响。

（一）完善定价机制、营销模式和套餐设计等安排，提升收入及降低销项增值税平均税率

在市场营销策略方面，调整实物赠送模式，尽可能通过折扣等方式规避增值税。营业税改征增值税之前，电信企业在营销活动中经常采用捆绑销售、赠送实物等方式，存话费赠手机业务只按话费收入缴纳营业税，手机等实物不被认定为视同销售，既不征增值税也不征营业税。而营业税改征增值税后，赠送的手机被认定为视同销售，需按市价计算缴纳增值税。因此，企业应对现行捆绑套餐业务进行梳理，对可能存在视同销售的套餐方案加以优化，如先锁定终端销售价格（不应低于进货价格），其余确认为通信服务收入；再将终端补贴改为话费打折的方式补贴给用户，在合约计划和客户的发票上明确区分终端销售收入和通信服务收入的金额，并协同调整计费系统和会计核算方法。另外，还可以通过将终端销售向电子商务转移的方式，来调整销售渠道的结构。因为如果将电信运营商的电子商务定义为信息服务，则增值税税率只有 6%。

（二）加强税务管理

营业税改征增值税后，电信企业要建立新的财务核算模式。为了便于营业收入的统计以及应纳税额的计算和缴纳，电信企业应针对不同税种和税率的业务，单独设置核算科目。电信企业在采购时应优先选择增值税一般纳税人，并把获得专用发票这一要求写入合同中，以便尽可能地争取可抵扣的进项税额；电信企业应适当调节每月实际增值税应纳税额，通过调控采购量来提高或者降低增值税进项额。电信企业需综合评估自身发展需要及相关的税负影响，合理安排固定资产投资节奏。为了保证自身的税务管理模式能够适应增值税征收的要求，有效降低涉税风险及税负，电信企业应改进现有的税务管理模式，建立起新的税务流程。

四、营业税改征增值税过程中待明确的问题

（一）如何区分基础电信服务和增值电信服务的问题

新政策是两档税率 11% 和 6% 并行：提供基础电信服务，适用 11% 的税率；提供增值电信服务，适用 6% 的税率。电信企业必须清晰地区分两种业务，分别适用税率，分别核算。但如何区分基础电信服务和增值电信服务是一个相对困难的问题。比如中国移动，它的很多业务都是综合性的，究竟是基础电信服务还是

增值电信服务难以分得很清楚。另外，付费方式的不同，也会带来两种业务在什么时点如何区分的问题。如果用户是增值税一般纳税人，电信企业在收费开票环节需要就不同税率的项目分别列示营业额或销售额和税率，以便对方进行正确的进项税额的抵扣。但是在预付费方式结算的情况下，目前是用户在充值环节，电信企业就给用户开具营业税发票，实际上电信企业应该在服务提供时再确认收入履行纳税义务。电信营业税改征增值税之后，如果电信企业在预付费用户充值环节直接开具发票，由于《增值税暂行条例》规定增值税纳税义务发生时间中如果纳税人先开发票的，为开具发票的当天，此时用户实际使用的情况还未知，电信企业无法分清多少销售额适用税率11%，多少销售额适用税率6%，那么准确计算应缴纳的税款就成为一个问题。如果电信企业先按11%的税率交税，后期根据用户的实际使用情况计算税率差进行多缴增值税的抵免，就会增加核算的压力和企业的税收风险。

（二）如何分配附带赠送货物的营业额的问题

43号文件明确规定：纳税人提供电信业服务时，附带赠送用户识别卡、电信终端等货物或者电信业服务的，应将其取得的全部价款和价外费用进行分别核算，按各自适用的税率计算缴纳增值税。但对于纳税人提供电信业服务时，附带赠送用户识别卡、电信终端等货物如何分别核算营业额的问题，43号文件却没有明确规定。我们可以参照依据《国税函〔2008〕875号》文件：总的销售金额应按各项商品公允价值的比例来分摊确认各项的销售收入。例如，电信企业开展充话费送手机活动，充3 000元话费赠送价值1 000元的手机。此时，客户实际支付3 000元，按公允价值分配，即电信服务收入按3 000×3/4＝2 250元确认，手机销售收入按1 000×1/4＝250元确认。需特别注意的是：开具发票时，在商品品名项目中应同时填入"预存话费"和"手机"，单价分别注明3 000元和1 000元，再注明折扣750元和250元，实际收款3 000元。因此，本文建议电信企业减少赠送实物行为，可考虑改为赠送电信服务。

（三）积分换购增值税规定仍待明确

43号文件明确规定：以积分兑换形式赠送的电信业服务，不征收增值税。对于电信企业，财政部和国家税务总局明确的积分兑换不征收增值税是要求兑换的项目和购买的项目一致，即电信企业购买电信服务积分兑换的也是电信服务。对于消费者用积分在电信企业的积分商城兑换实物商品该如何处理，则是一个尚未明确的问题。兑换实物商品是否应按视同销售处理，43号文件并未明确规定。

总之，对于电信企业而言，营业税改征增值税这项税制改革是一项从运营模式到财税管理的全方位挑战，电信企业必须高度重视营业税改征增值税带来的影响，做好充分准备，积极应对，以便迎来新的发展契机。

参考文献：

[1]财政部,国家税务总局.财政部、国家税务总局关于将电信业纳入营业税改征增值税试点的通知(财税〔2014〕43 号).

[2]余友河.营改增对电信企业的影响研究[J].现代商业,2013(2).

[3]陈刚."营改增"对电信企业的影响及应对措施[J].通信与信息技术,2013(3).

[4]戴琼."营改增"扩围再加速,电信服务业迎七大变化[N].中国会计报,2014 – 05 – 09.

同一控制下企业合并相关问题探析

肖　宁　郭明曦

　　摘　　要：《企业会计准则第20号——企业合并》中对同一控制下的企业合并尚未提出明确的规范，在实务具体应用中出现了不同的观点和处理方法。本文拟就实务中对于同一控制下的企业合并中的相同的多方和从最终控制方的视角看账面价值等相关问题进行探析，希望依据准则寻找到在实务中较为合理的会计处理方法，以使企业在激烈的市场竞争中获得更多的经济利益。
　　关键词：企业合并　同一控制　相同的多方　账面价值

　　由于《企业会计准则第20号——企业合并》对同一控制下的企业合并没有明确的规范，所以从2006年准则颁布到2015年年底，关于同一控制下的企业合并方面的探讨一直未曾间断。据统计，中文期刊中该方面的论文已发表566篇，主要集中在核心期刊。有关同一控制下的企业合并方面近10年的论文增长趋势如图1所示，本文将结合实务对于同一控制下企业合并的相关问题进行探讨。

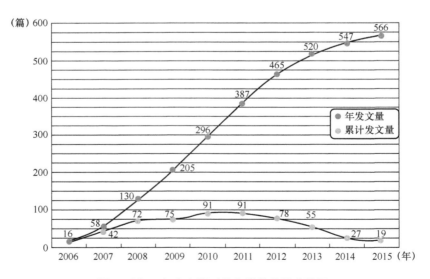

图1　近10年中文期刊论文增长趋势曲线图

一、本文案例

甲、乙两个自然人共同设立 A、B 公司，并分别持有 A、B 公司 50% 的股权和表决权。根据 A、B 公司的章程，A、B 公司所有重大事项均需过半数表决通过，甲、乙共同控制 A、B 公司。2011 年 1 月，A 公司通过向甲、乙等比例增发股份的方式购入 B 公司 100% 的股权（见图 2）。假设 A、B 公司同受甲、乙共同控制的时间大于 12 个月，且预计交易后 A、B 公司同受甲、乙共同控制的时间也长于 12 个月，并且甲、乙两个自然人并无任何家庭关系。

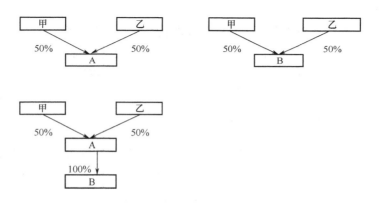

图 2　各方持股关系图

在上述假设基础上，若以 A 公司作为报告主体，其购买 B 公司 100% 股权的交易是否应该按照同一控制下企业合并的会计处理理念，即权益结合法进行会计处理呢？

二、问题一：如何理解"相同的多方"

在实务具体应用中存在以下两种主要的观点：一是认为 A 公司不应按照同一控制下企业合并的理念进行会计处理；二是认为 A 公司应按照同一控制下企业合并的理念进行会计处理。上述两种不同的观点必然会导致会计处理方法的不同。下面将就两种观点进行分析，希望依据准则寻找到对公司最有利，同时又能保证会计信息真实、可靠及公允的会计处理方法。

（一）观点一：A 公司不应按照同一控制下企业合并的理念进行会计处理

2006 版本的企业会计准则讲解中曾经明确提出："相同多方，主要是指根据投资者之间的协议约定，为了扩大其中某一投资者对被投资单位的表决权比例，或者巩固某一投资者对被投资单位的控制地位，在对被投资单位的生产经营决策行使表决权时采用相同意思表示的两个或两个以上的法人或其他组织等……"。上述对 2006 版本讲解的阐述充分显现了"相同的多方"的含义为"多方中的一方具有控制地位"。对于同一控制下企业合并采用权益结合法的理由，均强调了"从最终控制方的角度，该类企业合并一定程度上并不会造成构成企业集团整体的经济利益流入和流出……"。无论是企业会计准则的基本准则，还是合并财务报表准则，均将"企业集团"描述为母公司和其全部子公司组成的会计主体，而只有存在控制关系才会存在母、子公司的关系。强调"相同的多方"必须存在控制关系。

由于同一控制下企业合并的会计处理即权益结合法与准则体系内的其他准则存在一定的矛盾，因此应严格将其限定在准则明确规定的特殊范围内。"同一控制"不等同于"同一共同控制"，两者存在本质区别。本案例中，甲、乙两个自然人仅是"同一共同控制"，并非"同一控制" A、B 公司，因此，A 公司不应按照同一控制下企业合并的理念进行会计处理。

（二）观点二：A 公司应按照同一控制下企业合并的理念进行会计处理

2006 年财政部颁布的《企业会计准则第 20 号——企业合并》中规定，在同一控制条件下处理企业合并，所有参与合并的企业都应该受到最终控制方的控制，无论是一方还是多方，且该控制是非暂时性的。本案例中，参与合并的 A、B 公司都受到最终控制方（甲、乙两个自然人）的控制，且 A、B 公司同受甲、乙共同控制的时间大于 12 个月，也是非暂时性的。

根据《企业会计准则应用指南》中的相关规定，"相同的多方"并非特指"多方中的一方具有控制地位"，而是指根据投资者之间的协议约定，在对被投资单位的生产经营决策行使表决权时发表一致意见的两个或两个以上的投资者。本案例中，根据 A、B 公司的章程，A、B 公司所有重大事项均需过半数表决通过。A、B 公司的章程可以理解为准则所述的"投资者之间的协议约定"。由于 A、B 公司所有重大事项均需过半数表决通过，一旦 A、B 公司形成某项重大决议，必定是甲、乙两个自然人在行使表决权时发表了一致意见。甲、乙两个自然人均构成对 A、B 公司的共同控制，满足"相同的多方"的要求。

此外，借鉴国际会计准则和美国会计准则的有关规定，对于"相同的多方"也仅是强调根据合同的约定，多方共同来行使主导被投资单位的权力，即强调共同控制，而并非强调"多方中的一方具有控制地位"。本案例中，根据合同的约定，甲、乙两个自然人共同来行使对被投资的 A、B 公司的权力，即构成对 A、

B 公司的共同控制，同样满足"相同的多方"的要求。

此外，在《企业会计准则讲解（2008 版）》以及《企业会计准则讲解（2010 版）》中均删除了原 2006 版本中有关"相同的多方"为"多方中的一方具有控制地位"的阐述。由此可见，更新后的企业会计准则讲解的理念已经消除了原与应用指南阐述之间存在的矛盾。

经过上述分析，观点二即 A 公司按照同一控制下企业合并的理念进行会计处理更为合理。

三、问题二：如何从最终控制方的视角看账面价值

在实务具体应用中，如果 A、B 公司并非甲、乙两个自然人共同设立，且甲、乙两个自然人取得对 A、B 公司共同控制权的时点并不相同，A 公司按照权益结合法进行合并时，仍将面临很多实务挑战。下面就从最终控制方的视角看原账面价值处理时应注意的几个问题。

（一）控制的净资产的价值量在合并前后不发生变化

合并方在合并中确认的从被并方取得的资产和负债仅仅限于被并方账面上原来已经确认的金额，合并中并不会产生新的资产或负债。在同一控制下的企业合并中，从最终控制方的角度来看，其所控制的净资产的价值量在合并前后并没有发生变化，即使在合并过程中，合并方从被并方所取得的净资产的入账价值与其所支付的合并对价的账面价值不相等，这一差额也不确认为商誉，即同一控制下企业合并不会产生新的资产。但被并方账面上原来已经确认的商誉应作为合并中取得的资产入账。合并方从被合并方取得的各项资产和负债应按其在被合并方账面上记录的原账面价值入账，而不是公允价值。

（二）统一合并双方的会计政策按调整后的账面价值入账

合并方取得的被并方的资产、负债应以其账面价值编入合并报表中，当被合并方与合并方所采用的会计政策不同时，首先应该统一合并双方的会计政策，即合并方按照本企业所采用的会计政策对被并方资产、负债的账面价值进行调整，然后按调整后的账面价值作为相关资产、负债的入账价值。之所以要进行上述调整，原因就在于对于同一控制下的企业合并我们是从最终控制方开始实施控制时就将参与合并的企业视为一个整体的。而对于一个会计主体，它应该对相关交易或事项采用同样的会计政策，在统一会计政策的基础上反映其财务状况和经济成果。

（三）合并中取得的净资产的账面价值调整所有者权益

合并方在合并中取得的被并方净资产的账面价值与其为进行企业合并所支付的合并对价的账面价值之间存在差额的，这项差额并不作为处置资产的损益，不影响企业的利润表，而是应该调整所有者权益。同一控制下的企业合并不是一项购买交易，而只是一项经济事项，是参与合并的企业股东权益的重新整合。合并方在合并中所取得的净资产的账面价值与其所支付的合并对价的账面价值之间的差额应调整股东权益，在调整股东权益的过程中，应首先调整资本公积，如果需要调减资本公积且资本公积不足冲减时，应冲减留存收益。

权益结合法视企业合并为经济资源的联合，即通过股权交换实现合并各方所有者风险和利益的联合，而并非是控制权的转移和争夺；强调的经济行为是联合，而非购买行为。从同一控制下企业合并的经济实质来看，可以将同一控制下的企业合并视为两个或两个以上参与合并的企业的股东权益的重新整合。因为从最终控制方的视角来看，A、B公司合并并不会导致企业集团经济资源的流入或流出，最终控制方在合并前后控制的资源并没有发生变化。

目前，我国的企业会计准则是以原则导向为基础，《企业会计准则第20号——企业合并》下，对非同一控制下的企业合并有明确规范，但对同一控制下的企业合并尚未提出明确规范。在实务中如何选择对公司有利的会计核算方法，为企业利益各相关方提供真实、可靠及公允的会计信息，是今后会计人员深入探讨的问题。

参考文献：

[1]俞萌. 同一控制下企业合并的历史寻踪和现状探析［J］. 会计之友,2014,29(2)：98-101.

[2]曾萍. 论同一控制下企业合并的合并会计与合并报表[J]. 中小企业管理与科技,2013,12(2):50-52.

[3]史玉光. 同一控制下企业合并会计方法的思考[J]. 国际商务财会,2014,4(4):41-44.

第三部分　企业电子商务

基于生态视角的居家服务 O2O 平台研究

张荣齐　李英爽　钟礼松

摘　要：O2O 平台可以弯曲、打碎既有的产业链，形成平台生态圈，促进居家服务转型发展。本文从平台战略的视角，给出居家服务平台的战略选择、生态圈机制设计、成长创新模型的构建，并以此为基础重点分析荣昌居家服务 E 袋洗业务在不同时期所采用的不同战略及其所产生的积极影响，有利于读者对居家服务平台的发展有全面的认识，并可通过此理论应用到各个居家服务的各个平台发展中，可为居家服务转型升级提供有益的借鉴。

关键词：居家服务　平台战略　O2O 商业

一、本课题国内外研究现状述评、选题的价值和意义

未来几十年，新型城镇化会成为我国经济发展的增长点，住宅已成为居民新的消费热点。衍生的居家服务平台更是推动城市商业结构优化和功能提升、实现城市商业转型和构建和谐社会的战略选择。作为满足居民综合消费的重要载体，居家服务在城市商业建设中的重要性不言而喻。继续推动居家服务向品质化、便利化、多元化发展，在社区内发展新型消费，培育新的消费热点，是业态转型升级的重要内容。然而，事实并不容乐观，北京居家服务发展面临着严峻的现实：场地、停车、选址、打烊等的不便利烦恼困扰着社区居民。对此，荣昌居家服务重新定义产业架构，建立起良好的 O2O "平台生态圈"（马云，2013）（陈威如，2013），连接两个以上群体，弯曲、打碎既有的产业链。本课题拟以荣昌居家服务为突破口，从生态系统学的角度来探索居家服务平台业态群居共生共进问题，以促进北京居家服务平台生态圈的形成。

穆尔 James F. Moore（1993，1999）系统阐述了商业生态系统的概念及商业生态系统的进化规律，强调了商业生态系统的动态性和共生性。Mirva Peltoniemil和 Elisa Vuori（2004）认为商业生态系统兼有生物生态系统、经济系统、复杂适应系统的特点，并在此基础上给出了一个更完整的定义。Marco Iansiti 和 Ray Levien（2004）对 IBM、微软等企业的"关键种"战略进行了分析，并于 2005

年利用有关数据对美国 IT 商业生态系统的健康进行了评估。Francois Letellier 对软件中间件的商业生态系统构建战略进行了论述。日本一桥大学创新研究所对日本、韩国的移动音乐商业生态系统做了比较研究。James F. Moore（1993）提出"商业生态系统（business ecosystem）"的概念、结构、特点等基础理论，使人们对诸如企业平台战略等重大问题有了全新的认识。与自然生态系统中的物种一样，居家服务生态系统中的每一业态最终都要与整个系统同命运共发展。国内学者李东（2008）、杜国柱（2008）、王艳（2008）、刘刚等（2013）引入国外已有商业生态系统理论，结合本国企业生态系统展开应用研究。随着商业生态系统取得优势，如洪柳（2011）认为企业间基于价值链的协同是商业生态系统企业间协同的基础，商业生态系统的运营价值可以最终还原为系统内部各节点的企业价值与节点顾客价值，并以价值链上下游企业协同为基础，实现整个商业生态系统内各个企业的协同，从而实现商业生态系统的共赢。随着实践的深化，李强（2012）认为，在以产业融合和网络经济为特征的商业生态系统中，企业按照价值属性和联结属性，重构了战略模型，拓宽了新商业环境中的战略视野。钟耕深（2009）认为在应对动态、复杂的环境时，应打破传统上以行业划分为前提的限制，以合作应对竞争。由此廖晓（2007）提出多主体共享的商业生态系统以及产生网络效应实现多主体共赢需要构建平台，强调了多主体的参与性、网络效应和多方共赢，涉及交易结构设计问题。这样，从战略层面上，沈拓（2013）认为由众多实体组成的一个大型的松散连接的网络，各成员就是生态体系的核心物种与基石。随着互联网的升级换代，胡岗岚（2010）提出平台型电子商务生态系统，在关系治理、利益治理、信息治理及协作治理四个方面提出平台型电子商务生态系统规则的建议。时下，企业平台战略已成为商业生态系统的基石。综上所述，国外学者的相关理论加快了我国企业对商业生态系统的认识和构建，国内学者结合本国实际和时代发展丰富了商业生态系统概念的内涵，为本课题的研究提供了借鉴和应用。但针对基于商业生态系统中居家服务平台战略的研究还很少，尤其对以连锁居家服务平台战略为基石的商业生态系统的研究还属空白。

二、本课题研究的主要内容、基本思路、研究方法

（一）本课题研究的主要内容

1. 居家服务平台转型的战略选择

运用组织行为学和博弈理论研究在角色转换具有不确定性的条件下，平台成员如政府、商家、住户等主体的需求、动机、行为变化，决定关键赢利模式。运

用因果关系分析、图析分析等方法，从终端用户（消费者）、投资者、商家、开发企业四方的价值诉求出发，"以终为始"建立多方共赢、住宅与商业双向价值滋养并推动商业整体溢价，以此价值结构模型为平台战略选择提供路径和与其相匹配的战略任务，运用系统论和协同学分析平台的产业价值链重组及从单边到多边平台成员选择、成员战略行为选择、更新与合作的商业模式。

2. 居家服务平台生态圈机制设计

借鉴迈克尔·波特（Michael Porter）的国家竞争力钻石模型，定位多边市场，激发网络效应，筑起用户动力机制、协同机制、过滤机制和政府调控机制；综合运用价值链、产业链、供应链等分析方法，研究居家服务生态圈各环节的要素投入、成本构成、价值增值及其主要影响因素；利用核心资源—核心要素—核心竞争力—竞争力的分析框架以及竞争共进的生态圈的延展机理。

3. 居家服务平台生态圈成长创新模型

以新型城镇化为依托，运用组织与自组织理论以及环境选择的关系解释平台衍生现象，促进平台用户规模的持续扩大，追求平台成员、整个系统、成员之间共生同进质的提升。运用 Strader 的 IFOT 模型揭示平台运行基本特征，累积双边话语权刺激成长；运用 Latour B（2005）POSTJ 行动者网络模型分析以"电商＋呼叫中心＋居家服务站＋点评系统"组成平台的战略行为，探求居家服务平台核心扩散联动机理、共生效应及增长规律。

研究的技术路线如图 1 所示。

（二）研究思路

通过商业生态系统理论的视角，给出动态分析居家服务平台战略的新型理论，并以此分析荣昌居家服务平台由产生到发展再到成熟的各阶段成长和发展。分析出荣昌居家服务在不同时期所采用的不同战略以及其所产生的积极影响。这样有利于对居家服务平台发展有全面的认识，并可通过此理论应用到各个居家服务平台的发展中。

（三）研究方法

从战略投资的经济效益考量，重点关注商业地产运营高管、投资客、店铺经营者、连锁机构运营高管、社区居民等；走访相关专家、有关政府主管部门、社区居委会、社会各团体、各服务市场管理部门，参加研讨会，对面向社区服务的知名服务企业进行调研。

基于实地调研的基础，应用计量经济学中模糊物元聚类分析、博弈论、有序样本分类等多种模型分别对平台的分类、模式的构造、平台成员甄选等问题进行

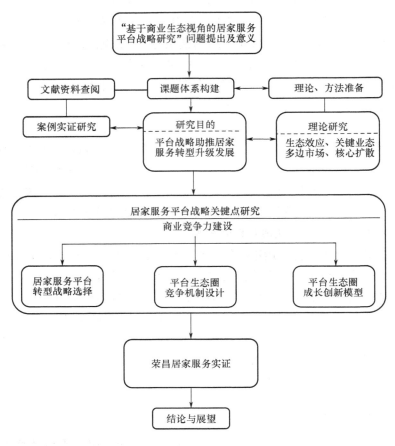

图 1　研究的技术路线

量化分析。

对荣昌连锁居家服务（O2O）平台战略的个案研究，着重分析在不同阶段荣昌居家服务平台所处的商业生态环境和应对策略，并基于此分析提出荣昌居家服务平台在进一步发展中的策略方向和发展建议。

三、本课题研究的重点、难点和创新之处

（一）重点、难点

1. 集成居家服务生态系统（O2O）平台

着力培养客户对本社区消费的情感依赖性。标准化、模块化是目前平台建设

的难点和新的机会点。整合商业、电信、邮政金融等资源，最大限度地兼顾公益服务。除购物外，休闲、交际、餐饮、文娱等体现商业多样性、适应性的综合消费得到充分培育，改变了老社区服务功能欠缺的问题。

2. 构建便利消费网络平台生态圈

"以终为始"的平台理念可以极大降低后期运营调整成本。联结电子商务等企业，建立社区服务站点，实现"最后100米"精确收发配送，联结大型连锁企业、大型物流中心进入居家服务生态系统平台生态圈。

3. 培育商业生态系统"关键种"业态

以邻里中心、居家服务中心、社区型购物中心、居家服务街等为中心并通过良好的运营养护居家服务平台生态圈，是商业价值最大化的最佳途径，可在商业生态价值提升的同时，使住宅价值得到滋养。而通常情况下，在政府的相关政策约束下，只有开发商、投资者、商家、终端用户等成员达到共同赢利的运营状态。

(二) 创新之处

将国外最新商业生态系统理论引入荣昌居家服务战略管理，为我们打开了居家服务转型发展研究的新思路。系统性地探讨"平台"这个改变社区居民商业行为与生活方式的概念，且创新性地研发出系统框架，以解释荣昌居家服务平台战略的建构、成长、进化、竞争、覆盖等战略环节。

荣昌居家服务生态圈里的一方群体，随着其需求的增加而壮大，使另一方群体的需求也会随之增长。这样便建立起一个良性循环机制，通过此平台交流的各方也会促进对方需求的无限增长。而通过平台模式达到战略目的，包括了规模的壮大和生态圈的完善，乃至破解居家服务难题、重塑市场格局。

居家服务"关键种"业态和平台生态圈，形成了多元化的跨界合作模式，强化了新型城镇化过程中的产业支撑。本研究将荣昌居家服务平台置于商业生态系统的大环境下，分析在不同的发展阶段其平台的不同应对策略以及与生态系统中其他各"关键种"业态共生共存和共赢的问题，并剖析了其在不同时期的商业环境和应对策略。

参考文献：

[1] Moore J F. The Death of Competition: Leadership & Strategy in the Age of Business Ecosystems[J]. New York: Harper Business, 1996.

[2] Iansiti M, Levien R. Strategy as Ecology[J]. Harvard Business Review, 2004, 82(3).

[3] Mirva Peltoniemi, Elisa Vuori. Business Ecosystem as the New Approach to Complex Adaptive Business Environments[J]. Frontiers of E – business Research, 2004.

[4]刘刚,熊立峰.消费者需求动态响应、企业边界选择与商业生态系统构建——基于苹果公司的案例研究[J].中国工业经济,2013(5).

[5]孙连才,王宗军.基于动态能力理论的商业生态系统下企业商业模式指标评价体系[J].管理世界,2011(5).

[6]钟耕深,崔祯珍.商业生态系统理论及其发展方向[J].东岳论丛,2009(6).

[7]胡岗岚.平台型电子商务生态系统及其自组织机理研究[D].复旦大学博士论文,2010.

[8]梁运文,谭力文.商业生态系统价值结构、企业角色与战略选择[J].南开管理评论,2005(1).

社交媒体对人们生活的影响

叶卡娜

摘　要：社交媒体改变了世界，也改变了人们的生活。随着网络技术的日新月异，社交媒体和工具依靠网络平台的发展逐渐充斥于我们生活中的各个角落，像微信、微博、微商、消费点评、社交网站、团购、电子商务、Facebook，Twitter 等几乎涉及各行各业，社交媒体已经改变了人们传统的生活方式，极大地便利了人们与外界的沟通，对人们的日常生活产生了深刻的影响。网络媒体的时尚性、广泛性和经济性是传统媒体无法比拟的，它带领我们进入新的领域。当然任何事物都有它的双面性，社交媒体也不例外。

关键词：社交媒体　生活方式　影响

一、社交媒体的定义

社交媒体是各种形式的大众用户制造生成信息内容，以及使人们在线交流和分享的网站或应用程序的集合，是一种给予用户极大参与空间和互动传播的基于互联网技术和移动技术应用的在线媒体。

二、社交媒体的特点

社交媒体是人们相互间用来分享所见、所知、所闻、所感的工具和平台，是广大网民自主创造新闻信息然后传播的过程。它有两个特点，一是人数覆盖面很广；二是自主的传播。这是社交媒体的两大必备因素。社交媒体的产生和发展是依赖网络的不断创新和发展的，只有网络能更多地给予网民主动权，社交媒体才有源源不断的群众基础和技术支持。正是由于网络强大的技术支撑，开发出越来越多、越来越便利的不断适用于现代人们生活、消费的互动模式和技术产品，才能满足现代人日益增长的物质和文化需求，人们也因此受益其中。互助扶持为社交媒体的强大根基。总而言之，社交媒体的发展是基于群众基础和技术支持的。

社交媒体与传统媒体相比，对人们生活的影响可以说是天翻地覆的。过去的媒体，有单独的媒体人，有单独的受众群体，卖方、宣传方和买方、信息接收方是上下、前后的关系，是各自分开进行的，相互之间的交集也就是浅层次的耳闻目睹。社交媒体的出现完全冲击了这种传统方式，使每个人都可以参与其中，都可以自主创建、添加和传播信息，而且双方或多方是可以互动的。这更适合当前的网络时代，由此更加快了多样化的社交媒体的迅猛发展。社交媒体的产品、技术、应用和平台围绕在我们身边，供我们自主选择接受。日常生活中经常接触到的社交媒体主要包括社交网站、微博、微信、博客、论坛、播客等①。

三、社交媒体的影响概述

社交媒体在互联网的沃土上蓬勃发展，一波一波的应用技术爆发出令人炫目的能量，吸引着人们争相参与其中，其传播的信息已成为人们浏览互联网的重要内容，不仅制造了人们社交生活中争相讨论的一个又一个热门话题，也进而吸引着传统媒体争相参与学习跟进②。互联网深刻地改变了我们的生活，网络媒体的时尚性、广泛性和经济性是传统媒体无法比拟的，新的社交媒体形式层出不穷，也让广大民众更能参与到其中发出自己的声音来改变我们的生活。无论是对消费者、企业还是销售商，社交媒体都是一个热门的话题。现在，社交媒体领域不仅存在很多专家，还有很多社交媒体创业公司、专门的书籍以及社交媒体公司。

四、社交媒体在生活中产生的积极影响

社交媒体有服务的作用，通过社交媒体，我们与朋友之间的联系加强了，人与人的相处变得更加轻松和开放，由此丰富了我们的日常生活。部分特别爱社交的人将社交媒体作为推进他们社会活动的工具，不停地刷微博、朋友圈、更新状态都可以让他们在方寸之间的屏幕上了解到所有周边和社会上发生的事情。科技改变了人们的交流习惯。某种程度上，便利的社交媒体确实加强了人与人之间的联系。有研究者指出，社交媒体的贡献在于高效打通了人与人之间的各种时间、空间壁垒，让熟悉人和陌生人之间的认识和交流都变得更为简单，极大地扩充了我们的社交圈，使人们可以交到更多志同道合的朋友，接触到更多的信息，这些服务带领我们进入了数字化的"泛社交时代"。社交媒体还是一种传播信息的媒介，每天都有无数的信息被传播并过滤着，有价值的消息会被迅速传遍全球，没

---

① 刘芳. 新型社交媒体对大学生社交行为习惯的影响——以微信为例 [J]. 科教导刊（上旬刊），2015（11）.

② 陈静、陈美. 手机社交媒体对大学生生活的影响探究 [J]. 新媒体研究，2015（10）.

有价值的信息则会被人们遗忘或者只能得到小范围的传播。《中国社交媒体影响报告 2015》中指出，社交媒体的使用正在不断地延伸，从大城市里接受过高等教育的年轻人群迅速地扩张到了更小的城市、更多年龄段和教育水平不高的人群当中去。现在农村的网络信号基本得到了覆盖，农村电子商务、微信、智能电视的普及使得社交媒体的领域覆盖范围极为广泛。

随着中国人越来越多地使用移动互联网，腾讯的微信已经成为中国社交媒体领域中的佼佼者。

"中国社交媒体领域依然在快速变化。营销人员需要通过系统化的研究来更好地了解消费者们是如何使用各种平台的，他们是如何通过微信和微博来创造、接收和分享信息的。" CIC 的创始人兼 CEO 费嘉明表示，"我们相信尽管现在微信占据了统治地位，但这个领域并不是赢家通吃的。你可以通过微博来感知人们在讨论什么，而微信的订阅号们更像是各种更现代、更适合分享的杂志。我们的研究表明了只有综合利用多个平台才能实现与消费者进行有意义、吸引人和有效的沟通。提到订阅号，现在我们出去购物都会看到有免费 WiFi 和微信二维码，扫一扫就可以关注各个商店，通过商店的微信订阅号平台，我们可以看到这些商店的信息，按照自己的意愿我们可以参与到商店的运营活动中去。如果有了打折优惠活动，不需要商店专门去做广告通知我们，我们就能通过微信平台提前了解到这些我们乐于接受的信息。也有一些信息是我们不感兴趣的，我们可以自主忽略掉这些信息。"①

不仅企业、超市、商店开始参与到微信公众号平台中，很多组织和个人也可以创建自己感兴趣的公众号平台，很多个人甚至是身边的同学朋友都可以根据自己感兴趣的话题组织开通自己的公众号，成为信息的发起者和传播者。这样不仅可以切身地参与自己感兴趣的事情，也可以拓展自己的人际圈子，认识到志同道合的人，也帮助参与其中的人们了解、学习到更多相应的知识。

在微信公众号朋友圈中，不仅可以去传播和获取信息，也涌现出了很多的微商，他们利用网络、社交媒体来展现自己的产品服务，让大家看见了解自己的产品，吸引有需求的人群购买。21 世纪是电子商务创业的天堂，网购全民化，电商热潮一浪高过一浪。2014 年年底，中国电商交易规模达到 13 万亿元，同比增长 29.9%（见图 1）。截至 2014 年年底，中国网民规模已达 10 亿，网购用户达到 6 亿人。

有需求就有供给，微商这个群体越来越庞大，不仅是企业还是个人都可以自主参与，这不仅是由于社交媒体这一平台很好涉足，不限店面、不限地域、不限

---

① 李琼. 角色转换与身份认同：不同社会化媒体对个体行为的影响［C］. 陕西师范大学，2014.

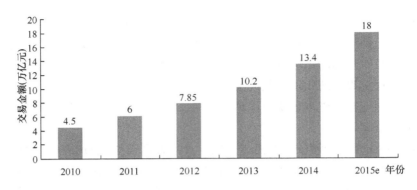

图1 2010—2015 年中国电子商务市场交易规模

时间便可以自主创业，而且这种形式也摒弃了传统营销中从工厂到消费者的层层加价环节，让购物变得简单、快捷、优惠。微商也让很多参与其中的企业和个人通过劳动的付出获得了相应的回报。

现在大学校园里或者居民区、写字楼里经常会看到各种外卖和快递，这也是社交媒体给我们带来的便捷。我们不需要出门就可以买到天南海北的产品，不需要下楼出校园，翻翻手机里面的应用就可以买到价格便宜的团购饭菜，并且相应的外卖配送服务都早就关联准备好了。

社交媒体正逐步以新的方式为广大人民群众提供全方位的体验。企业聘请专门从事社交媒体领域的专业人才并制定相应宣传方案的做法已经非常普遍。

在未融入社交媒体之前，大型企业很少与顾客有沟通交流，也就无法得到顾客最直接的反馈。融入社交媒体后，企业管理人员通过浏览媒体信息可以直接了解顾客的反馈。因此，所有企业在面对产品质量问题、消费者权益问题和环境问题时，也必须更加谨慎。比起企业的广告和介绍，潜在顾客更看重当前顾客的体验与感受，这就是为什么现在购物网站中对好评特别在意的原因。现在企业和所有顾客都可以用社交媒体工具进行交流，社交媒体推动企业信息透明化，这比以往任何一次技术革新都更能够促进企业的协作精神。

社交媒体推动了企业信息透明化，这关系到我们日常所用的产品。社交媒体可以提升产品质量，社交媒体使得所有消费者都可以在购物平台或者是消费者权益平台中针对所用产品发表评论并提出批评，因此厂商的产品必须要保证很好的质量。产品质量不过关的厂商就会被曝光并最终失败。所以现在质量好的产品在传统营销上投入的资金不需要占用很多，社交媒体的存在使得好的产品能够获得使用者的好评和追捧。社交媒体能够创造消费者真正需要的产品，如星巴克、戴尔和宝洁都利用社交媒体这个平台来听取用户的意见和反馈，并借此创造出更多更好的产品①。大型企业对此反馈表现得越积极，就越能促进这种社交媒体的发展，而且在这种模式下可自主控制这种社交关系，可以选择关注这些企业的媒体平台，可以自由选择加入他们的社区。这与传统媒体的对比很明显，传统媒体中我们没有办法与大型企业产生自主的联系。现在大型企业与社交媒体的联系越来越多，无论是否出于自愿，大型企业已经参与到社交媒体之中是一种不可遏制的潮流。

社交媒体的出现已经永久地改变了现在社会的交流方式。社交媒体还在不断发展创造出一系列的产品和用户体验，这些社交媒体基本影响到了我们所有的生活，包括网络、手机和现实生活。所有人都可以通过媒体工具、功能和应用程序来创建自己的社区。人们可以对信息进行任意的不受到地点和时间限制的切换②。有想法的公司必将接受和倾听这些需求，并在这些需求的基础上推出相关的产品。如果有个人或者是组织、企业不参与到社交媒体的发展中来，将会被历史前进的洪流所吞没。

五、社交媒体在生活中产生的消极影响

社交媒体的出现的确给社交关系提供了一个广阔的平台，但任何事物都是有两面性的。现在我们想要联系沟通朋友只需要面前的屏幕就能轻松做到，但这种沟通方式将会让我们很难增加亲密的朋友。当我们随时随地都能通过微信联系朋友时，就不再有那种因为距离和想念而产生的期待和开心，朋友来得太多太容易，我们反而不再那么看重他们了。

社交媒体还催生出很多低头族，这些人宁愿将大把的时间放在虚拟的网络世界，也不愿意抬头看下眼前的真实世界，和这世界中真实的人。陪亲人的时间少了，哪怕是最亲爱的朋友好像也不如网上虚拟的交谈那样亲密无间。那些喜欢在社交媒体上不断展现自己的人，不断结识新朋友，似乎表面聚集了很高的人气和人脉资源，但是这些朋友会是真心相待的吗？如果在现实生活中遇到问题，这些网上的朋友会提供帮助吗③？实际上，大多数人并没有与网上的朋友有过实际的接触，因依赖网络而忽略了真实交往的过程或许会对性格的发展没有益处。并且，现在社交媒体中的骗局也越来越多，有时网上结交的虚拟世界里的朋友可能

---

① 张洪忠，官璐，朱蕗鋆．社交媒体的社会资本研究模式分析［J］．现代传播（中国传媒大学学报），2015（11）．

② 徐贤飞．连接，我们还能做什么——利用社交媒体引流的中美对比观察［J］．传媒评论，2015（11）．

③ 孙旭雪，李娇．社交媒体对人际关系的影响作用［J］．新闻研究导刊，2015（19）．

是坏人，或是一个骗局，甚至会对我们的人身造成伤害。

此外，社交媒体和工具让人越来越看重社交媒体中的自己，所以社交媒体很大的一个坏处就是加重了人们的自恋①。网上的各种自拍、晒美食、秀恩爱，似乎都是验证自我的一个很好方式。人们觉得通过社交媒体可以看出他们在社会关系中的被认可度，这表现在微信、微博中就是晒出来的照片都那么好看，很多人在社交媒体中营造着一种完美的假象，维持着自己的优势状态，以此获得更多的认可。而这类"社交控"们一般不能接纳真实的自我，而是努力从别人的肯定和认可中获得存在感。微信的火爆正是这种现象的主要体现，通过简单快捷的记录，人们就可以迅速从他人的认可中获得满足感。

现在微信公众号、微博和各类应用充斥在我们身边，我们要有选择地去看对我们有益的内容，否则接触到很多不必要的信息会浪费我们的时间。现在社交媒体上的信息量特别大，各类信息层出不穷，这里面有真实的新闻，当然也不乏很多假的新闻和垃圾新闻，我们很难区别出来。如果一条假新闻被当成真实的事情而相互转发，就会产生负面影响。另外，由于各类微小说、电子书的流行，我们在实际生活中读书的时间变少了，现在很难看到校园里、公园里的人们捧着一本书在读，而马路上、饭桌上到处都是拿着手机看的人群。这不仅影响了纸媒行业的发展，对人自身也存在着很大的安全隐患。②

凯度集团与央视市场研究以及社交媒体分析公司 CIC 发布了《中国社交媒体影响报告2015》③，显示中国人对社交媒体的满意度有了很大的下降，很多人开始担心社交媒体给生活所带来的负面影响。现在只有64.7%的受访者认为社交媒体带来了正面的影响，与去年相比下降了12.1个百分点。有12.2%的用户表示社交媒体让他们的生活变糟了，几乎是去年6.7%用户的两倍。根据这些数据所折算出的平均满意度得分为68.0分，比去年的73.4分有了明显下降（见图2）。媒介与消费行为研究总经理沈颖说："任何新生事物都容易受到大家追捧，但随着时间的推移，这种追捧的热度会下降。社交媒体也不例外。"与此同时，微信使用时间的加长，让人们发现微信朋友圈已经从比较小的范围扩展到比较宽泛的交际圈，使人们占据屏幕的时间越来越多，且垃圾和重复信息也更多地充斥屏幕，这引起只浏览不评论不互动的人群从39%上升至46%，增加了7个百分点，而且社交疏离型人群增长了2.1个百分点。

① 宗华. 社交媒体中个体的自我认知——基于梅罗维茨媒介场景理论视角 [J]. 长江丛刊，2015 (31).
② 孟佳. 社交媒体和工具对生活的负面影响 [EB/OL]. 2014 - 02 - 21.
③ 2015年中国社交媒体影响报告 [R]. 北京：199IT，2015 - 02 - 07.

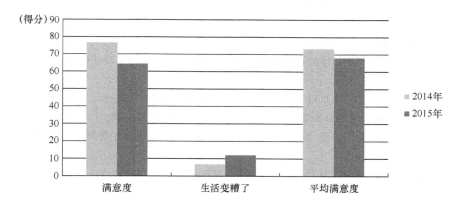

图2　社交媒体给生活带来影响的满意度

社交媒体分析公司 CIC 跟踪了 50 个最热门微信订阅号在 107 天中所获得的 71 276 971 次用户点击以分析什么样的订阅号受欢迎，以及人们在微信平台上愿意看什么内容。监测时间段为 2014 年 8 月 1 日至 11 月 15 日。CIC 发现 50 个最热门的微信订阅号中有 15 个娱乐账户，它们所发表的文章获得了 49% 的点击；新闻信息类订阅号虽然有 10 个挤进了前 50，但加起来只占了 5% 的点击量。

这表明，人们关注的便捷的信息其实很少能增长人们的见识和陶冶到人们的情操。

六、结论

社交媒体的快速发展是现代社会的一大趋势，是一次不可避免的数字化革命，不论是个人还是单位，我们都身处其中、受益其中，不采取行动便会被时代所淘汰。但同时也要注意到事物的两面性，把握机会规避风险，对待好网络社会带给我们的便利，同时也要防范这其中的风险。

参考文献：

[1]刘芳.新型社交媒体对大学生社交行为习惯的影响——以微信为例[J].科教导刊(上旬刊),2015(11).

[2]陈静,陈美.手机社交媒体对大学生生活的影响探究[J].新媒体研究,2015(10).

[3]李琼.角色转换与身份认同:不同社会化媒体对个体行为的影响[C].陕西师范大学,2014.

[4]张洪忠,官璐,朱蕗鋆.社交媒体的社会资本研究模式分析[J].现代传播(中国传媒大学学报),2015(11).

[5]徐贤飞.连接,我们还能做什么——利用社交媒体引流的中美对比观察[J].传媒评论, 2015(11).

[6]孙旭雪,李娇.社交媒体对人际关系的影响作用[J].新闻研究导刊,2015(19).

[7]宗华.社交媒体中个体的自我认知——基于梅罗维茨媒介场景理论视角[J].长江丛刊. 2015(31).

[8]孟佳.社交媒体和工具对生活的负面影响[EB/OL].2014 - 02 - 21.

[9]2015 年中国社交媒体影响报告[R].北京:199IT,2015 - 02 - 07.

[10]刘娟,汤明华,丁志磊.新型社交媒体对大学生的行为影响及引导策略研究[J].中国新通信,2015(23).

[11]潘轶君.从"伦敦暴乱"和"乌坎事件"出发试议中英社交媒体在公众集群与失序中的角色功能对比[J].戏剧之家,2015(22).

[12]李敬怡.社交媒体对招聘的应用和影响[J].人力资源管理,2015(9):94 - 94.

基于 WEB 的企业进销存系统的设计与实现

王艳娥　　王沈悦

摘　要：本文阐述了利用 ASP. NET 和 SQL Server 2008 数据库技术构建企业进销存管理系统的解决方案。论文从系统的分析、设计和实现几个方面介绍了整个系统方案。基于本方案的进销存系统可以为企业进一步做业务管理和数据管理工作提供一个功能强大、高效的平台。

关键词：进销存系统　验证码　数据库技术

一、开发系统的目的和意义

为增加企业对销售信息的数据分析能力，需要建立一个进销存管理系统以减轻工作人员的劳动强度，从而提高业务管理水平，达到进一步分析客户的喜爱偏好、促进不断发展的目的。

系统总体要求为：可实现登录、报价搜索、销售单录入（批发、零售）、进货单录入、库存查询、应收查询、应付查询、收支统计、人员管理（销售管理）、客户档案管理、财务报表（饼状图、条形图等）功能。这样可以提高工作效率，降低工作人员的劳动强度，提高企业资金利用率；可及时获取产品库存信息，为经理预测商品的销售量和做出正确决策提供可靠的参考信息；科学地管理商品和库存，以及研究顾客对产品的购买偏好。由此可以提高企业的收益。

二、系统设计

（一）系统开发平台的选择

为了便于企业职工能灵活方便地使用本系统，不受时间和地域的限制，企业进销存管理系统采用了目前流行的以 Internet 为基础的浏览器/服务器（Browser/Server）模式。该模式使得职工操作简单、方便，并且系统结构简单，容易维护。

本系统在主流的操作系统平台下，采用 ASP. NET 开发技术，在 Visual Studio

2012 开发环境下，使用 C#语言和 SQL Server 2008 数据库进行开发。系统通过 Web 服务器发布，部门员工都可以通过浏览器完成各自的工作。该系统主要实现了销售管理、进货管理、存货管理以及各种统计汇总等内容。

（二）系统功能模块设计

根据对企业进销存管理一般业务流程的考查和了解，企业进销存管理的流程设计如下：销售科人员负责销售模块信息的录入，包括挖掘的客户信息、客户联系记录、报价单、销售订单等信息。生产科人员负责产品信息的录入、进库出库、采购等与产品库存相关的信息的编辑及录入。可根据销售科人员反馈的销售情况进行库存的变更。财务科人员根据销售科人员及产品科人员反馈的财务信息进行相应的财务运作，并反馈到系统。根据各科室人员反馈的信息，生成统计报表反馈给经理及相应科室的人员。

根据流程，系统的功能模块结构图如图 1 所示。

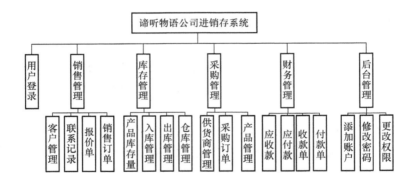

图 1　系统功能模块图

本系统主要功能模块有：用户登录、采购管理模块、销售管理模块、库存管理模块、财务管理模块、系统管理模块。

采购模块主要实现功能有：产品管理、新建采购列表、采购订单列表查看、修改、编辑、供货商管理、由采购订单生成应付款单、应付款单管理等，可根据产品库存量提醒应采购的物品。

销售模块主要实现的功能有：客户管理（包括添加客户、联系记录及客户反馈）、报价单管理、销售订单管理；可由报价单生成销售订单，由销售订单生成应收款单，并可直接打印销售合同；根据产品的销售量及库存情况，生成促销物品、热销物品提醒。

库存管理模块主要实现的功能有：对仓库的管理、出库管理和入库管理；根据出库单及入库单对产品库存数量做更新，以及对产品库存情况做更新，并根据产品库存情况有相应的提醒。

财务管理模块主要实现的功能有：根据销售模块及采购模块更新应收款单及应付款单；根据实际业务情况输入收款单和付款单，可自动计算剩余未操作金额。

系统管理模块主要实现的功能有：一般用户可修改自己的密码，管理员权限用户可增加用户。

（三）数据库设计

根据系统的功能模块设计，系统创建了 21 张数据表。每张表的具体字段和功能如下。

- 产品：产品编号、产品名称、类别、产品系列、规格、单价、图片、供货商、成本价、产品描述、库存数量、创建人、创建时间。
- 库存信息：库存信息编号、仓库编号、产品编号、产品名称、数量。
- 仓库：仓库编号、仓库名称、地址、库存量。
- 销售订单：销售订单编号、客户编号、客户名称、总额、订单所有人、日期、审核状态。
- 销售订单明细：销售订单明细编号、销售订单编号、产品编号、产品名称、客户名称、单价、数量、折扣、金额、折后金额。
- 报价单：报价单编号、客户编号、客户名称、总金额、报价单所有人、报价日期。
- 报价单明细：报价单明细编号、报价单编号、产品编号、产品名称、客户名称、产品单价、数量、折扣、金额、折后金额。
- 采购订单：采购订单编号、供货商编号、供应商名称、总金额、日期、审核状态。
- 采购订单明细：采购订单明细编号、采购订单编号、供货商名称、产品编号、产品名称、数量、进货价、金额。
- 出库单：出库单编号、销售单编号、产品编号、产品名称、出库时间、出库数量、出库单负责人。
- 付款单：付款单编号、应付款编号、付款方式、付款金额、付款日期、付款人、收款人。
- 供货商：供货商编号、供货商厂名、联系人、电话、地址。
- 客户：客户编号、客户名称、联系人、联系电话、地址、邮编。
- 客户反馈：客户反馈编号、客户编号、客户名称、购买产品编号、购买产品名称、反馈信息、记录人。

●联系记录：联系记录编号、客户编号、联系记录所有人、客户名称、联系人、联系日期、联系内容、业务机会。

●入库单：入库单编号、采购单明细编号、入库日期、入库数量、产品编号、产品名称、入库负责人、仓库编号、仓库名称。

●收款单：收款单编号、应收款编号、收款金额、开票金额、收款日期、付款人、收款人。

●应付款：应付款编号、采购单编号、应付金额、应付日期、已付金额、剩余未付额、状态、备注。

●应收款：应收款编号、销售订单编号、客户编号、客户名称、应收日期、应收金额、已收金额、剩余金额、状态。

●用户：账户编号、用户名、密码、权限级别、角色。

三、主要功能的实现

（一）用户权限的设置

用户需要输入用户名、密码、验证码进行登录。用户权限根据角色及权限级别进行区分，每一种类型的用户有着不同权限的操作。

同时系统在每一个只有登录后才能使用的页面中都增加了验证，代码为：

if(Session［"userName"］＝＝""｜｜Session［"userName"］＝＝null）

Response. Write（"＜script＞alert（请先登录）;window. close（）;＜/script＞"）;

为了防止有人进行恶意登录，系统在所有的登录页面都采用了验证码技术。系统中的验证码是随机产生的4位数字组成的一幅图片，图片里加上了一些干扰像素。用户在登录时，必须输入与图片中数字相同的验证码才能进行登录，然后连接数据库检查用户输入的职工号和密码是否正确。

（二）销售管理部分

销售管理依据的是销售科人员记录报价单信息、销售单信息及应收款信息。可通过报价单信息直接转换为销售单信息，经过审批后的销售订单可生成应收款信息。在销售管理主页有热销产品及促销产品列表，以提醒销售科人员什么产品可以推荐给顾客。报价单部分由报价单和报价单明细组成，报价单详细页面列出所选报价单信息及相应的报价单详细信息，报价单总金额信息由报价明细单的折后金额汇总得出。在实现增加报价单功能中，为减轻用户工作强度，方便数据录入，系统都设有查看客户的功能。当客户确定报价单内容后可由报价单及报价单明细直接生成销售订单和订单明细。如有修改，也可生成后自行修改。在销售订单详细页面中有"生成应收款"按钮，实现功能与报价单生成销售订单相似，主要是由销售订单生成应收款单。生成后被锁定，不能再生成应收款单，实现步骤与报价单相似。

（三）库存管理

库存管理模块主要指产品科人员对仓库信息、出库、入库管理以及库存信息的录入、修改及删除等工作。每一张出库单与一条销售明细单相对，这样降低了错发、漏发的潜在风险。确定产品入库后点击确定入库，可更改相应的库存数据。库存管理实现的主要功能是当采购产品入库时，一种产品生成一张对应的入库单，即一张采购明细单对应一张或多张入库单。在入库单详细页面有"确定入库"按钮，该按钮实现的功能为点击按钮完成产品入库动作，即当实际业务操作中采购物品确实入库后进行该按钮操作，将产品库存数量及库存情况更新过来。出库管理实现当销售完成后出库的业务动作。与入库管理相似，只是将增加的库存改为减少。库存管理工作人员随时可以通过库存查询功能，查看产品库存信息。此外，系统中还设置有低库存提醒功能。

（四）采购管理

采购管理主要实现的功能为：实际业务活动中根据库存情况进行采购工作。该模块针对此业务流程对产品、供货商及采购订单进行管理。

在此模块的主界面中，产品科人员可根据反馈出的产品库存少于 10 的物品以及产品库存数量不足以满足销售订单的产品来进行采购工作，并录入采购信息、产品信息以及经审批后生成的应付款信息。当产品数量少于 10 时产品列表也有相应的反馈。

当产品的库存数量小于 10 时产品所在列会变为灰色。实现代码如下：

```
Protected void GridwsyView1 _ RowDataBound ( object sender,
GridViewRowEventArgs e )
{
if( e. Row. RowType = DataControlRowType. DataRow )
{
decimal stock = Convert. ToDecimal ( DataBinder. Eval ( e. Row. DataItem ," 库存数量 ") );
if( stock < = 10 )
```

{

e. Row. BackColor = System. Drawing. Color. Gray；

}

}

}

另外，为了便于对产品信息等内容进行查看和其他汇总操作，系统中设计有可将显示出的值进行导出 Excel 的操作。

采购订单可实现添加采购订单明细等功能。在采购单详细页面中点击"生成应付款"列表可生成应付款单，总金额由该条采购订单下的所有采购订单明细折后金额汇总得出，且自动更新，手工更改无效。这样保证了信息的准确性。

（五）财务模块

财务管理根据产品科人员以及销售科人员输入的数据生成应收款单和应付款单，财务科人员通过财务管理模块对应付款及应收款采取相应动作，生成收款单和付款单。在实际业务操作中，许多款项并不是一次性结清。故生成每一笔收款单和付款单之后，应收款及应付款都有相应的变化。系统可以根据销售额统计报表看出日、月、年销售额的饼图和条形图，以便于数据分析。

四、总结

基于 WEB 的进销存管理系统在管理数据时简单、快捷，使用本系统可以有效地节约人力、物力，有助于更好地提高企业运营效率。

参考文献：

[1]周立.信息系统集成实用技术（ASP. NET C#可视化编程）[M].北京:清华大学出版社,2010.

[2]唐绍华.盈田米业进销存系统设计与实现[J].计算机光盘软件与应用,2013(7).

[3]林先梅.宜春联想电脑公司进销存系统的设计与实现[D].电子科技大,2013.

[4]吕洪林.基于 ASP. NET 技术通用进销存系统开发[J].信息安全与技术,2013(4).

物联网（IoT）时代的来临与未来展望

梁日杰

摘　要：本文首先讨论了物联网的定义及 Industry 4.0（也称为"第四次工业革命"），其次分析了 IoT 技术的可能性及未来面临的技术、经济、社会课题与挑战；最后阐明了发达国家日本发展未来物联网的战略。
关键词：第四次工业革命　IoT　可能性　课题　策略

物联网（internet of things，IoT）如文字所示，是物物相连的网络世界。相对于现今的网络是以网站或电子书信作为人与人交流的媒介，IoT 则是通过电脑等将物品进行联结，以支持生活及社会的运作。IoT 也是资通信技术（ICT）应用领域中最受瞩目的未来领域。包括德国的 Industry 4.0、美国的 Industrial Internet Consortium（IIC）、日本的再兴战略，我国的互联网＋，均将 IoT 视为主要内容。IoT 相关领域的发展，是后 PC 时代最受瞩目的未来产业之一。

一、制造业的革命性改变

随着数字技术的进步以及电子组件价格的低廉化，使利用网络将周围万物加以联结的 IoT 的发展成为可能。未来网络上不断扩充的数字世界与人类生活的现实世界持续整合，这是至今为止无法想象的生活模式。

德国提出的 Industry 4.0 也被称为"第四次工业革命"，只不过，自动化生产或是网络技术并非始于今日。显然，IoT 就本质上来说，是通过"全面感知""可靠传输""智能处理"等三个 IoT 的重要组成，将自动化服务的限制去除，让经济真正迈向"制造服务化"的境地。其背后主要的思想是，单纯的产品交易无法扩大交易规模，只有制造服务化才能支撑企业未来的效益增长。

从经济学的分析来看，服务业的生产力一般来说相对低于制造业，主要是因为服务业具有同时性和不可分割的特性。也就是，提供服务的人与接受服务的人原则上需要在同时间、同地点进行交易，实际上是需要将交易品先进行库存，并且在必要的时点搬运到必要的场所去，所以不可能有大量的生产服务项目。但是，IoT 则颠覆了这样的限制。

IoT 因是联结周围万物，因此需将这些对象信息化，将可为全球共通识别的卷标附加在对象上，再利用网络超越时间和地点进行互相联结。如此一来，原先具有价值但因经济上的交易关系不得不放弃的项目，就可以通过 IoT 创造出新的商业模式，这也是 IoT 的价值所在。

德国政府在以制造业为竞争力主轴的产业战略中，不断追求新的产业革命或是创新作为制造业的带动力量。日本的产业结构也学习德国，致力于制造业的创新活动。两个制造大国的产业创新模式均不再是"卖产品"，而是"卖生产系统"。这是因为，卖产品大概只能到卖生产设备就结束了，但是卖生产系统则包括软件或是营运管理的专业知识均需配套销售才行。在这种情形下，只要生产工厂持续运作，就可以获得来自服务方面的收益。

制造技术与资通信技术融合所形成的新的制造服务化商业模式在 2014 年之后加速进行，前面曾提及的美国 IIC 就是以通用（GE）等五家大型企业为中心进行联盟，大胆地朝服务产业迈进。不论是德国、美国还是日本，都不是单纯地朝服务业发展，而是利用过去制造业的基础来进行制造服务化。这样的制造服务业的业务内容也具有机密性，需要黑盒子化，以提高进入障碍，而且也需要利用 IoT 的平台来快速提高生产力。

二、IoT 技术的可能性

IoT 技术并非始于今日，之前广泛被提及的就是 RFID（radio frequency identification，无线射频辨识系统），IoT 则将 RFID 更为系统化。不过，尖端技术也常常伴有所谓的炒作周期（Hype Cycle）的情形，由黎明期至过渡期到高峰期，再到幻灭期以至于启蒙活动期，最后是稳定生产期。IoT 目前显然是在过渡期。连美国英特尔（Intel）也将 IoT 事业列为最顶尖的事业群，日本包括富士通、NEC、KDDI 等企业也均成立了 IoT 事业群。

前述制造业 IoT 的重要性首先由德国提出。为了维持产业的竞争力，德国提出 Industry 4.0 作为未来产业政策的主轴之一，由企业、大学及研究机构的研发成果主导，并由企业团体作为技术推动的母体。德国的白皮书中，在蒸汽、电力及自动化之后，将 IoT 视为第四次工业革命，将产品制造到组合乃至销售进行现场联结，并进行"可视化"作业。它的结果可以带来公司决策的最适化，可以进行高效率及多品种少样产品的生产。德国估计至 2015 年，因化学、汽车、机械、电机、农业及 ICT 产业六大领域通过 IoT 生产，每年可实现增长 1.6% 的附加价值率。即使是在高薪资下，也能维持其产业的竞争力。

同样地，美国 IIC 所提出的计划是将产业机器附加传感器，并进行网络化以收集相关信息作为故障诊断及预防故障和修理的参考。而日本业界方面，如小松机械的全球网络，或是 IHI 企业集团的发电用锅炉的预警系统，也早就使用了这样的系统。

事实上，IoT 有各种形态，例如，丰田汽车的"广告牌方式"系统是一种封闭式重视"系列"（转包）体系的 IoT 生产。因此"规格化"恐怕将是 IoT 的重要指标。

Industry 4.0 的目标就是规格化的广告牌生产方式，甚至是将全球的制造业均链接在其中的规格化广告牌生产管理体系中。还有，美国的 AT&T、IBM、GE、Cisco Systems 等企业也均将 IoT 实用化，不只是封闭式的使用企业集团内的产品，而是开放式地进行预防性的维护工作或是营运的效率化。

以上所提到的封闭式的管理体系是由特定的系统管理单位来保证整体机能的运作。另一方面，以网络为典型的开放式系统，没有特定的管理单位，而是依赖个别相关主体靠自己的努力来达成集团的效率运作。例如，道路交通网必须依赖道路交通法、汽车保险等各式各样的社会制度来弥补技术不足的部分。正是因为网络是开放式系统，需要靠各个相关主体发挥其最佳的努力，因此才可能促成技术创新。网络的应用领域在现时点来说，仍旧有相当多元的课题。

三、IoT 的课题

与 IoT 有相同概念的说法包括 RFID、M2M（machine to machine，机器间通信）或是 CPS（cyber physical systems）等。不过，IoT 还是主流，主要是因为 IoT 最直接拥有网络的开放性、能链接万物。在 IoT 技术研发阶段结束之后，若要应用于社会，技术之外的因素也极为重要。例如，标准化就是课题之一。

由于要链接对象与对象，则需要超越企业界线，创造共通的标准才行。各国的制造业由于担心累积的技术或是专利外流致使企业竞争力丧失，因此在标准化的作业方面大都是以封闭性为主，安全性是其主要考虑的方面。不过在 IoT 时代，在全球趋势改变中，不论是在国内还是国外，或是进行产学合作，都必须超越企业的界线。制造业以彼此链接的形态出现，这就是日本于 2015 年 6 月 18 日由 52 家大型企业成立的日本版次世代生产系统企业链接的"Industrial Value Chain Initiative（IVI）"联盟，主要目的也是为了应对德国工业 4.0、美国 IIC 等，在加速利用 IT 驱动制造业创新的过程中，希望达成日本的标准化目标，以与欧美国家抗衡。经产省官员强调，利用 IT 技术可能改变制造业的商业循环模式。尤其是过去日本的中小企业并不容易与国外直接链接，未来则可能利用 IT 技术来与国外建立链接关系。包括富士通、三菱电机、安川电机、日立制作所、东芝、NEC、IHI 等日本大企业，工厂内部结构一般来说并不会对外公开，不过，在迎接 IoT 时代来临之际，工厂内部各式各样的机器均需与外部进行链接，如果不如此，则在全球化趋势中有可能因此被孤立。但是如果只是单纯地公开，则企业内部技术又可能有外流的风险，不利于企业的竞争。因此，解决的方式就是区别竞争领域与合作领域。各家参与企业可以将竞争领域的独特技术或是专业知识隐藏起来，而一些生产管理或是质量管理等需合作的领域则与其他企业进行共通规范或是信息合作，通过集团工作会议来互通有无。日本希望利用 IVI 参考模式将信息数据库化，在各家企业保有独特竞争力的同时，不同企业间还是可以利用信息的合作形成新的产业价值链。它也可以在异业种间自由进行意见交换，建构一个新的商业模式，使彼此在创新技术方面互相支持。日本在经产省 2015 年版制造白皮书中，也强调次世代制造技术标准化联盟的组成有助于未来制造业创新的展开。

四、日本推动 IoT 的政策

日本的"安倍经济学"自 2012 年底推动以来，初期有鉴于供需缺口的需求不足，使民众有通货紧缩的预期心理，因此，第一阶段是以需求面的拉抬为其主要策略。尽管如此，由于企业的投资意愿仍然稍嫌薄弱，因此，2015 年起安倍经济学宣称进入"第二阶段"，也就是以供给面为中心，希望通过生产力的革命性投资，包括利用 IoT、机器人及节省能源来提升生产力，而不只是扩大投资；另一方面则在劳动供给方面，通过活用女性、高龄者及外籍劳力，以及提高生育率等来提高劳动供给。

以安倍经济学第二阶段的结构来说，可以说是利用外籍人才及外来资金，投资在包括 IoT、机器人及节省能源领域，希望能提升生产力并因此带动薪资上涨，以促进经济增长。因此，在 2015 年 6 月 30 日提出的 2015 年度版"日本再兴战略"时，一方面通过官民对话来确认民间投资的方向及政府应该充实的投资环境，一方面利用 IoT、大数据及人工智能进行技术革新，并提示未来经济社会应有的图像等。尤其是在新产业结构的展望方面，将通过前所未有的速度及影响力，由政府来加速共通的规范措施，避免民间丧失正确的投资方向。无论是在产业结构、就业结构还是经济社会体制方面的变革，有关商业模式的可能性，包括应该进行的法规松绑或是研发设备、人才的投入等，将明确描绘出时间轴技术演变及可能的改变方式，并进行官民共通的展望对话。

日本政府认为，就中长期来说，日本人口减少的影响越来越明显，将在包括需求面和供给面等在内的结构性方面限制经济增长，因此除了少子化对策外，还需利用 IoT、大数据及人工智能促成生产效率飞跃性的提升，并实现劳务的创新及产品市场的扩大。日本 20 世纪 80 年代的潜在增长率大约在 4.4%，至 20 世纪 90 年代为 1.6%，进入 21 世纪初则降至 0.8%，2010 年前下降为 0.7% 左右，目前则只有 0.6% 左右而已。在需求面来说，总人口的减少会使消费减少；而就供给面来说，在生产年龄人口减少速度高于总人口减少速度的背景下，劳动供给力也面临不利的境地。在此情形下，日本也提出"第四次工业革命"的口号，希望能在产业结构、就业结构及经济社会体制方面进行改革，也就是通过网络将所有事物及信息互相联结，进行实时信息共享的相互协调，实现无须人类指示也可以进行判断的自动化机能，以及创造能提升经济社会体系效率的新产品及新服务等。这种第四次工业革命的影响，由于信息量的大幅增加，需要提升信息处理能力，也需人工智能的非线性进化才行。目前的人工智能只能对影像或是动画进行辨识，并用来预测未来及检测异常等，未来则还需理解语言、大幅提升环境认知的能力，并大规模理解知识等。所以人工智能对经济社会的影响不言而喻。第四次工业革命除了将为产业结构、就业结构以及经济社会体制带来变革外，也会给每个人的行动模式或是生活方式带来改变。它对解决少子高龄化、地方创生、国际化或是可持续发展也将带来革命性的影响。

第四次工业革命的附加价值来源除了飞跃性的提升生产效率，强化横向、纵向的实时合作，以降低成本、减少库存、缩短流程外，也将创造出新的服务及产品，包括金融、能源、物流、医疗健康、产品及移动手段等，也就是说跨越产业之藩篱、提供新的服务及产品等。就提升企业经营效率来说，将由原先只是工厂内个别工程或是复数工程减少无谓的浪费，逐渐发展成在企业间进行产业供应链的最适化，并与销售信息、生产现场或是采购进行合作，廉价及迅速地提供客制化产品，最后则是与活用人工智能与市场的预测相联结。如此一来，可以在资金、设备及库存方面提升效率（参见图 1）。

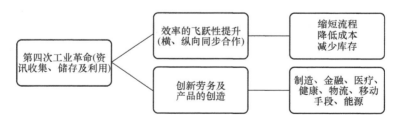

图 1　第四次工业革命的附加价值

根据 Accenture 公司 2015 年进行的全球 CEO 调查，相对于世界各国多以创造新的收益来源（占 57%）作为企业经营的基础，其中日本还是以生产的效率化或是提升生产力作为企业收益的主要来源（68%）。因此，日本政府认为第四次工业革命就是要以"战略""速度""开放"措施为主。不论是大企业或是中小企业，不再只是通过进行事业重整来强化竞争力，而应通过第四次工业革命采取策略性的商业模式并赚取附加价值。由于未来的附加价值可能由原先的最终商品提供者转向平台提供者，新的附加价值或是平台提供者的全球化竞争也将越来越激烈。

经产省针对第四次工业革命所带来的改变，提出未来有潜在力的领域时表示，例如制造方面在 2030 年将由标准规格产品转向客制化产品，而且将实现零库存、零设计流程的境界。此外，可能在 2030 年实现自动化驾驶，以减少交通事故及解决交通阻塞、确保高龄者的移动安全。此外，在金融方面提升小户的授信、决算机能，精细地评估个人风险以利客制化的保险服务，降低保险风险等。在流通、零售领域，扩大电子商务及客制化服务，唤起多元化的消费需求，并提供高龄家庭的服务。在医疗健康方面，能够利用信息的管理进行预防、诊疗、疗后的整合性管理系统，它对寿命延长或是医疗、长照费用的最适化有帮助。在教育服务领域方面，将引进最适化个人学习教育，提供多元的教育机会，彻底实施能力区别教育以因应少子高龄化的社会。在智能房屋、智能小区方面，能够利用信息使个别机器能进行最适控制及整合家电功能，以节省能源及扩大对个人的服务。在能源领域方面则利用信息来控制发、输电最适量，利用预测保全机能来效率化能源使用，并建构集中、分散电源之最有效率电力供应系统等，使电力供应更具效率，也可以合理化成本。其他领域包括物流、行政、产业保险、基础建设、数字媒体、观光、农业等均将因第四次工业革命而有重大变革（参见表1）。

表 1   2030 年主要领域列举

制造业	由现今之标准产品走向客制化产品，并实现零库存、零设计流程生产
自动驾驶	实现完全自动化驾驶，减少交通事故，减少环境负荷、交通阻塞，及确保高龄者移动安全
金融	利用金融科技（Fintech）来提升小户、个人之授信、决算机能，也因风险评估精准，可以客制化个人保险业务，降低保险成本
医疗、健康	利用信息来进行预防、诊疗、疗后的健康管理，可以延长寿命并使医疗支出、长照费用最优化
流通	扩大电子商务及客制化服务，唤起多元化消费需求，提供高龄化家庭服务
教育	引进最适化个人学习，提供多样化教育机会，并能依能力区别提供教育，因应少子高龄化社会的需求
智慧房屋、智慧小区	利用信息来控制个别机器，达成家电产品最适控制，并能促进节省能源，扩大对个人的服务
能源	利用信息进行输、配电最适控制、效率化预警保全，并能利用集中、分散电源来进行效率化电力供应，使电力供应更具效率及降低成本

经产省预期利用 IoT、大数据及人工智能的研发，来与纳米、材料领域技术、能源环境技术、健康医疗技术及航天、卫星技术等结合，通过部会间的合作，包括经产省与文部科学省及总务省的合作，以人工智能为核心实现 IoT 社会与商业模式价值链。同时在包括人才、技术、资金、信息、制度、规范措施等方面利用安倍经济学"第三支箭"——增长战略的法规松绑来改善投资环境。因此，将在 2015 年秋天设置"IoT 推动实验室"来创造先进的模范案例，并推动相关的法规松绑措施。IoT 推动实验室组织结构包括总会及以下设置 IoT 支持委员会，对各 IoT 计划提供建言，并对政府提出法规松绑对策及建议等。尤其是对安全及个人隐私方面，将成立专门的工作团队进行专门领域的意见交换。也就是短期内充实以新创企业为中心、以发掘个别计划为主体的 IoT 计划，并能主导全球规格的制定，中期内则创造大规模的 IoT 计划等。

五、未来展望

"制造"不只是单纯的产品制造而已，在制造过程中会产生创意，工作场所也是员工自我提升研发能力、自我成长的地方。在未来的 IoT 时代这样的功能也将不可或缺。

展望未来 IoT 产业的发展，首先，是 5G 第五代移动通信网络不可或缺。为了实现未来"物物随处永远联结"的愿景，无线网络将是由众多小型基地台组成的密集网络，通过高阶空间多输入多输出（multi - input multi - output，MIMO）来提高容量，传输速度比目前的长期演进技术（long term evolution，LTE，俗称3.9G）系统快 100 倍，而容量则大 1 000 倍的次世代移动通信方式。没有 5G 则IoT 也不可能实现，5G 技术的商业化一般预期是在 2020 年之后。

其次，中小企业将担任创新功能的主力，未来新创企业将可以通过联结方式与大型企业取得对等的交易关系，甚至采取与国外企业或是国外消费者直接联结的商业模式。过去，中小企业在与国外开展商务关系时，常受限于风险以及成本的不利点，而未来的 IoT 世界可望使这些不利因素消失于无形。

最后，则是日本的安倍经济学正在推动第三支箭——"增长战略"第二阶段的"地方型安倍经济学"，包括强化中坚、中小企业、小规模事业的获利能力，让成长战略"可视化"，并提高服务业的生产力等。要活络地方经济，需将包括产品设计的产品制造据点移往地方才行。因为在 IoT 的时代，相关产品的设计者、生产技术人员等都需能跨越时间、空间与全球联结才行。这种生产模式可以与地方的商业区营造连成一气，让知识型劳工能安居于地方工作，也就是利用工作与生活能兼顾的方式让地区性产业能吸引劳工移往当地，并且与大学等高等研发机构产生合作关系，形成一种产业聚落的形态，创造具有个性化的地方经济体。IoT 无疑将可能翻转全球经济的面貌。

参考文献：

[1]董新平.物联网产业成长研究[D].华中师范大学博士学位论文,2012:11.

[2]纪玉山,苏美文.物联网战略的国际经验及其对我国产业发展的政策启示[J].理论探讨,2014(5).

我国电子商务物流发展现状、问题与趋势分析

李立威

摘　要：随着电子商务的快速发展，我国电商物流业发展迅速，市场规模不断扩大。第三方快递业业务的收入和业务量屡创新高，但是增长速度已由过去的爆发式增长向稳定增长过渡。随着国家"互联网＋战略"的实施及移动互联网的快速发展，我国电商物流业不断创新，电商物流企业主体的类型也日益多元化，并形成了自建物流、第三方快递、众包物流、第四方物流、智能快递柜模式、落地配模式等多种业务模式。在国家政策和市场需求的带动下，农村电商物流、跨境电商物流和众包物流模式都将迎来高速发展。

关键词：电子商务　电商物流　农村电商物流　跨境电商物流　众包物流

一、电子商务物流市场发展现状

（一）电子商务市场的繁荣带动了物流业的发展

物流和电子商务之间是相互依存的关系，电子商务的繁荣带动了物流的发展；物流是实现电子商务的重要保障，物流能力又制约着电子商务的发展速度，是电子商务价值实现的重要环节。商务部 2016 年 2 月发布的数据显示，2015 年全年我国电子商务交易额预计为 20.8 万亿元，同比增长约 27%。2015 年全国网络零售交易额为 3.88 万亿元，同比增长 33.3%，其中实物商品网上零售额为 32 424 亿元，同比增长 31.6%，高于同期社会消费品零售总额增速 20.9 个百分点，占社会消费品零售总额的 10.8%①。

---

① 商务部. http://www.scio.gov.cn/xwfbh/xwbfbh/yg/2/Document/1469262/1469262.htm.

表1 2008—2015 年中国快递业务量和收入情况

年份	快递业务量（亿件）	快递业务收入（亿元）
2008	15.1	408
2009	18.6	479
2010	23.4	575
2011	36.7	758
2012	56.9	1 005
2013	91.9	1 442
2014	139	2 045
2015	206.7	2 769.6

数据来源：国家邮政局。

伴随着电子商务的快速发展，我国电商物流发展迅猛，包括电商自建物流和第三方快递业市场规模持续扩大，全国快递业务中有 70% 以上来自于电子商务业务。在"双 11"网络购物节的推动下，快递行业也出现了一个高点：2015 年"双 11"购物狂欢节，阿里巴巴旗下各平台总交易额达 912 亿元，物流订单量 4.67 亿，同比增长 65%，订单量创最新纪录。

2008—2015 年快递业业务量和业务收入情况如表 1 所示。2008 年以来，快递业业务总量和收入的规模不断扩大，屡创新高。2015 年，全国快递服务企业业务量累计完成 206.7 亿件，规模居世界首位，同比增长 48%；业务收入累计完成 2 769.6 亿元，同比增长 35.4%[①]。

（二）同城快递业务增长迅速

在目前的快递业务结构中，同城、异地和国际及港澳台的相对比例保持稳定。2013—2015 年我国快递业三块业务的业务量和收入占比如表 2 所示。2015 年，同城、异地、国际及港澳台快递业务收入分别占全部快递收入的 14.5%、54.6% 和 13.3%；业务量分别占全部快递业务量的 26.1%、71.8% 和 2.1%。与 2014 年同期相比，同城快递业务收入的比重上升 1.5 个百分点，异地快递业务收入的比重下降 0.7 个百分点，国际及港澳台业务收入的比重下降了 2.1 个百分点。

尽管目前异地业务的快递业务量占快递业务总量的 70% 以上，业务收入占快递总收入的 50% 以上，但是同城快递业务增长最为迅速，增长速度远高于异

① 国家邮政局. http：//www.spb.gov.cn/dtxx_ 15079/201601/t20160114_ 710673.html.

地业务。2014 年同城快递业务量同比增长 55.1%，业务收入同比增长 59.8%。2015 年同城业务收入累计完成 400.8 亿元，同比增长 50.7%；异地业务收入累计完成 1 512.9 亿元，同比增长 33.8%；国际及港澳台业务收入累计完成 369.6 亿元，同比增长 17%。

移动互联网、O2O 电子商务的发展以及本地生活服务领域电商的爆发是同城配送业务快速增长的主要原因。

表 2　2013—2015 年我国快递业业务结构比例

	同城		异地		国际及港澳台	
	业务量	业务收入	业务量	业务收入	业务量	业务收入
2013 年	24.90%	11.50%	72.20%	57.50%	2.90%	18.80%
2014 年	25.40%	13%	72.30%	55.30%	2.30%	15.40%
2015 年	26.10%	14.50%	71.80%	54.60%	2.10%	13.30%

数据来源：国家邮政局。

（三）电子商务物流企业主体类型多元化

国家"互联网＋战略"的实施以及移动互联网的快速发展使得我国电商物流业模式不断创新，模式日趋多元化，电子商务物流企业的主体也从快递企业、运输企业、仓储企业向电子商务企业、生产制造企业、流通企业等扩展。电子商务和物流呈现出相互渗透、融合发展的态势。

目前，我国电商物流形成了自建物流、第三方快递、众包物流、第四方物流、智能快递柜模式、落地配模式等多种业务模式。各种新兴模式的创新带动了整个行业的创新和效率的提高。第三方物流企业中，还出现了以如风达为代表的落地配模式、以日日顺为代表的大件物流模式。如风达原来是隶属于凡客诚品的配送公司，目前已转型成为专注于解决最后一公里配送服务的落地配公司。2015年"双 11"期间，万象、如风达、晟邦等落地配企业的物流规模已经进入淘宝系前 20，落地配模式的市场份额近年来增长迅速。

日日顺物流，隶属于海尔集团，最初只是服务于海尔的企业内部物流，现在已经逐步转型成为专业的大件物流服务平台。日日顺目前除了为海尔家电产品提供仓储、配送和安装服务，也为电商企业和部分家电企业提供物流配送服务，服务产品主要是家电、家具、卫浴、健身器材等大件产品。

（四）社区末端物流成为企业争夺的焦点

最后一公里物流是配送的最后一个环节，也是物流企业与用户直接接触的环节，对客户体验有着直接的影响。最后一公里配送成本偏高、用户体验差，已经成为制约电子商务和物流发展的瓶颈之一。目前最后一公里配送的解决方案呈现多样化趋势，包括众包物流、智能自提柜、落地配模式、社区便利店代理、社区物业代理和菜鸟驿站等。

智能自提柜是电商企业和物流公司为解决顾客无法及时取货问题而提供的自助式提货方式，主要分布在写字楼、高校、社区、连锁便利店、交通枢纽等便民场所，以速递易、收货宝、丰巢等为典型代表。以速递易为代表的第三方自提柜服务商虽然自 2012 年开始就已经在进行市场推广，但 2015 年顺丰、菜鸟网络以及六大快递公司的加入，使得自提柜开始进入电商物流的最后一公里之争。2015年，快递智能自提柜将会加速进入社区和校区。

自提柜的价值并非仅仅体现在解决本地末端最后一公里的配送问题，而是可以整合数据与流量，同时也可搭载更多的社区商业服务。最后一公里服务，是用户体验之争，是社区商业服务入口之争，是大数据之争，这也正是顺丰、阿里、京东等企业纷纷涉足最后一公里之争的主要原因。

（五）电子商务物流行业迎来投融资与兼并重组热潮

2015 年国务院出台的《关于促进快递业发展的若干意见》中，首次明确提出鼓励各类资本依法进入快递领域，支持快递企业兼并重组、上市融资。电子商务和物流井喷式的发展也吸引了资本市场的关注，2015 年电商物流行业迎来投融资与兼并重组的新一轮热潮。从物流终端"智能柜"、物流快递、货运物流、物流信息化平台、跨境海淘、最后一公里服务，到众包物流，整个物流产业链都成为资本争相追逐的热点。

2015 年 12 月，申通快递借壳艾西迪（002468）上市，成为民营快递业上市第一股。2016 年 1 月，圆通借壳大杨创世（600233）启动上市进程。此外，顺丰速运已经开始筹备 A 股 IPO、中通快递拟赴美上市融资 10 亿美元。预计 2016年将会有更多的快递企业启动上市进程。

我国快递业竞争将进入白热化阶段，资本市场对电商物流行业的角逐将进一步促进快递企业进行业务创新，优化资源配置，未来快递市场的集中度将进一步提高。

二、我国电商物流存在的主要问题

随着电子商务的迅猛发展，物流产业正在以前所未有的速度快速发展，物流业发展水平的显著提高，成为近年来促进我国国民经济增长的重要亮点之一。但是电商物流业发展还存在着以下不少问题。

（一）物流业发展仍然滞后电子商务的发展

中国电子商务发展迅速，带动了物流业的快速发展。但是目前物流发展速度仍然滞后于电子商务的发展速度，物流业服务的质量和效率跟不上电子商务的发展，电子商务和物流发展不协调。频频出现的快递爆仓现象，反映了物流业发展跟不上电商发展需求的现实问题。目前物流外包比例在上升，物流服务个性化需求在增长，物流业在向专业化、标准化、智能化方向转型，但物流业本身还不能完全根据市场需求提供有效供给。物流短板也成为农村电子商务、跨境电子商务、生鲜产品电子商务等新兴领域发展中最大的问题。

（二）物流成本偏高

从电商物流行业的发展看，2015 年各个电商企业和第三方快递企业不约而同地提高了运费，这从微观层面折射出了物流成本上升的问题。2015 年京东非钻石会员购买自营商品满免运费的标准从 59 元提高到 79 元，钻石会员的免运费标准则从 39 元上涨为 59 元。亚马逊则从 49 元免运费提高到了 99 元。第三方快递顺丰速运 2015 年实施的新版价格中，针对 25 个省份的标准快件长距离配送也进行了提价。

从宏观层面看，2015 年社会物流总费用与 GDP 的比率约为 15%，与 2010 年的 17.8% 相比有较大幅度下降，但仍高于美国、日本和德国 8 个百分点左右，高于全球平均水平约 5 个百分点。目前中国企业社会物流总费用高主要表现在仓储保管费用高位运行、综合运输费用总额较高等方面。商品的总量以及单位商品的在仓时间和运输时间都远高于发达国家。此外，人力成本逐年上升，多种运输方式之间缺乏有效衔接，没有形成规模性的多式联运体系，从而使物流末端成本居高不下。

（三）物流行业赢利能力持续下降

伴随着电子商务的发展，快递企业的数量和业务量都呈现出快速发展态势。根据国家邮政局的数据，目前我国约有快递企业 1.4 万家、营业网点 13.2 万个，农村地区网点超过 5 万个，乡镇覆盖率达 50% 以上，直接从业人员超过 120 万人[①]。快递业进入门槛较低，主要以加盟模式为主，市场集中度低，行业竞争激烈。虽然主流快递企业已经逐步开始规避价格战，但是大量中小快递企业仍然将

---

① 国家邮政局. http：//www.spb.gov.cn/ztgz/gjyzjzt/gwycwhy/dtxx/201511/t20151105_ 675088. html.

低价作为主要竞争力。2008 年以来快递业件均收入持续下降，2015 年件均收入为 13.4 元，同比下降 8.9%，这说明快递业赢利能力持续下降，反映出快递业"以价换量"的基本发展模式没有改变。

表3　2008—2015 年中国快递业件均收入（元）

年份	2008	2009	2010	2011	2012	2013	2014	2015
件均收入	27.02	25.75	24.57	20.65	17.66	15.69	14.71	13.40

数据来源：根据国家邮政局快递业业务量和收入数据计算得到。

（四）第三方快递行业发展不规范

电商物流发展模式粗放，行业大而不强，服务能力、品质、诚信等各方面都需要改进。以第三方快递为例，发展过程中存在着无法保证送货时间、配送效率低、配送流程不规范、用户体验差、服务质量差和信息安全等问题。由于行业发展不规范、行业诚信体系尚未建立而出现的损害用户利益和安全的问题时有发生，这也是近年来阿里巴巴、京东、苏宁、亚马逊等电商企业纷纷加大了在仓储和自营物流领域投资的主要原因之一。2015 年 11 月 16 日起，国务院法制办就《快递条例》公开征求意见，拟就快件和用户安全等做出诸多规定，就快递信息安全和暴力分拣等问题做出具体的处罚规定。2015 年 11 月 19 日，国家邮政局印发《关于加强快递业信用体系建设的若干意见》，对快递业信用体系建设进行部署。以上规定的出台将为促进快递市场规范诚信发展起到了积极的推动作用。

（五）电子商务物流发展存在着一些政策障碍

近年来国家出台了很多支持电子商务和物流业发展的利好政策，但是在电子商务物流发展过程中仍然存在着一些现实的政策和体制障碍急需解决，例如快递车辆的合法性问题、通行的便利化问题、条块分割的管理体制问题等。

三、发展趋势

（一）市场规模将继续扩大，增长速度稳中趋缓

2008—2015 年我国快递业增长速度趋势如图 1 所示。可以看出，2008—2010年快递业务量保持着 20% 以上的稳定增长速度，2011 年以后进入高速发展阶段。2011 年以来，快递业务量均以超过 50% 以上的速度高速增长，2013 年达到了顶峰，增速达到 61.6%；2014 年、2015 年连续两年增速回落，2015 年增长

速度降到了 50% 以下。业务收入增速趋势与业务量增速趋势基本保持一致，2011 年以后快递业业务收入进入快速增长阶段，增速稳定在 30% 以上，2014 年增速达到了 41.9%；但到了 2015 年增速有所回落，降到了 35.4%。这表明，尽管快递业市场规模不断扩大，但业务总量和业务收入的增速近年来有所回落，增长速度已由过去爆发式增长向稳定增长过渡。快递业作为互联网经济和现代服务业的重要组成部分，尽管增速有所下滑，但是相对于其他传统行业，依然保持着强劲的增长势头和活力，仍处于中高速增长区间。

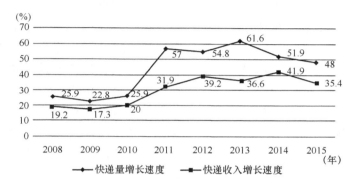

图1 2008—2015 年快递量和收入增速趋势

数据来源：国家邮政局。

（二）农村电商物流将迎来快速发展

国家统计局的数字显示，我国农村常住人口有 6.19 亿。截至 2015 年 12 月，中国网民中农村网民占比 28.4%，规模达 1.95 亿①。智能手机的普及使得农村网民的比例和规模都在不断增加，这进一步带动了农村电商消费市场的潜力。而一、二线城市电子商务市场增速的下滑也使得各个电商巨头逐渐开始关注农村市场。早在 2013 年，京东、阿里巴巴、苏宁等电商企业就开始启动了农村电商战略。农村电子商务的发展正成为各地政府和电商企业谋求新一轮发展和转型的新动力。2015 年 11 月，国务院办公厅印发《关于促进农村电子商务加快发展的指导意见》，进行全面部署指导农村电子商务健康快速发展。2016 年中央 1 号文件明确提出实施"快递下乡"工程，鼓励大型电商平台企业开展农村电商服务。

物流是制约农村电商发展的重要瓶颈。据国家邮政统计数据显示，2015 年国内快递网点的乡镇覆盖率仅为 48%，还有近一半的乡镇不通快递。针对这

---

① 中国互联网信息中心．http：//www.cnnic.cn/hlwfzyj/hlwxzbg/.

一状况，阿里巴巴、京东等电商巨头纷纷建立起县乡两级线下运营体系，在农村建立电商服务站，招募农村推广员。在市场需求刺激和国家政策的支持下，农村电商成为电子商务市场新的增长点，而这势必会带动农村电商物流的快速发展。

（三）跨境电子商务物流迎来发展机遇

随着"一带一路"重大战略构想的逐步实施和经济全球化的进一步深入，跨境电子商务迎来了难得的历史发展机遇。近年来，我国外贸发展速度放缓，跨境电商成为经济下行趋势下推动外贸发展的重要引擎。2014年以来，国家出台了一系列促进跨境电商发展的利好政策。我国跨境电商交易增长迅速，增速远超同期外贸。中国电子商务研究中心的数据显示，2015年上半年跨境电商交易额达到2万亿元，同比增长42.8%。从进出口角度看，2015年跨境进口交易额接近6 000亿元，较2008年增加16.6倍，年均复合增长率达59.71%[1]，增长速度惊人。伴随着跨境电商的快速发展，从事跨境电商业务的企业也进入急速增长期。去年我国跨境电商平台企业超过5 000家，境内通过各类平台开展跨境电商的企业已超过20万家。跨境电子商务的高速发展使得跨境物流迎来了发展机遇。但我国跨境物流配送体系不完善、配送时间过长、物流成本偏高等问题制约着跨境电商的快速发展。如何为跨境电子商务的高速发展提供支撑，对物流服务从体系到能力都提出了更高的要求。

（四）众包物流市场将继续高速发展

随着移动互联网时代的到来和O2O模式的兴起，本地生活服务电商市场迎来爆发式增长，同城配送尤其是末端的最后3公里业务订单量日益激增。基于"共享经济"理念的众包物流模式发展迅速，成为解决同城配送的新兴方式。

所谓众包物流，是指把原由企业员工承担的配送工作，转交给企业外的大众群体来完成，是基于移动互联网的社会化物流配送方式。典型企业包括人人快递、达达、闪送、E快递、爱鲜蜂、51送、速派得等。基于移动互联网和共享经济，众包模式不仅可以实时对接用户多样化的需求，而且可以有效地调动社会上的闲置资源，提升了配送效率，节省了配送成本。随着本地生活服务市场规模的扩大及国家对共享经济的重视，众包物流市场将会迎来高速发展阶段。

（五）电商物流向数据化和社会化发展

电子商务企业和物流企业非常注重大数据、RFID、GPS等信息化和先进技术

---

① 中国电子商务研究中心. http://b2b. toocle. com/detail - - 6285239. html.

装备的应用，这为推动物流行业向高效化、集约化和智能化方向发展提供了支撑，智慧物流成为未来的发展趋势。2015年大数据等先进技术在电子商务和物流行业的应用进一步深入，有效地提升了电商物流的效率，其中阿里巴巴旗下菜鸟网络的中国智能骨干网工程的建设，对电商物流行业产生了重要影响。2015年，菜鸟网络继续在仓配、快递、跨境、农村和驿站5个方向加大投入，并开发了电子面单、物流云、菜鸟天地、智能路由分单等创新性数据产品，这些先进技术的应用为快递业转型升级和效率提升提供了支撑。京东物流实验室已经开展了一系列的无人机送货实验，并计划在农村市场测试使用无人机送货，这给解决未来农村电商物流配送问题提供了更多想象的空间。此外，京东物流实验室2015年还推出了全自动物流中心、仓储机器人、自动驾驶车辆送货等一系列先进技术。

中国经济正进入以优化经济结构和产业创新为核心驱动力、以提质增效为特征的"新常态"。电子商务及物流业在经历了爆发式增长阶段后，发展速度稳中趋缓，进入了"新常态"发展阶段。在这样的背景下，电商物流行业面临着从传统企业向现代物流体系的转型。通过大数据、云计算、物联网和移动互联网技术整合各种分散的社会资源、促进物流企业间相互协作、实现行业协同发展成为时代趋势。

（六）政策引领电商物流行业发展逐步走向规范

2015年，快递业成为国家重点关注的行业之一，国务院、国家发改委、交通运输部、商务部、国家邮政局等相关部委和机构密集发文，鼓励和规范电子商务物流行业的发展，并加强对快递业的监管，为消除电子商务物流行业发展的各种束缚提供了政策性指引。

2015年10月23日，国务院印发了《关于促进快递业发展的若干意见》，这是国务院出台的第一部全面指导快递业发展的纲领性文件。2015年11月，由商务部流通发展司牵头，中国电子商务协会、中国电子商务物流企业联盟组织承接，顺丰速运集团与中国标准化研究院主笔起草的《电子商务物流服务规范》正式对外发布，并将于2016年9月1日起在全国正式实施。

2015年以来国家密集出台的政策将引领电商物流行业发展逐步走向规范，有利于电商物流行业的健康发展。

参考文献：

[1]中国互联网信息中心.第37次中国互联网发展状况统计报告[R].2016.

[2]国家邮政局.2015年邮政行业发展统计公报[R].2016.

网上销售系统的信息系统分析研究

赵森茂

摘　要： 本文着重分析了网上销售系统的业务流程，并采用结构化的方法完成了业务流程分析，并进一步分析了网上销售系统的数据流程，形成了系统的业务流程图和数据流程图。

关键词： 业务流程分析　数据流程分析　业务流程图　数据流程图

随着互联网技术的飞速发展，基于 Internet 的应用越来越丰富，网络购物已经逐渐在人们的日常生活中占据了重要地位。对于网络商家，构建适合的网上销售系统尤为重要。分析网络销售系统的业务运作流程、理解网络销售系统数据流动情况，为构建良好的网络销售系统提供了基本保障。本文围绕网络销售系统的业务流程和数据流程展开信息系统的分析研究。

一、信息系统分析概述

信息系统分析是对要开发的项目进行系统的、结构化的研究分析，分析企业过程的输入、处理、输出，梳理业务的运作方式和数据组织方式。信息系统分析过程需重点理清业务流程和数据流程。

（一）业务流程分析概述

出于不同研究背景和应用背景，人们对业务流程有许多定义，其中比较典型的定义包括以下几个。

"流程再造之父"迈克尔·哈默（Michael Hammer）与研究业务重组、组织变革和企业复兴等管理问题的世界权威詹姆斯·钱皮（James A. Champy）对业务流程（business process）的经典定义是：业务流程是企业中一系列创造价值的活动的组合。

T. H. 达文波特的定义是：业务流程是一系列结构化的可测量的活动集合，并为特定的市场或特定的顾客产生特定的输出。

A. L. 斯切尔的定义是：业务流程是在特定时间产生特定输出的一系列客户、

供应商关系。

H. J. 约瀚逊的定义是：业务流程是把输入转化为输出的一系列相关活动的结合，它增加输入的价值并创造出对接受者更为有效的输出。

ISO9000 的定义是：业务流程是一组将输入转化为输出的相互关联或相互作用的活动。

通过对以上定义的分析可见，不论哪一种定义都将业务流程定义为一组活动的集合，所以对业务流程的分析即是对构成业务流程的活动及它们之间的关系进行分析。

业务流程分析时常用的工具是业务流程图，业务流程图的图形符号如图 1 所示。

外部项　　物或单据　　联机存储　　加工或处理　　物或信息流

图 1　业务流程图的图形符号

（二）数据流程分析概述

数据流程分析，即把数据在组织（或原系统）内部的流动情况抽象地独立出来，舍去了具体组织机构、信息载体、处理工作细节、物资、材料等，仅仅从数据流动过程来考查实际业务的数据处理模式。数据流程分析主要包括对信息的流动、传递、处理、存储等内容的分析。

数据流程分析通过数据流程图来实现。数据流程图的图形符号如图 2 所示。

外部项　　　数据加工　　　数据存储　　　数据流

图 2　数据流程图的图形符号

外部项，又称为外部实体，为描述系统的数据来源和去处的各种实体或工作环节，可以是人或系统。

加工，又称为数据加工、数据处理逻辑，描述系统对信息进行处理的逻辑功能。

数据存储，逻辑意义上的数据存储环节，即系统信息处理功能需要的、不考虑存储物理介质和技术手段的数据存储环节。

数据流，与所描述系统信息处理功能有关的各类信息的载体，是各加工环节进行处理和输出的数据集合。数据流用箭线表示，箭头处表示数据流的输送处，箭尾连接处表示数据流的来源。

数据流程分析的方法是，按业务流程图理出的业务流程顺序，将相应调查过程中所掌握的数据处理过程按层次逐层分解，绘制成一套完整的数据流程图。

二、信息系统业务流程分析

（一）网上销售系统业务流程分析

网上销售系统的典型业务主要包括：用户管理、订单管理、库存管理、采购管理、配送管理和销售统计等。

这些业务流程之间相互关联、相互影响。当用户注册成功并通过系统审核后，用户信息被系统写入注册用户信息列表中保存起来；当用户购物时，用户首先登录系统，其输入的登录信息与注册用户信息进行比对，当用户登录信息无误时，完成登录，并结合用户提交的购物车信息生成购物订单；同时，将购物信息送往库存管理业务进行库存管理。若库存量大于销售量，则修改库存记录，并反馈给订单系统，同时将订单信息送往配送管理业务；若库存量小于销售量，则发出缺货信息给管理员，管理员采购后经采购单、入库单发给采购管理，并核对缺货信息。若通过验证则将采购清单送往库存管理，完成采购入库活动。此外，系统对注册用户、订单信息、库存信息和采购信息进行综合统计，并将相应结果以报告形式送交管理员。

（二）网上销售系统业务流程图

按照以上业务流程的描述，网上销售系统的业务流程如图3所示。

三、网上销售信息系统数据流程分析

按结构化方法，数据流程可自顶向下逐层分解为：关联图、顶层数据流程图、第一层数据流程图、第二层数据流程图等。以下按业务流程对业务信息流的处理过程逐层分解，绘制以下数据流程图（详见图4、图5）。

（一）关联图

关联图表示了信息系统边界，表明了信息系统与外部项之间的关系，具体数据流动情况如图 4 所示。

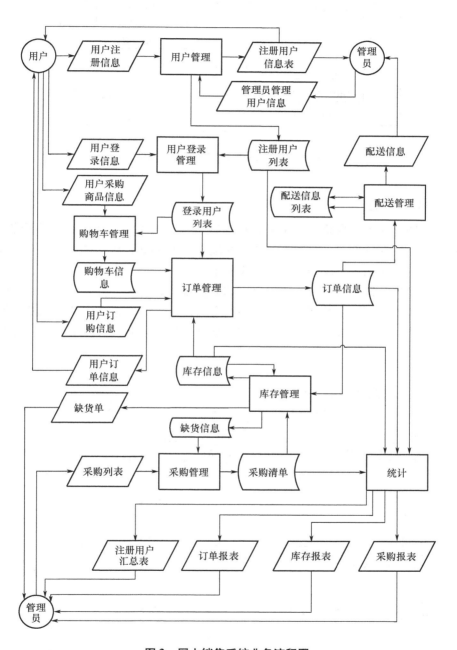

图 3 网上销售系统业务流程图

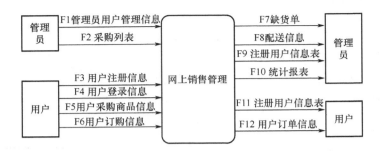

图4   网上销售系统数据流图关联图

（二）顶层图

顶层图描述了信息系统的主要数据处理内容，网上销售系统包括用户管理、售货管理、库存管理、采购管理、统计和配送管理6项主要数据处理功能。参照业务流图，系统的数据流动情况如图5所示。

网上销售系统的核心业务流程对应的数据流动关系为：用户订购商品将订购信息传入系统中的销售管理，销售管理结合用户信息产生订单信息，并将订单信息存入订单信息表中进行存储。库存管理从订单信息表中获取订单信息，若库存

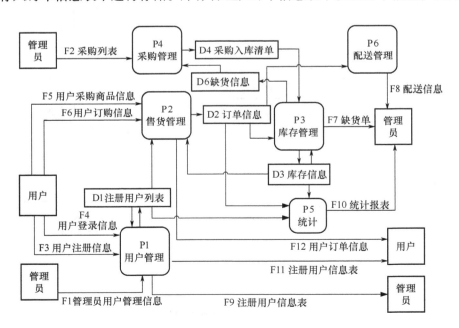

图5   网上销售系统数据流图顶层图

量不足订单量，则产生缺货信息发送给管理员，由管理员进行采购活动，同时缺货信息发送给采购管理，以便采购进货时核对入库；若库存量多于订购量，则修改库存信息，管理员采购商品后将采购信息送往采购管理，采购管理比对库存管理产生的缺货信息并核对采购单后，将采购入库信息送往库存管理，完成入库工作。

四、结束语

本文首先针对网上销售系统的业务流程展开分析，其次在信息流程方面给出了解决方案，通过数据流程分析给出构建网上销售系统的数据流动模型，为下一步继续完成信息系统设计与开发奠定了基础。

参考文献：

[1]甘仞初.信息系统分析设计与管理[M].北京:高等教育出版社,2009.

[2]薛华成.管理信息系统[M].北京:清华大学出版社,2007.

面向网络化应用的案例知识表示技术研究

任成梅　黄　艳

摘　要： 知识管理是网络时代企业塑造核心竞争力的重要部分。知识表示是知识管理的重要环节，案例是隐性知识显性化的主要策略。本文讨论了传统案例知识表示技术在面向网络应用中的障碍，阐述了基于语义 WEB 的案例表示方法，并对上述方法进行了比较分析，为网络化时代知识的语义处理以及有效知识管理提供了参考。

关键词： 知识表示　案例表示　语义 WEB

知识经济时代，企业越来越认识到知识的力量。作为社会生产的核心资源，如何通过科学的知识管理来塑造企业的核心竞争力日益成为企业管理中的重要组成部分。但是，知识和劳动力、资本不同，作为一种无形的资源，其管理难度更大，尤其知识管理中隐性知识的处理是知识管理中的难点之一。相对于显性知识而言，隐性知识可编码性差，难以被形式化描述，如：个体能力、经验、习惯、价值观等。然而，由于隐性知识更接近于知识应用与价值实现环节、更易创造价值，因此通常也是社会财富的主要来源。

一、知识表示与案例表示方法

知识获取、知识表示和知识利用是知识管理的三大课题，而知识表示在三者中处于核心地位。合适的知识表示，不仅对知识保存的完备性意义重大，同时会对知识使用中的共享、重用产生极大的影响，从而最终对知识的利用率和知识的应用效果产生作用。案例是人工智能领域基于案例推理（ case based reasoning，CBR）系统的核心概念，案例知识表示是将隐性知识外显化的主要技术策略。George F. Luger 认为，案例是对知识主体先前所遇到的问题及其解决方案的规范化表征。由此可见案例能够以结构化的形式描述和存储来认知人类活动中的过程性和经验类的知识，而这恰好迎合了知识管理中对于隐性知识的显性化描述的需求。

自 20 世纪 60 年代中期至今，国内外学者已提出多种知识表示方法，如：一阶谓词逻辑表示法、框架表示法、面向对象的知识表示方法、神经网络表示法、决策树表示法等。一般认为，框架表示法和面向对象的知识表示法和案例知识特征之间具有较高的匹配度。

（一）框架表示法

框架是以框架理论为基础发展起来的的知识表示方法。框架，顾名思义就是一种结构，通常由描述事物的各个方面的槽组成，每个槽可以拥有若干个侧面，而每个侧面又可以拥有若干个值。其中，框架的槽是对象的属性或状态，槽值是属性值或状态值。这些内容可以根据具体问题的具体需要来取舍。

例如：一个房子可以用其地址、楼层、房间号等项来描述，因而可以用这些项目组成框架的槽。对于大多数问题，一个简单的框架是不足以用以对其进行描述的，因此，一般是同时使用多个框架来组成一个框架系统进行描述。一个框架结构可以是另一个框架的槽值，同一个框架结构可以作为几个不同的框架的槽值。

框架结构描述简单，易于理解，但其描述相对粗糙，一般面向的用户为专家。

（二）面向对象表示法

面向对象表示法的基本原则有三条：一切事物都是对象；任何系统都是由对象构成的，系统本身也是对象；系统的发展和进化过程都是由系统的内部对象和外部对象之间以及内部对象之间的相互作用完成的。其主要思想包括以下几个方面。

（1）客观世界是由各种对象组成的，任何事物都是对象。复杂的对象可以由比较简单的对象以某种方式组合起来。

（2）把所有的对象都划分为各种类，每个类都定义了一组数据和一组方法。数据用于表示对象的静态属性；方法是对象所能执行的操作，也就是类中所能提供的服务。

（3）按照子类（也称为派生类）和父类（也称为基类）的关系，把若干个类组成一个层次结构的系统。在这种类层次结构中，通常下层的派生类具有和上层的基类相同的特性，包括数据和方法。这一特性叫作继承。

（4）对象与对象之间只能通过传递消息进行通信。

面向对象方法依据人们认识和解决问题的习惯来进行知识的表示，可描述范围比框架表示法更广，更易于理解，面向的用户一般为初学者。它既提供了从一般到特殊的演绎手段，如继承等，也提供了从特殊到一般的归纳方法，如类等。

因此是一种很好的认知方法。

二、网络时代传统知识表示方法的局限

案例作为知识资源，一旦借助网络平台实现其相关服务，它就具有了一些新的特性即网络资源的特性。与知识表示相关的特点有：WEB 资源不受时空限制，资源分散且分布广泛；知识边界难以确定，资源控制不集中；知识资源呈现多态性，同义词和多义词常见；知识资源的数量巨大，来源众多，且没有一个统一的信息合成，等等。总之，知识资源的应用背景不再局限在特定的系统或者一个集中化环境中，于是对于计算机来说，隐含在结构和语法中的对共同语义理解的基础也就消失了。这种消失一方面是因为不同的结构表示，造成原来隐含在结构定义中的共同语义缺失；另一方面是因为定义词汇集合不同，没有共同的明确概念定义，使原本在特定环境下的概念含义也随之被扩展了。

对于框架表示法和面向对象表示法，在具体实现对案例知识的表示过程中，它具备部分的语义定义：框架——对概念的语义，通过框架名来体现，需要人来理解。概念的关系的定义蕴含在框架的具体结构中；面向对象——概念定义蕴含在类（包含了数据和方法）中。概念之间的关系定义有两种：①继承，蕴含了一个层次关系；②类方法定义，蕴含了一种对该概念的约束以及相关联的概念，但这种关联仍是进行实际算法调用时才实现，否则只能从名称上人为进行判别。因此，这两种方法均没有能显式地表示案例知识中概念和关系的语义。

在应用中，虽然在它们的基础上有不少定义的表示语言，如：基于框架的KRL；基于面向对象的 Noos 等。这些语言只是显式表达了相应的语法结构，在语义上它们有部分隐性表达的成分，但没有明确清晰的定义。另外，这些表达语言各自有各自对应的表达形式和语法定义，所以一般还是独立地在一个特定环境中才能交互。这同样给案例知识的共享、案例库集成、案例交换带来了问题。而且，即使是使用同样的语法，对于其中相同的概念，程序员在编制过程中如果不是基于共同的理解，也会造成误解，从而造成案例共享效果较差。

三、基于语义 WEB 的知识表示技术

2000 年世界可扩展标记语言（XML）大会上，蒂姆·伯纳斯·李做了题为"Semantic Web"的演讲，提出了语义 WEB 的体系结构（如图 1 所示）。简单说来，语义 WEB 就是通过扩展现有互联网，在信息中加入表示其含义的标准和内

容，使计算机可以自动地与人协同工作。在整个语义网体系结构中，第三层到第五层是语义 WEB 的核心，是最能体现出智能性的关键之处。

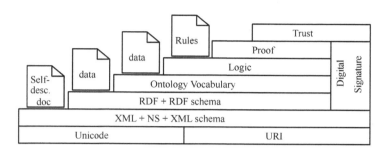

图 1　语义 WEB 的体系结构

（1）Unicode 和 URI（Uniform Resource Identifier）层：为 WEB 上定位资源和字符提供标准。

（2）XML + NS + XML schema：语法层，语义 WEB 中首要的关键技术。用于从语法上表示数据的内容和结构，通过使用标准的格式语言将网上资源和信息的表现形式、数据结构和内容分离。

（3）RDF + RDF Schema：赋值层，提供一种语义模型，用于描述 WEB 上的资源及其类型，表达各概念间的关系，为网上资源描述提供了一种通用表示框架，实现了数据集成的元数据解决方案。这是语义 WEB 实现的关键技术之一，也是语义信息描述的有效手段。

（4）Ontology Vocabulary：语义层，用来定义共享的知识。该层对各种资源之间的语义关系进行描述，揭示资源本身以及资源之间更为复杂和丰富的语义信息。该层为信息交流者提供了一个共同理解的语义空间，从而避免了误解和小理解的产生。

这个层通过本体概念的引入来提供一个抽象概念集作为词汇体系，用以描绘文档，提供概念及其相互关系的抽象描述，实现信息交流双方的相互理解，从而使这些文档的语义能够被 WEB 应用和智能代理使用。本体的引入为解决 XML 和 RDF 中不能处理的诸如同义词和多义词的问题提供了可能。

（5）Logic：逻辑层主要提供公理和智能推理的规则，为智能服务提供基础，为上层逻辑推理提供语义上的支持。

（6）Proof：认证层注重于提供代理间通信的证据交换支持，在下层的逻辑推理基础上使代理可以交换推理结果。

（7）Trust：确信层主要是为了保证信息交换的安全、认证和信任机制。

（8）Digital Signature：数字签名层跨越了多层，是一种基于互联网的安全认证机制。

人们利用 WEB 资源，其主要目的之一就在于资源的共享，渴望在 WEB 上通过操作能准确获取适合自己需求的知识。网络时代的知识管理，为了达到案例知识的准确理解和应用，其表示方法应该具备如下能力，即具有共同的概念语义基础以及清晰的显式定义。相对传统的知识表示方法，语义 WEB 在知识的语义表达、语义空间定义等方面有一定的长处，为知识系统中对概念的正确理解和推理提供了较好的支撑。

四、小结

大数据时代，网络知识不断增长，面向网络资源的应用需求对知识表示技术提出了新的需求。如此海量信息单靠人工理解而实现知识的表示和转化，其效率低下。如何使机器能识别复杂的网络资源知识，并自动抽取转化、存储、共享和重用是在知识管理中需要关注的地方。相对于传统的集中式知识表示方法，语义 WEB 技术使 WEB 上的信息能够具有语义而被计算机识别，在共同概念集合上实现资源的共享，并在此之上实现自动推理。语义 WEB 技术为网络资源的知识共享、知识重用以及智能搜索、语义检索等多方面的问题提供了一种良好的解决途径。随着计算机技术的不断发展，语义 WEB 技术本身也在研究中不断被完善发展，如记忆网技术等。

总之，现实世界的知识资源是复杂多变的，任何一种单一的知识表示方法都不能够完全满足实际的需求。一般来说，在实际应用中，采用多种方法的交叉与综合能更好地解决问题。

参考文献：

[1]李建洋.基于案例推理中案例表示的研究[J].合肥学院学报(自然科学版),2007,19(3):2-29.

[2]马创新.论知识表示[J].现代情报,2014,34(3):21-28.

[3]刘建炜,燕路峰.知识表示方法比较[J].计算机系统应用,2010,20(3):242-246.

[4]任成梅,李红.语义 Web 及其在自服务模型中的应用[J].计算机工程与应用,2005(增刊)(41):408-410.

[5]张建华,郭增茂.知识管理中知识表示绩效测度研究[J].情报杂志,2013,32(6):203-206.

[6]李乾鹏.基于 RBR 和 CBR 规划中的知识表示方法研究[J].计算机工程与设计,2009,30(22):5 166-5 174.

[7]张建华,郭增茂,刘潇.知识管理中的案例知识表示机理研究[J].知识管理,2012,31(6):112-115.

[8]张欣.企业知识管理研究综述[J].中国科技论坛,2011(3):121 – 126.

[9]张文领,姜韶华.基于框架表示法的工程项目案例知识表示研究[J].建筑管理现代化,2009,23(6):547 – 550.

[10]George F. Luge.人工智能复杂问题求解的结构和策略[M].史忠植,张银奎,赵志崑,等,译.北京:机械工业出版社,2004.

[11]TimBemers – Lee. SemanticWeb – XML2000[OL]. http://www. w3c. org/2000/tasks/,2004,3.

新常态下我国冷链物流存在的问题及完善对策

张 革

摘 要： 我国的冷链物流产生于 20 世纪 50 年代，经过多年发展，目前我国的冷链物流行业虽已具有一定规模，但同欧美发达国家相比仍存在明显差距。随着人们生活水平的提高以及消费观念的改变，消费者对于生鲜产品的质量要求越来越高，绿色、有机产品需求大幅提升，冷链物流成为必不可少的一大环节，这也给冷链物流的发展带来了新的机遇。本文讨论了冷链物流的概念及构成，分析了当前我国冷链物流存在的问题，提出了新常态下发展冷链物流的对策。

关键词： 冷链物流　冷链技术　冷链物流建设

随着城市化进程的日益加快和城镇居民生活消费的不断升级，人们对食品安全和生命健康的关注度不断加强。2015 年无论是国家的宏观经济环境，还是冷链物流的行业发展环境都发生了很深刻的变化。自贸区的建立以及"一带一路"战略的实施助推了冷链物流的大发展，一系列冷链政策红利的释放，为冷链物流的发展创造了有利环境，冷链标准得以不断完善，冷链市场需求出现稳定增长。

一、冷链物流的概念及构成

所谓冷链物流，泛指冷藏冷冻类产品在生产、储藏运输、销售到消费前的各个环节中始终处于规定的低温环境下，以保证产品质量、减少产品损耗的一项系统工程。冷链物流是一门综合性、交叉性的应用科学，是以冷冻工艺学为基础、以制冷技术为手段的低温物流过程，它要求综合考虑生产、运输、销售、经济和技术性等各要素，协调其相互间的关系，以确保易腐、生鲜食品在加工、运输和销售过程中保值增值。冷链由冷冻加工、冷冻储藏、冷藏运输及配送、冷冻销售四个方面构成。

二、当前我国冷链物流存在的问题

（一）冷链物流人力资源严重匮乏

冷链物流是一项专业性较强的活动，包括冷链物流环节的设计和实施，仓储设备、运输设备的选择以及冷链物流信息化体系的建设等，都需要非常专业的人员才能完成。通过近几年的国内企业调研，发现我国冷链行业最大的问题是人才缺乏。比如有很多冷链物流企业的老板年龄很大却还在一线忙碌，吃饭时还在进行电话调度，但投标时却做不出漂亮的 PPT 等。目前，虽然从事冷链物流实践和研究的人越来越多，但是高等院校尤其是高职院校专门开设此专业的并不多，而且这方面的培训机构也非常缺乏。目前从事冷链物流的人才大多是以前从事传统物流或者是因对冷链物流确实感兴趣才转行的，半路出家的占多数，既懂管理又懂技术的高素质复合型冷链物流人才严重缺乏。而在一些开设物流专业的院校也存在专业课程设置与实际技能之间存在差距的问题。这些都严重地制约了冷链物流的发展。

（二）信息技术水平落后

随着生鲜电商、餐饮外卖、零售 O2O 市场的快速崛起，移动互联网已经渗透到冷链行业，互联网正在改变产品的销售模式。但目前我国冷链信息技术水平还十分低，现在所有冷链需求和资源都是碎片化的，导致企业的冷链效率很低，成本很高，这些都需要大数据的支撑。冷链食品一个非常大的特点是，如果没有完善的冷链物流高速公路，冷链食品就卖不到更远的地方，从而直接影响销售。所以网络深度化的发展是所有冷链企业必须要考虑的问题。

（三）冷链物流基础设施严重落后

食品冷冻的硬件设施滞后，现代化的冷冻、冷藏车严重不足。目前运营中的冷冻、冷链运输设施陈旧，大多是机械式的速冻车皮，制冷技术和工艺落后，缺乏规范式的保鲜冷链运输车厢和温度控制设施，无法为易腐食品流通系统地提供低温保障，造成运输过程中损耗极高，物流费用占到易腐食品成本的 70%，每年的低温物流所造成的损失达 750 亿元人民币。

（四）冷链运输成本过重

冷链物流业不能快速、高标准发展起来的原因之一，就是由于冷链物流的成本过重所致。冷链运输业受国际能源（石油、汽油、柴油）价格的影响很大，其次是须留下的"买路钱"所造成的成本压力也很大。据冷链运输从业人员反映，仅油费、路桥费以及易腐品在运输过程中的损耗这三项的经济成本折算，就占据所运易腐食品总成本约70%，而在正常情况应不超总成本的50%为宜。无疑，这些问题是给产品增加成本的最大压力和来源。

（五）技术标准不完善

涉及冷藏食品运输的产品有几百种，且在不同的温度存放它们的易腐程度也不一样，每种产品所要求的低温储藏所控制的时间与条件等各项技术指标都不尽相同。例如鲜、酸牛奶4～7℃，水果蔬菜10～15℃，速冻食品0℃以下等。但目前类似此类细化的系统性的技术标准，以及冷链能损耗与效率标准、冷链最佳作业操作标准、冷运食品卫生安全标准、冷库环境温度与冷链运输温度控制标准、易腐食品运输车辆制冷配置要求及冷链物流行业管理要求与规范等，都尚未完善，在监管上也是空白，尤其是在冷链运输的过程中，由于其特殊性，国内还没有与此相应的跟踪监控体系。

三、新常态下发展冷链物流的对策

（一）加强人才梯队建设

人才的培养及梯队的建设是目前冷链行业亟待解决的问题，需要引进和培养一批高素质的冷链物流管理和技术人才，整合冷链物流上下游企业资源，建立高效的冷链物流供应链管理系统，制定合理可行的冷链物流解决方案，管理和优化社会资源，在满足消费需求的基础上实现成本收益最优化。未来，企业一定要把人才战略提升为企业第一战略，冷链企业应该建立自己的人才培养计划。在加快内部培训机制建立的同时，也建议让高管多到国外借鉴学习。

（二）不断完善冷链标准

2015年，从国标委、发改委等标准主管负责部门，到以中物联冷链委、冷标委为代表的行业标准制定协会，再到冷链行业龙头企业和科研院校的专家，都在加快冷链空白领域的标准制定，以及整个冷链物流标准体系的完善。从冷链物流的基本分类与要求，到水产、肉类、餐饮、乳制品、海产品、药品，再到冷藏车、冷库、冷藏箱，冷链物流的标准门槛已经初步建立。2015年，依据《物流企业冷链服务要求与能力评估指标》的国家标准，中物联冷链委在全国范围内展开星级冷链物流企业评估工作，取得了很好的成效。冷链行业正在变得有标准可依，有标杆可选。

（三）加强冷链物流运输能力

第一，充分发挥公路冷链运输的潜力。公路适宜中短途运输，其特点是机动、灵活，送达速度快，能很好地实现"门到门"的运输业务。可以研制适应零担运输的冷藏配送车辆。同时，要积极建立与公路、水路以及海关、代理、堆场等相关部门配套的、有统一标准数据的计算机管理信息系统和电子数据交换系统。

第二，发展冷链运输一体化服务体系。冷链物流企业应大力推广投入产出一体化的集约经营管理体制，充分发挥连接生产、销售的功能，根据市场需求积极发展冷冻、短途运输等相关服务，促进易腐货物冷链的形成。

第三，开展易腐货物多式联运。多式联运能够提高货物运输速度，降低运输成本，对物流效率的提高具有极为重要的作用。铁路、公路和水路应打破各自的行业壁垒，积极发展铁路、公路、水路的联合运输网，形成多式联运体系。同时，还要发展铁路、公路易腐货物的运输代理。

（四）改善冷链物流企业的组织模式

第一，在物流企业内成立独立的冷链物流运作部门。成立独立的冷链物流部门，可统筹管理全系统冷链物流业务，实行垂直一体化的管理模式。比如，采取和生产企业建立战略联盟甚至合资合作等形式，充分发挥其现有冷藏车、冷库等资源，向客户提供全方位的冷链物流服务。在业务逐渐成熟时，可成立独立的专业第三方冷链物流企业。

第二，充分发挥第三方物流的作用。低温物流是物流业务中基础设施、技术含量和操作要求都很高的高端物流，往往也是企业的薄弱环节。作为非核心业务，如果生产商自营低温物流，高投入的基础设施和设备、网络及庞大的人力成本只服务于自身项目，并不是生产商的明智选择。对此，越来越多的生产商愿意选择能提供完善低温的第三方物流来外包自身低温物流业务，这种市场需求必然催生第三方低温物流企业的快速发展。根据实际情况，第三方物流企业可考虑选择整合现有资源，成立独立的低温物流运作部门；在重点地区，开展低温物品区域内配送；与生产商联合，按条块开展低温运输服务等模式来开展低温物流业务。

第三，在消费集中地区，开展冷藏食品区域内配送。鉴于冷链物流市场区域性和时效性的特点，可以考虑在一些较发达城市，面向连锁超市、大卖场等企业，以已经运作的普通物流项目为基础，实施专业冷链物流区域内配送业务。

（五）采用先进的冷链技术，资源平台共享化

物流的核心价值在于网络，单点发展将来必成为别人的囊中之物。冷链物流网络分为一张天网（大数据信息化网络）、四张地网（干线网络、冷库网、区域＋城配网、宅配网）。拥有任何一个网络都将十分有价值。目前，我国已经从免费经济时代走到了共享经济时代，信息越来越透明，成本越来越透明。冷链物流企业规模小、比较分散，将来会有第四方的物流平台来整合现在行业内的各种资源。所以说整合碎片化资源是行业发展方向，现在已经有很多企业在尝试做资源的整合平台。未来会有全国性的冷库资源平台和运力池，模式有轻资产和重资产，有平台公司、运营公司，也有冷链资产的管理公司。

借鉴发达国家经验，建立一个能满足消费者、供应商和零售商三方面需求的一体化冷链物流模式，即由供应商将货物运送到主要城市冷链物流整合中心，整合后进行长途运输，由地区整合中心进行装箱提货和当地运送，再整合后发送到零售点。

在整个过程中，均要有严格的温度控制。可运用"RFID冷链温度管理系统"及"GPS＋温度监控冷链管理系统"，通过先进的RFID技术、GPS技术、无线通信技术及温度传感技术的有机结合，在那些需要恰当的温度管理来保证质量的生鲜食品和药品的物流管理中，将温度变化记录在"带温度传感器的RFID标签"上，或"实时"地通过具有GPS及温度传感功能的终端，结合无线通信技术上传到企业的管理平台，对产品的生鲜度、品质进行细致、实时的管理，以解决食品流通过程中的质量监控问题。

参考文献：

[1]郗亚坤. 新时期我国冷链物流的发展机遇、挑战与对策[J]. 物流技术,2015(12)：45－47.

[2]毋庆刚. 我国冷链物流发展现状与对策研究[J]. 中国流通经济,2011(2)：24－28.

[3]徐宏峰,张言彩,郑艳民. 冷链物流研究现状及未来的发展趋势[J]. 生态经济,2012(5)：141－143.

[4]袁学国,邹平,朱军,吴迪. 我国冷链物流业发展态势、问题与对策[J]. 中国农业科技导报,2015(17)：7－14.